KB235591

주역과

이 응 국

필자가 주역을 강의한지 어느덧 15년이 돼 간다. 그러니까 1999년도였을 게다. 처음에 목포와 논산에서 처음 주역강의 제의를 받았을 때 선뜻 응했던 기억이 눈에 선하고, 그 때 일을 생각하면 지금도 실소가 절로 나온다. 주역이란 사서오경의 수경(首經)이요 말하자면 모든 이들이 외경(畏敬)하던 글인데, 게다가 나이도 젊고 경험도 미숙한 사람이 강의하려 덤벼들었으니 그야말로 하룻강아지 범 무서운 줄 모른 격이었다.

당시의 강의 제안에 주변여건을 고려하지 않고 수락했지만 한편으론 큰 심리적 압박감을 느낀 것도 사실이었다.

주역은 바다와 같은 넓은 학문인데 강가에서 겨우 헤엄칠 정도의 수준으로 뛰어들었다는 자책감과 아울러 두려움을 느끼지 않을 수가 없었던 것이다.

그러나 한편으론 오기(傲氣)도 생겼다. 어차피 내 인생을 역도(易道)를 펼치는데 종사하겠다고 원(願)을 세운 마당에, 주역강의는 내가 반드시 거쳐야할 관문(關門)이라고 생각했다.

그리고 선생이란 자리는 아는 것 보다는 소신이 있으면 된다는 것과, '가르침은 배움의 반이다[敎者 學之半]'는 예기의 글과 같이, '가르침을 배움의 길로 삼아서 나아간다면 세상에 그리 욕되지는 않을 것이다.'라는 나름대로의 자위(自慰)도 작용했었다. 그리고 또 한 가지, 기왕지사 이 길로 들어선 마당에 그저 남의 학설이나 흉내나 내는 앵무새는 되지 말자는 것이 당시에 마음속에서 다짐했던 필자의 심경(心境)이었다.

하여간 그 후로 출강하게 되었고, 많은 우여곡절도 있었고, 삶의 고달픔도 느꼈지만, 주역책을 동반자로 삼고 학역(學易)과 강역(講易)의 길을 지속해왔다. 지금 그 길을 되돌아 봤을 때 그때의 판단이 꽤 괜찮았다는 생각이 든다.

어찌 생각하면 이 시대에 주역 책을 평생의 지침서로써 삼게 된 것은 필자로서는 더없는 행운이었다는 생각도 든다.

주역은 읽으면 읽을수록 말로 표현할 수 없는 묘한 맛을 느낀다. 백 번 천 번을 읽어도 진부하지 않고 마치 계속 샘솟는 물을 마시는 것처럼 신선함을 느낀다. 외람되지만 과거의 선비들이 침식(寢食)을 잊어가며 주역책을 읽었다는 이야기가 아마 정도의 차이는 있을지 몰라도 이 맛 때문에 그러했을 것이라는 짐작도 해 본다.

필자의 천박한 식견(識見)으로 주역의 전모(全貌)를 가늠할 수는 없지만, 그러나 주역을 읽다보면 그냥 재미로만 읽을 책이 아니라는 느낌이 든다.

주역은 규모가 있는 학문이다. 작게는 수신지학이고, 크게는 경세지학으로 다른 어느 글보다 규모가 크다. 뿐만 아니라 생활의 절실한 학문이요 사회의 유용한 도구라 할 수 있으니 종교, 철학, 역사, 문학 등 모든 부문에 주역의 정신은 스며들지 않은 곳이 없다. 그래서 과거의 선비들은 주역을 수신(修身)의 으뜸 경서(經書)로 대했고, 역대의 왕조들은 통치(統治)의 수단(手段)으로 삼았었다.

필자가 주역 속에 빠져들 수밖에 없었던 것이 바로 이 점 때문이었다.

주역과 세상

이 응국

나 자신은 물론 세상을 밝히는 횃불로 주역보다 더한 글이 인류 역사 중에 있었을까?

읽으면 읽을수록 생각이 정리되고 세상을 바라보려는 마음이 더욱더 생기는 것은 아마 주역 책이 갖는 마력이 아닐까 싶다. 처음에 역을 전하신 복희씨나 역대 성인들이 밝고도 바른 세상을 만들기 위해서 역도(易道)를 전했을 것임을 주역공부하다 보면 느낄 수 있다.

물론 다른 책도 마찬가지겠지만 필자는 주역을 읽으면서 세상을 바라보는 안목을 길렀고, 세상이 주역의 원리에 맞게 돌아간다면 얼마나 좋을까를 생각해 보았다. 모든 사람들이 주역 책에서 가르치는 대로 삶을 살기를 염원하는 것은 지나친 욕심일까도 회의해 보았다.

지금 세상이 어떤 세상인데 세상이 원치 않는데 무슨 뚱딴지같은 소리냐고 비웃을지 모르지만, 주역은 복희씨 때부터 전해진 가장 근원이 오래된 학문이요, 지금 시대의 성대한 과학과 함께할 수 있는 사상이요, 더 나아가 미래를 살릴 수 있는 책이라고 필자는 확신하기에 제언(提言)하는 것이다.

주역을 강습(講習)하면서 필자는 주역의 대중화를 생각해 보았다. 대중의 주역화가 되기를 바라고 노력하고는 있지만 그렇게 되기에는 아직 요원한 이야기고, 하여간 학역인(學易人)으로서 세상을 바라보며 나름대로 느낀 점들을 가능한 주역적인 용어로써 집필하려 하였다. 마침 중도일보에 연재하면서 하나하나씩 담다 보니 또 다시 책 한권 엮을 정도가 되었다.

이 책은 당시에 연재한 내용을 고수하지는 않고 필요에 따라서 증산(增

刪)하였다. 그리고 담은 것 들 중에 소리가 같고[同聲] 기운이 같은 것[同氣]들끼리 모으고 구분해서 네 부문으로 나누었다. 이름하여 원(元)·형(亨)·이(利)·정(貞)이라 했으니 건괘(乾卦) 첫 구절에 나오는 용어요, 사계절을 의미한 것이다.

생각해보면 주역은 천지인 삼재(三才)를 다 담은 책이다. 비록 한 권의 책이지만 그 속에 모든 것을 담고 있다. 그래서 '역이 천지와 더불어 똑같다[易 與天地準]'하였다. 아무리 세상이 발전되고 분화되었다 하더라도 결국 이치로 파고들다 보면 주역적 원리를 벗어나지 않으니 주역 속에서 세상의 이치를 논할 만하지 않겠는가?

다만 필자는 재질이 둔하고 필력(筆力)도 부족한 사람이다. 주역을 공부한 덕분에 어느 정도 글을 쓸 수 있었지만 담고 있는 생각을 제대로 글로 표현하지 못한 것이 심히 유감스러울 뿐이다. 하지만 이 책이 비록 표현이 조잡하고 세련되지 못했을지라도 단지 벽만 바라보고 글을 쓰지는 않았다는 점, 부족하지만 세상을 바라보면서 나름대로 주역의 정신을 바르게 전하려고 노력한 점은 차제에 밝히고 싶다.

끝으로 이 책이 그다지 대중적이지 못한데도 불구하고 출간이 되도록 도와주신 문현출판사 한신규 사장님과 관계자 여러분께 심심한 사의를 표한다.

호고재(好古齋)에서 세상을 바라보며
이전(利田) 이응국(李應國) 읍(揖)

차례 CONTENTS

利

元

입춘축 立春祝

봄

　'화기자생군자댁(和氣自生君子宅)이요, 춘광선도길인가(春光先到吉人家)라…' 많은 입춘축이 있지만 필자는 이 글귀가 맘에 들어 오래전부터 현관 벽에 써 붙였다. 화기(和氣)는 군자 집에서 자생하고 봄볕은 길한 사람 집에 먼저 이른다 하니, 하늘의 복을 받고 세인(世人)의 도움을 받는 것이 아무나 가능하겠는가? 그저 '재수(財數) 있다 없다'는 말은 소인의 상투어요, 이익을 보면 의(義)를 생각함은[見利思義] 군자의 마음이다. 적어도 덕을 쌓은 군자의 집이요, 선(善)한 길인(吉人)의 집이라면 천복(天福)이 이름은 당연하다 할 것이다.

　천지가 변화(變化)함을 굳이 말할 필요가 있을까마는 북두칠성 자루 끝이 동북의 인방(寅方)을 가리키면 온 세상 봄이 온다 했다. 바로 입춘절을 말한다. 추웠던 겨울도 물러나려 하고 사람들은 부풀린 희망을 가슴에 담고 새해를 맞이하고 있다. 새해의 시작을 알리는 데는 여러 가지가 있지만 입춘일도 그 중 한가지요 사람들은 중요하게 여겨왔다.

한 해를 시작함엔 동지 자월(子月)이나 섣달 축월(丑月)로 기준한 때도 있었으나 이는 천지가 개벽하는 때를 기준삼은 것이다. 반면에 정월(正月) 입춘(立春)은 만물이 소생하는 때다. 봄이라 하는 것이며, 오행으로는 목기(木氣)가 펼쳐지는 때이므로 입춘을 입목지절(立木之節)이라고도 하였다.

공자의 제자 안연(顔淵)이 나라 다스리는 법을 묻자 공자는 '하나라의 때를 행하라'했다. 이는 무슨 뜻인가? 옛날에 주(周)나라는 자월(子月)로 세수(歲首)삼아서 천도를 바르게 했고, 은(殷)나라는 축월(丑月)로 세수 삼아 지도(地道)를 바르게 했고, 하(夏)나라는 인월(寅月)로 세수하여 인도(人道)를 바르게 했다.

공자는 비록 주나라 사람이지만 인도를 중시했다. 그래서 '하나라 때를 따르라'한 것이다. 지금 우리가 음력으로 '설날'을 삼은 것은 바로 입춘에 가까운 달로써 인월(寅月)의 초하룻날이 된다. 그래서 새해의 첫 달을 정월(正月)이라 부르는 것이니 '인월 세수'는 공자의 사상을 계승한 것이다.

이같이 입춘은 한 해의 시작을 의미하므로 예로부터 사람들은 입춘날을 그냥 지나치지 않고 행사를 벌였다. 『동국세시기(東國歲時記)』에는 조선시대 관상감(觀象監)에서 입춘날 주사(朱砂)로 벽사문(辟邪文)을 써서 대궐 안으로 올리면 대궐에서는 그것을 문설주에 붙였다고 기록하고 있다. 혹은 문신(文臣)들이 지은 연상시(延祥詩) 중 좋은 것을 가려서 궁중내에 붙이기도 하였다.

사대부나 일반 민가, 상가에서도 모두 기둥이나 방문, 바람벽 등에 춘련(春聯)을 붙이고 송축하였으니 대개 '입춘대길(立春大吉) 건양다경(建陽多慶)' 등의 글귀들이다. 건양(建陽)은 북두칠성 자루가 인방을 가리킴을 의미한다. 인(寅)은 양기(陽氣)의 장생지지(長生之地)가 되기 때문이다.

혹은 '세재00년만사여의형통(歲在00萬事如意亨通)' 등을 천장에 붙이기도 하고, 큼직한 글씨로 양쪽 대문에 용호(龍虎)라 써 붙이기도 하였다. 용은 봄에 승천하니 길상을 상징하고 범은 가을에 소리내니 벽사를 상징하기 때문이다. 이런 것들을 입춘축(立春祝) 혹은 입춘첩(帖)이라 하고 그냥 춘축(春祝)이라고도 부른다.

대체로 입춘첩은 입절(入節)하는 시각에 붙이며, 집안의 가주(家主)가 자필해서 붙였지만 때로는 유덕(有德)한 사람의 글씨를 받기도 한다. 모두가 첫 시작의 의미를 중요하게 보기 때문에 매사에 조심하고 삼가하려는 것이다.

공자의 말씀에 '일년 계획은 봄에 있고[一年之計在於春] 하루 계획은 인시에 있다[一日之計在於寅]'했다. 새해를 시작하는 봄에 만약 일년을 계획하지 않으면 가을에 결실을 바랄 바 없고, 새벽 인시에 일어나지 않으면 하루를 힘쓸 수 없다는 교훈은 바쁘게 생활하는 우리에게 지남(指南)이 되는 명구(名句)라 하지 않을 수 없다.

지나간 과거는 거울삼아 반성해야겠지만 기왕지사(旣往之事) 이미 지나간 일은 생각해봤자 생산성이 없다. 그저 묵은 때는 툴툴 털어버리고 깨끗한 마음으로 입춘절을 기해서 올해는 일 년 설계를 다시 한 번 구상하리라.

입춘첩-의성김씨종택

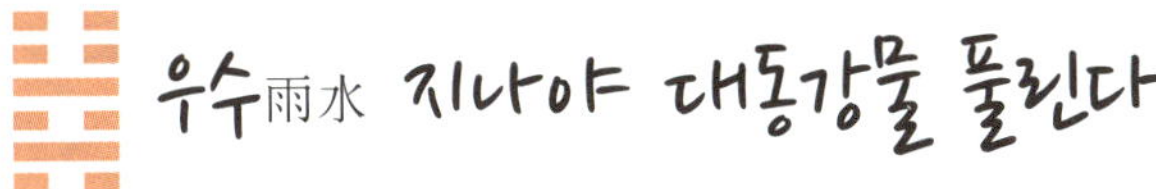

우수雨水 지나야 대동강물 풀린다

대동강 물도 풀린다는 우수

　동장군이 꽃피는 봄을 시샘한다 해서 '꽃샘추위'라나? 그렇게 맹위를 떨치던 한파도 우수(雨水)가 지나면 한풀 꺾인다. 모두가 때를 따라서 질서를 이루니 역시 때를 거슬리면서 이룰 수 있는 일은 아무것도 없는 것 같다.

　이제 동풍은 불어오고 봄이 오려나 보다. 봄은 1년 한 해의 시작이다. 달로는 인월(寅月)의 정월이요 대개는 입춘(立春)을 기준으로 봄을 삼는다. 입춘은 24절기의 하나로 태양력을 기준한 것이고, 우리가 맞이하는 설날은 태음력상의 달을 기준한 음력 초하룻날이 된다. 음력이든 양력이든 모두 만물이 소생하는 인월(寅月)을 새해의 시작으로 삼고 있다.

봄이란 '본다'는 뜻이다. 만물이 출생해서 모습을 보이므로 '봄'이라 이름 지은 것이다.

대개 우리나라의 봄은 제주도에서부터 시작하지만 삼천리강토가 봄이 오려면 우수(雨水)가 지나야만 한다. 입춘으로부터는 15일경이지만 동지로부터 60일째를 우수로 보면 된다. 대개 양력으로는 2월 19일이다. 봄이 되면 만물이 모두 새롭다. 그래서 '새봄'이라 말하기도 하는데 '새롭다'는 신(新)자를 파자하면 '立+木+斤'의 합성자다. 입목(立木)은 입춘을 의미한다. 만물을 생하게 하는 목기(木氣)가 들어서는[立] 날이다. 1근(斤)은 16냥(兩)이다. 즉 입목(立木)인 입춘의 절기로부터 16일 되는 때가 곧 우수 다음날이다. 우수 날이 되어야 진정 새로운 한 해가 될 수 있다는 뜻이니 신(新)자는 많은 것을 엿보게 해주는 글자임을 알 수 있다.

『예기』에 '동풍이 해동하니[東風解凍], 칩거한 벌레가 비로소 나오고[蟄蟲始振] 물고기가 얼음 위로 올라오고[魚上冰] 수달이 물고기 늘어놓고 제사지내고[獺祭魚], 기러기가 돌아온다[鴻鴈來]'했다. 입춘의 목덕(木德)을 찬양한 글이다.

그런데 세종대왕이 만들었다는 『칠정산내편』에는 예기의 글을 우리의 기후에 맞게 우수 날에 적용했다. 대동강 물도 풀린다는 우수, 적어도 우리나라는 대동강 물이 풀려야 진정 봄이 왔다 말할 수 있으니, '온 세상 봄'이라는 소강절 선생의 '삼십육궁도시춘(三十六宮都是春)'이란 시구가 이와 부합하리라.

봄이 되면 따뜻한 양기(陽氣)가 대지 위에 깃들고, 꽁꽁 언 땅이 얼음 녹듯 풀어진다. 봄바람 한 번 불면서 잠들었던 미물들이 꿈틀거리고 새싹이 돋기 시작한다. 다름 아닌 음양이 사귀는 뜻이요 건곤(乾坤)이 교태(交泰)

하는 모습이다. 옛 사람들은 이를 '풀 해(解)'자로 설명하고 있다. 해동(解凍), 해빙(解氷)이 그런 뜻들이다.

해(解)자는 '뿔 각(角)'변에 '칼 도(刀)'와 '소 우(牛)'자를 합했다. '칼로 소 뿔을 친다'는 이야긴데 그래서 소 잡는 뜻으로 해우(解牛)라 표현하기도 한다. 여러 가축 중에 소는 가장 덩치가 크고 힘을 많이 쓰는 동물이다. 가죽이 뼈의 견고한 것과 이어져 있는 것이 소만한 것이 없다. 또한 몸집이 커서 가죽을 벗겨 내는데 힘을 많이 소모하므로 풀기[解]가 가장 어려운 소를 갖고 '풀 해(解)'자의 글자를 만든 것이다.

『주역』에 뇌수해괘(雷水解卦: ䷦)가 있다. 우레(☳)가 진동하고 비(☵)가 내려서 천지가 풀어지는 뜻으로 해괘(解卦)를 설명하고 있다. 해괘 상전(象傳)에 '갑탁(甲坼)'이라는 글도 있다. 갑(甲)은 껍질 안에 씨앗이 들어 있는, 아직 싹트기 전의 모습이다. 탁(坼)은 '벌어질 탁(坼)'자다. 껍질이 벌어진다는 뜻이다. 갑(甲)을 쪼개서 벌리면 문(門)자가 된다. 만물은 문을 통해서 출입하니 신(申)자는 초목이 땅 위에 솟은 모습이다. 아래로 뿌리가 생기고 위로 싹이 돋는 모습이니 갑탁 역시 초목이 풀어지는 뜻으로 설명한 것이다.

천지도 풀리고 초목도 풀리듯이 인사(人事)에도 풀어야 할 것이 있다. 좋은 감정이야 굳이 풀 필요가 없지만 과거에 묵었던 좋지 않은 감정이나 원한, 이런 것들은 풀어야 할 것이다. 너와 내가 풀어야 할 것도 있지만 단체 간, 계층 간에도 풀어야 할 것이 있다.

그런데 천지가 풀리고 초목이 풀리는 것은 때가 되면 자연히 풀리겠지만 얽히고 설킨 세상사는 어떻게 풀어야 할까? 봄날 풀어지듯이 풀 수 있는 방법은 없을까?

생각해 보면 인생사는 시종 묶고 푸는 과정의 연속이라 하겠다. 묶어야 할 일은 논외로 하고, 새년 봄이 오는 길목에서 나 개인이 풀어야 할 일도 많지만 우리 사회에 풀고 넘어가야 할 것들이 참으로 많다는 것을 새삼 느꼈다.

傲雪梅花

천지교태 天地交泰

자금성의 건청궁 내부

중국 자금성에 가면 건청궁(乾淸宮)과 곤녕궁(坤寧宮)이 있다. 우리나라 경복궁에도 있지만, 건청궁은 황제의 침궁이고, 곤녕궁은 황후의 침궁이다. 『도덕경』의 '천득일이청(天得一以淸) 지득일이녕(地得一以寧)'에서 단장취의(斷章取義)한 이름이다. 하늘을 상징하는 건(乾: ☰)은 양(陽)의 아버지요, 땅을 상징하는 곤(坤: ☷)은 음(陰)의 어머니다.

천지는 만물을 생하는 은덕(恩德)이 있다. 그래서 대덕자(大德者)라고 표현하기도 한다. 봄이 되면 천기(天氣)가 내려오고 지기(地氣)가 올라가서 서로 사귀기 때문에 만물이 태어나는 것이다. 마찬가지로 맑은 기운[淸氣]은 상승하므로 하늘이라 말했고, 탁한 형질은 하강하므로 땅이라 말한 것인데, 천지로 인해서 만물이 생하므로 황제와 황후를 건곤(乾坤)으로 비유한 것이다.

봄은 주역 태괘(泰卦)의 상이다. 태괘는 곤괘가 위에 있고, 건괘가 아래에 있다. 건곤의 위치가 뒤바뀐 것은 교태(交泰)를 의미한다. 태(泰)는 무슨 뜻인가? 태는 통(通)하는 뜻이다. 막힘이 없이 통해 나간다는 뜻이다. 천지음양이 사귀어서 만물이 생성하듯 남녀가 사귀어서 자식이 생하는 것이다.

태(泰)를 파자하면 ≡≡+人+水이 된다. 하늘(≡)과 땅(≡≡)이 사귀면 맨처음 생하는 것이 물이다. 그래서 '천일생수(天一生水)'라 부른다. 물이 있으면 만물도 생기고 사람도 나오니 글자모습이 땅위로 사람이 나오는 모습이다. 경복궁 교태전(交泰殿)이 바로 왕비가 왕과 함께하는 곳이다. 물론 중국에도 있지만. 이름이 의미심장하다. 교태는 태괘의 '천지가 사귀는 것이 태[天地交泰]'라는 글에서 따온 것이다. 그래서 '지천태괘'라 말한다. 태괘의 상이 곤괘(≡≡) 속에 양물(陽物)인 건괘가 들어 있는 모습이다. 운우지정(雲雨之情)으로 물[水]이 생기고 이로 인해서 사람[人]이 태어나는 것이다.

또한 곤괘는 절구臼의 상도 된다. 곤(坤)자 속의 신(申)은 구(臼: 절구)와 곤(丨: 공이)의 합성어로써 절구통 안에 양물인 건괘가 들어 있으니 절구공이가 움직이고 물을 생하여 '태'가 된다.

음 속에 양물이 감춰졌으니 교태전 건물 역시 용마루가 없다. 용은 양물(陽物)이며 영물(靈物)이니 덕(德)으로는 성인을 상징하고 위(位)로는 천자를 상징한다. 용인 천자가 음 속에 들어갔으니 영락없는 태(泰)의 상이다. 따라서 지붕 위에 용이 없어야 함은 당연한 것이다.

천지가 교태하는 것처럼 사람 역시 부정모혈(父精母血)로 태(胎)속에서

자란다. 태중에서는 10개의 구멍으로 길러지지만 출산하면서 배꼽이 막
히고 9개의 구멍으로 살아간다. 그래서 사람을 '구규지신(九竅之身)'이라
말한다. 눈 둘, 콧구멍 둘, 귓구멍 둘로 곤괘(☷ : 음효는 둘의 모습)를 닮았
고, 입 하나, 생식기 각각 하나씩 건괘(☰ : 양효는 하나의 모습)를 닮았다.

음이 위에 있고 양이 아래에 있어서 천지가 순환하는 것처럼, 인체 역시
음이 위에 있고 양이 아래에 있다. 영락없는 태괘의 모습이요 천지자연과
꼭 닮았다. 그래서 인체를 소우주라 말하는 것이다.

만물의 생장원리도 이를 벗어나지 않는다. 건은 강하고 곤은 부드러운
데 초목이 성장하는 원리로 태괘의 상과 똑같다. 초목도 부드러운 것이
위에 있고 강한 것이 아래에 있어서 성장할 수 있는 것이지 만약 위가 강
하고 아래가 약하면 더 이상 성장하지 못하고 죽게 된다.

사회도 국가도 마찬가지다. 부드러운 어진 사람이 위에 있고 강한 의로
운 사람이 아래 있다면 그 사회는 상하간에 교통왕래가 활발할 것이고 태
평한 세상이 될 것이다. 반면에 윗사람이 교만해서 횡포나 부리고, 아랫

사람은 비굴해서 복지부동만 한다면 그 세상은 태평한 세상이 아니요 꽉 막힌 세상이 된다. 피차상하간에 대화가 막히고 뜻이 통하지 않는다면 그 사회는 필경 망하고 만다. 나라에 '도가 있다' '도가 없다'함이 바로 이를 가리킨다. 나라에 도가 있느냐 없느냐의 판단기준은 바로 언로(言路)가 통했느냐 막혔느냐에 있다.

언로를 통해서 윗사람의 뜻이 시골 벽지까지 전달되고, 가장 아랫사람의 뜻이 윗사람에게 전달될 때 '나라에 도가 있다'하는 것이다. 노사(勞使)간의 교통이 바로 조직의 태(泰)가 되고, 여야(與野) 간의 교통이 바로 정치(政治)의 태(泰)가 되련만… 피차상하간에 꽉 막힌 작금의 현실을 보면 과연 나라에 도가 있는지… 세상을 바라보면서 답답한 마음 어찌할 수 없다.

효_孝는 백행_{百行}의 근본

부모 높이는 효

공자가 말하기를 '신체발부는 부모에게서 받은 것이다. 감히 훼손해서 상하지 않는 것이 효의 시작이요, 입신(立身)하고 도를 행해서 후세에 이름을 드날려서 부모를 나타나게 함이 효의 마침이다'했다.

부모를 섬기는 것이 효의 시작이요 작은 효라면, 세상에 나가서 아름다운 이름을 드날리는 것이 효의 마침이요 큰 효라 할 것이니, 옛날의 군자(君子) 소인(小人) 모두 할 것 없이 효(孝)를 덕(德)의 으뜸이요, 백행(百行)의 근본으로 여긴 것이다.

부모로부터 물려받은 이 몸을 종신토록 잘 지키는 것도 효도의 길이지만, 부모를 오랫동안 모시며 함께 하기를 옛 사람들은 진정 바랐다. 효

효자도

(孝)라는 글자가 '늙을 노(老)'자에 '아들 자(子)'자를 합했으니 자식이 늙은 부모를 잘 섬기는 것이 효(孝)의 뜻이 된다.

자식이 부모에 대한 존칭으로 슬하(膝下)라 했고, 부모를 모시는 것을 시하(侍下)라 했다. 모시는 자체를 경사스러운 일로 보았으므로 '시(侍)'자 대신에 '경(慶)'자를 함께 쓰기도 한다.

부모가 모두 생존해 계시면 '구시하(俱侍下)'라 했다. 아버지 한 분만 계시면 '엄시하(嚴侍下)'라 했고, 편모슬하(偏母膝下)면 '자시하(慈侍下)'라 했다. 엄부자모(嚴父慈母)의 뜻을 취한 것이다. 조부모와 부모 모두 생존해 계시면 뭐라 부를까? '거듭 중(重)'자를 써서 중시하(重侍下), 혹은 중경하(重慶下)라 부르면 된다. 그러나 부모가 모두 안계시면 '영감하(永感下)'라

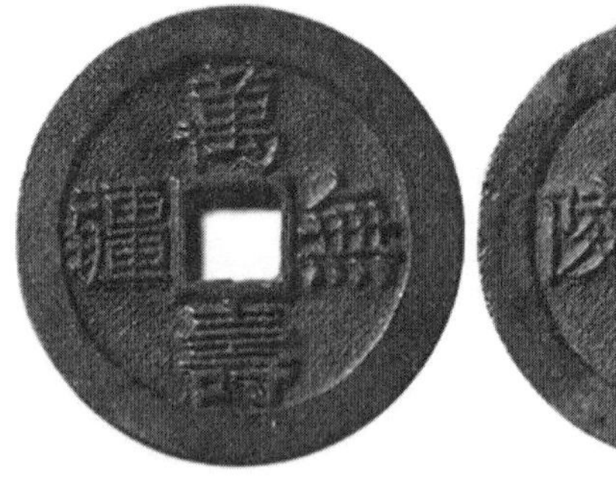

별전-만수무강 여강여릉

말하면 된다.

그저 부모가 살아계심을 큰 즐거움으로 삼았고, 하루하루 애일(愛日)의 심정으로 효양(孝養)했으며, 부모가 작고하시면 스스로 죄인으로 자처하였다.

옛날 사람들은 굳이 효자라는 명칭여부를 떠나서 자식된 도리로 맛있는 음식이 들어오면 부모에게 먼저 드렸고, 부모의 마음만이 아니라 눈과 귀를 즐겁게 해드리고 그 뜻에 어긋나지 않도록 조신(操身)했다. 과거 필자의 조부께서는 당신의 부모 고생하신 것을 생각해서 생일잔치를 하지 않았음을 물론 환갑전까지 자리를 깔고 눕지 않았다 한다. 당신 눈으로 부모의 고생하신 모습을 보았는데 어찌 호의호식하며 편히 잘 수가 있겠냐는 것이다. 부모가 계실 때에는 그 뜻을 살폈고, 부모가 돌아가셨어도 그 행실을 본받으려 했으니 '부자유친(父子有親)'의 친(親)함이란 이로 인해서 생겨나는 것이다.

과거에는 효자(孝子)를 국가나 사회에서 우대하고 장려하였다. 효자가 나오면 우선 먼저 그 지방의 고을에서 발천(發闡)해서 유림(儒林)의 심사를 거쳤다. 그런데 효자발천의 심사조목이 대체적으로 세 가지였다.

첫째, 상분첨고(嘗糞舔苦)다. 부모가 병들었을 때 똥이 달고 쓴 지를 맛보아 진찰하는 것이다.

둘째, 혈지소친(血指甦親)이다. 부모가 운명하기 직전 손가락을 깨물어 부모의 입에 떨어뜨려 소생시키는 것이다.

셋째, 삼년시묘(三年侍墓)다. 묘소에 여막을 치고 묘소를 시중드는 것이다. 시묘(侍墓)에 대해서 퇴계는 비례(非禮)라 했지만 여기서 논할 대목은 아닌 것 같고, 하여간 꼭 세 가지만을 고집하는 것은 아니지만 적어도

삼년시묘

효자가 되려면 이런 정도는 행해야 한다는 것이다. 위와 같은 조목을 갖추고 유림의 심사를 거쳐서 중앙의 예조(禮曹)로 올라가는데 최종 입격되면 임금이 정려문(旌閭門)을 설치하도록[施門] 명하고 그의 행실을 표창하고 관직에 등용하기까지 했다. 효자는 결코 역적이 되지 않을 것임을 믿었기 때문이다.

부모를 위하는 이러한 효행은 결국 자식이 부모를 높이려는 마음에서 이루어진다. 부모가 잘났던 못났던, 아버지 공경하기를 하늘 섬기듯 어머니 사랑하기를 땅을 섬기듯, 부모 아래에 자식이 태어났으니 자식들은 응당 부모 봉양하기를 천명으로 여겨야 하건만, 그러나 이러한 분위기는 과거 옛날이야기같이 들린다. 자식들에게 효도하기를 바라는 마음을 아예 내지 못할 뿐더러 언제부터인가 우리사회는 아비가 자식의 눈치를 보는 지경에까지 이르렀으니 아비의 탓인지 자식의 탓인지 아니면 사회나 국가가 그렇게 만든 것인지…. 아마도 모두의 탓일 것이다.

오륜행실도

호천망극 昊天罔極

국립중앙박물관 _ 제비

'아버지 날 낳으시고[父兮生我] 어머니 날 기르시니[母兮鞠我] 슬프구나 부모시여[哀哀父母] 나를 낳으시고 수고하셨네[生我劬勞] 깊은 은혜 갚고 저 하건만[欲報深恩] 하늘과 같아 끝이 없도다[昊天罔極]'

『명심보감』에 나오는데 본래 『시경』의 글을 단장취의(斷章取義)한 것이다. 글 중의 '호천망극'은 부모 제사의 축문에도 사용하는, 부모의 은혜를 표현할 때 사용하는 상투어다.

정조(正祖)가 어렸을 적, 이 글만 대하면 돌아가신 아버지[사도세자] 생각에 눈물을 흘렸다 한다. 그래서 할아버지 영조의 노여움을 샀다 하니

정조의 효심을 짐작할
만 하다. 그러나 한편
으로 생각하면 정조의
이같은 행동은 '사람의
자식'이라면 당연한 일
이라 할 것이다. 자식
된 도리로서 효(孝)는
무엇보다 중요하므로
효는 덕의 근본[德之
本]이 된다. 모든 가르
침과 배움이 이로 말미암아서 생겨났다.

지지대(수원) 정조의 효심이 깃든 곳

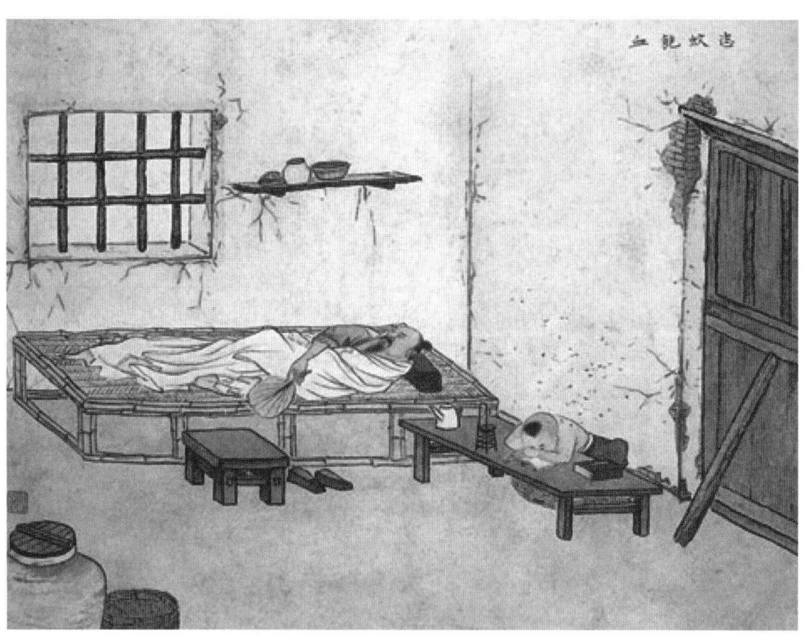

吳猛이 아비를 위해서 모기에게 피를 뜯기는 모습-恣蚊飽血

옛날에는 부모를 섬기는 도리에 대해 기본적으로 가르치는 것이 있었다. '겨울에는 따뜻하게 여름에는 서늘하게[冬溫夏淸]' '저녁에 이부자리를 깔아 드리고 새벽이 되면 안부를 살피는 것[昏定晨省]'은 기본이었다. 부모 봉양엔 반드시 온화한 기색을 두고 몸가짐을 단정히 했고, 마치 옥을 잡은 듯 가득 담긴 물그릇을 받들 듯 조심조심 살피며 부모를 섬겼다. 부모님이 부르시면 대답을 지체하지 않았고, 일을 하다가도 중단하고 대답했으며, 밥이 입에 있어도 즉시 토하고 달려갔다. 음식은 아깝지만 효도가 더 중요했기 때문이다. 늙으신 부모님이 계시면 '출필곡(出必告) 반필면(反必面)'은 물론이고, 외출해도 방소를 바꾸지 않았다. 혹시나 걱정하실까 봐서이다. 부모님이 병중에 계시면 자식된 도리로 근심스런 얼굴빛을 하고 다녔으니 이것이 효자의 부모에 대한 소략적인 예절이다.

효도에 관해서는 공자의 제자인 증자의 일화가 가장 많다. 증자가 언젠가 한 마을을 들어가려는데 마을 이름이 마침 승모리(勝母里)였다. '어미를 이기는 마을'이라 하니 효자인 증자가 그 마을에 들어갔겠는가? 이름을 미워해서 들어가지 않았음은 당연하다.

증자는 물론 효자로만 이름난 사람이 아니다. 공자의 종지(宗旨)를 심득(心得)해서 계승자로서의 역할을 했으며 이후 자사, 맹자로 이어져 유가의 도통(道統)을 전하는 데 크게 기여한 분이다. 『논어』에 '하루에 세 번 내 몸을 살폈다[三省吾身]' 할 정도로 근본에 충실했던 증자, 그의 언행은 대개 효(孝)라는 덕목으로 시종(始終)을 담고 있다.

증자가 임종시 제자들을 불러 말했다. "내 발과 손을 펴보라! 전전긍긍(戰戰兢兢)해서 깊은 못가에 이르듯[如臨深淵] 얇은 얼음 위를 걷듯[如履薄氷] 몸조심했는데 이제야 내 걱정을 면하게 되었구나!"

어미와 새끼 - 중백로

　신체발부(身體髮膚)는 부모에게서 받은 것이니 감히 훼손해서는 안 됨을 죽는 순간까지도 제자들에게 훈계한 것이다.

　천지신명과 부모의 은덕(恩德)으로 이 몸이 태어났으니 은덕을 잊는 것도 불효요, 주색잡기(酒色雜技)로 내 몸을 병들게 하는 것도 불효다. 내 몸을 천하게 움직여서 남에게 욕을 당하는 것도 불효다.

　태어나면서부터 죽는 순간까지 옛 사람들은 효도를 항상 가슴 속에 지니고 살아갔건만, 지금 사람들은 과거 사람들의 행실에 반이라도 따라갈까?

　지난 5월 8일에는 필자도 아이들에게 편지를 받고 선물도 받았다. 집 사람도 친정집에 가서 자식으로서의 도리를 표하려 애쓰는 눈치였다. 그 날따라 거리에는 차량도 붐볐다. 아마도 부모를 모시고 식사 한 끼라도 대접하려는 차량들이겠지 싶었다. 교통 혼잡 속에서도 조금은 흐뭇한 생각이 들었지만 한편으론 의심이 갔다.

　혹 식사 한 끼 대접으로 일 년의 의무를 다했다고 생각함은 아닐는지….

자하가 효를 물었을 때 공자가 "부모의 안색을 잘 살피는 것이 어려우니 [色難], 그저 술이나 밥으로 부형에게 드리는 것만을 효라 할 수 있겠느냐?"하시고, 자유가 묻는 효에도 "개나 말도 제 부모를 봉양[能養]할 수 있으니 공경하지 않으면 견마(犬馬)와 무엇이 다르겠느냐?"하셨다. 지금 우리 아이들이나 저 사람들은 공경하는 마음으로 부모를 대하고 있을는지….

부모은중경

존사중도 尊師重道

존사중도

공자는 '배우기를 싫어하지 않고[學而不厭] 남을 가르치기를 게을리하지 않았다[誨人不倦]'한다. 교학상장(敎學相長)의 교훈을 엿볼 수 있는 대목이다. 그저 배움은 자신을 기르는 것이요, 가르침은 남을 기르는 것이다. 그러나 가르침 또한 배움의 기초에서 이루어진다. 한 그루의 나무가 뿌리 내린 뒤에 지엽(枝葉)이 무성해지는 이치와 같다 할 것이다.

사람은 배움을 통해서 자신을 변화시키고, 삶을 풍요롭게 할 수 있다. 공자의 제자인 자로(子路)는 변(卞)땅의 야인(野人)이었으며 자공(子貢)은 위(衛)나라의 장사꾼이었으며 자장(子張)은 말 거간꾼이었다 한다. 하지만 이들은 배움을 통해서 모두 '뛰어난 선비'가 되었다. '책 속에 길이 있다'는 말이 바로 이 뜻이다.

그런데 배움의 길은 혼자서 갈 수도 있지만 선생이 인도하지 않으면 가기가 힘들다. 개인만이 아니라 국가 역시 마찬가지다. 고금을 막론하고 국가발전의 동력이 인재 양성에서 비롯됐음은 자명한 일이다. 그래서 예로부터 학교를 설치해서 학문을 장려하고, 스승을 우대하였다.

고대 주(周)나라 때 천자(天子)가 설립했던 태학(太學)을 벽옹(辟雍)이라 하는데 주변이 물로 빙 둘러쳐쳐 있다. 연못은 만물을 윤택하게 해서 즐겁게 해주는 덕이 있으므로 아마 『주역』 태괘(兌卦: ☱☱)에서 말하는 '붕우강습(朋友講習)'의 뜻을 취하였을 것이다. 반면에 제후(諸侯)의 학궁(學宮)은 반궁(泮宮)이라 불렀다. 글자 그대로 연못을 반만 팠기 때문에 '반궁'이라 하였다.

우리나라 성균관을 '반궁'이라 하고 그 주변 마을을 반촌(泮村)이라 부른 것이 여기에서 유래한다.

이곳을 지나는 사람은 대소인원을 막론하고 모두 말에서 내리라는 표석인 하마비(下馬碑)가 있고, 임금의 가마를 내려놓는 하연대(下輦台)도 있다. 모두가 학문을 장려하고 스승을 존경하려는 배려에서다.

'임옹배로(臨雍拜老)'는 '임금이 벽옹(辟雍)에 임어(臨御)하여 삼로오경(三老五更)에게 배례(拜禮)를 행하는 의식'이다. 노인을 위하여 베푸는 '양로연의(養老宴儀)'와는 구별되는 것으로, 임금이 태학(太學)에서 삼로오경을 스승으로 모시고 사제관계(師弟關係)의 예에 따라 거행하는 연회를 말한다. 임금은 이곳에서 예악과 덕화의 정치를 펼치려 했고, 스승을 섬기려는 교육장으로 삼으려 한 것이다.

천자가 스승에게 절하는 의식은 아마 본보기로 보이려 함이었을 것이다. 그러나 여기에서 바로 스승의 도가 서게 된다. 천지가 만물을 기르듯이, 내 몸을 길러주는 자는 부모이겠지만 정신을 길러주는 자가 바로 스승이 된다. 스승이 있음으로 해서 나는 몽매함에서 벗어나 밝은 곳, 바른 곳으로 나갈 수 있다. 『주역』에서는 '어린애를 바르게 길러주는 것이 성인이 될 수 있는 공이라[蒙以養正 聖功也]'했다. 어린애를 잘만 키우면 누구나 다 성인으로 만들 수 있다는 것이다. 선생의 역할을 강조한 구절이다.

어린 아이가 배우는 길을 몽학(蒙學), 또는 몽양(蒙養)이라 하고, 어린애를 개발시키는 뜻에서 계몽(啓蒙) 혹 발몽(發蒙)이라 했다. 계몽을 위해서는 제약이 필요하므로 질곡(桎梏: 족쇄와 수갑)이란 단어도 썼다. 학교(學校)의 '형틀 교(校)'자가 또한 이 뜻이다. 선생을 만나지 못하는 것을 곤몽(困蒙)이라 하였고, 좋은 스승을 만나는 것을 동몽(童蒙)이라 하였다.

요즘은 선생이 제자를 찾아다니는 세상이지만 옛 사람들은 선생을 찾아 다니며 배우려는 성의가 대단했다.

몽괘(蒙卦)에서도 '선생이 학생을 구하는 것이 아니라 학생이 선생을 구 하는 것이다[匪我求童蒙 童蒙求我]'했으니 천리를 멀리 여기지 않고[不遠 千里] 책상자 짊어지고 선생을 따라 다니며[負笈從師] 학문의 도를 구했던 것이다.

이같이 배움은 간절히 구(求)하려는 정성 속에서 이루어진다. 어린 학 생이 묻기를 좋아하고[好問] 배우려는[願學] 마음이 없으면 가서 가르쳐도 효과가 없다. '목마른 자가 샘 판다'하지 않았는가?

『논어 술이편』에 '알려고 노력하 지 않는 자는 열어주지 말고, 말하 려고 노력하지 않는 자는 펴주지 말 라. 한 모퉁이를 들어 올렸는데 나머 지 세 모퉁이를 알아서 들려하지 않 는 자는 다시 가르치지 말라[不憤不 啓 不悱不發 擧一隅 不以三隅反則 不復也]'했다. 배우려는 자들을 권면 (勸勉)케 하려는 공자의 권도(權道) 요 이것이 바로 스승이 제자를 대하 는 방도(方道)인 것이다.

옛글에 '존사중도(尊師重道)'란 말이 있다. 배움의 구하는 도는 스 승을 높이고 도를 중시하는 자세에

하마비-성균관

서 가능하다. 세상을 기르려면 스승의 도를 엄정히 세워야 한다. 아비가 아무리 못났어도 자식이 스스로 아비를 높이는 가운데 가정의 질서가 이루어지듯, 선생이 비록 못났어도 우선 먼저 선생을 높이는 분위기가 조성되어야만 배움의 길은 이 속에서 열릴 것이다.

　요즘같이 '교원평가제'를 실시하려는 즈음에 이 같은 주장은 허공에 메아리치는 격이겠지만, 교사를 평가하는 문제가 과연 급선무인지 어떤지는 알 수 없지만, 닭이 먼저냐 알이 먼저냐를 따질 것 없이 여하튼 스승을 높여야 한다는 이러한 분위기를 국가나 사회가 만들어주지 못한다면 교육의 성공은 기대할 수 없을 것이다.

선생先生의 뜻

스승과 제자

선생이란 용어가 『논어』나 『맹자』에 나오는 것을 보면 공자 이전부터 유행된 호칭이었음을 알 수 있다. 다만 글 내용을 보건데, 선생이란 단어는 부형(父兄)이나 상대방에 대한 경칭(敬稱) 정도로 해석하니 아마도 당시에는 범칭으로 사용된 듯하다.

중국의 옛 사서(辭書)인 『이아(爾雅)』 「석친편(釋親篇)」에 「남자 선생이 형(兄)이 되고 후생이 제(弟)가 되며[男子先生爲兄 後生爲弟], 여자 선생이 자(姊)가 되고 후생이 매(妹)가 된다[謂女子先生爲姊, 後生爲妹]」하니, '먼저 태어난 사람'의 뜻으로 선생에 대한 좀 더 구체적인 정의를 내리고 있다. 전자나 후자나 결국 '선생=연장자'라는 뜻인데, 나이를 먹을수록 덕이 높을 것이라는 사회적 통념이 자리 잡고 있었음을 짐작할 수 있다.

『맹자』에 보면 "조정(朝廷)에는 관작(官爵)만한 것이 없고 향당(鄕黨)에는 연치(年齒) 만한 것이 없고 세상을 돕고 백성을 자라게 하는 데는 덕(德) 만한 것이 없다[朝廷莫如爵 鄕黨莫如齒 輔世長民莫如德: 공손추하]"고 하여 벼슬과 나이와 덕의 삼달존(三達尊)을 말하고 있으니, 고래로부터 나이 많은 사람은 존경(尊敬)의 대상이 되어왔던 것이다.

그러나 진(晉)나라의 도연명이 자신을 오류선생(五柳先生)으로 불렀던 것이나 당(唐)나라의 왕속(王績)도 오두선생(五斗先生)이라고 자호(自號)한 것을 보면 자칭 선생이라 부르는 것도 실례가 아니었던 모양이다.

그런데 고려시대에는 좀 더 제한적으로 호칭한 것 같다. 과거에 급제한 사람을 존칭으로 선생이라 불렀으며, 급제하지 않았으면 그저 대인(大人)이라 불렀다. 당시의 선생에 대한 잣대는 좀 더 지식이 많고 덕이 높은 사람에 한정해서 존칭으로 사용했지 함부로 사용하지는 않은 것 같다.

하여간 존칭의 대상으로 시대에 따라서는 여러 가지 호칭이 있었겠지만 대개는 도(道)가 있고 덕(德)있는 사람을 선생이라 불렀다. 그리고 언제부터인지는 모르지만 스승을 일컬어 선생이라[古者稱師曰先生] 했으니 학생을 가르치는 스승의 뜻으로 일컬음도 역사가 오래되었을 것이다.

선생을 사부(師父)라 표기하기도 하니 이는 '군사부일체(君師父一體)'의 관념에서 나온 것이리라. 몸을 길러주신 분은 부모님이지만 정신을 길러주신 분은 선생님이기 때문이다. 스승을 높이는 말로 부(夫)를 쓰기도 한다.

공자를 '공부자(孔夫子)'라 하고 주자를 '주부자(朱夫子)'라 함이 그러한 예다. 이때의 '부'는 필부의 뜻이 아니라 '도덕이 관천(貫天)할 부'자로 스승에 대한 극존칭으로 쓰였던 것이다.

혹 함장(函丈)이라 부르기도 한다. '함(函)'이란 폐백상자를 의미한다. 신부가 시부모를 알현할 때 폐백을 올리듯이 제자가 스승을 찾아뵐 때도 폐백을 바친다. 즉 예를 갖춘다는 의미다. 장(丈)은 '어른 장'자지만 본래가 십척(十尺) 일장(一丈)의 길이단위이니 '함장'은 '폐백을 드린 분으로 일장(一丈) 이상을 떨어져 앉아야 하는 어른'을 의미한다. 동석할 수 없는 대상으로 극존대의 예를 표현한 것이다.

속담에 스승의 그림자도 밟지 말라는 것이 바로 이에서 나온 것이니, 나이나 지위 때문만이 아니었다. 스승을 높인 것은 바로 도덕(道德)이 높았기 때문이다. 도덕이 높은 분이기에 옛 법에 인군은 스승을 신하로 대하지 않았다. 세상 사람 모두가 천자에게 북면(北面)했지만 스승에 대해서는 북면하지 않도록 했으니 옛날에는 스승 높이기를[尊師] 이같이 했던 것이다.

위편삼절-행단예악

공자는 평생을 학불염(學不厭)하고 교불권(敎不倦)하셨다. '아침에 도를 들으면 저녁에 죽어도 좋다[朝聞道 夕死可矣]'면서 평생을 두고 도를 듣기를 원하셨다. 나보다 나이가 많고 적고를 떠나서 도를 들은 사람이 있다면 그를 스승으로 모시려 노력하신 것이다.

『논어』 첫 글에 '배우고 때로 익히면 또한 기쁘지 아니한가? [學而時習之 不亦說乎]'라 하였다. 배운다는 것은 다름 아닌 '본받는다[效]'는 뜻이다. 학(學)의 글자를 보면 '절구통[臼] 안에 효(爻)를 넣고 찧는 모습'이다. 천지자연의 동정(動靜)하는 이치를 양효(陽爻)와 음효(陰爻)로 표시하니 학(學)은 곧 효(爻)를 배우는 것이요 천지자연의 이치를 본받는 뜻이 된다.

배움의 간절한 바람 속에 스승은 존재한다. 적어도 옛날에는 도를 듣기 위해 스승을 찾아 다녔다. 과거시험 때문이 아니라 사람이 좋아서가 아니라 도를 듣기 위해서다. 스승은 도를 전하고[傳道], 학업을 가르치고[授業], 의혹을 풀어주는[解惑] 자이기 때문이다. 그래서 천리를 멀다 여기지 아니하고[不遠千里] 책상자를 짊어지고 스승을 따라 다녔던 것이다[負笈從師].

세월이 흐른 지금, 세상은 개벽이 되었고, 사람들은 도덕보다는 공리(功利)를, 정신보다는 물질을 따르고 있다. 그래서일까? 진정한 스승을 만나기도 어렵고 진정한 학생을 찾기도 어려우니 내 눈에만 그렇게 보이는 것일까?

발몽發蒙과 격몽擊蒙

몽천-도산서원

　안동의 도산서원을 가면 앞에 우물물이 있는데, 이름을 '몽천(蒙泉)'이라 했다. 퇴계선생이 명명하신 것이며 『주역』 몽괘(蒙卦)의 '산 아래에 물이 솟아 나오는 것[山下出泉]이 몽(蒙)이라'는 구절에서 근거한 것이다. '샘 천(泉)'자는 물이 처음 솟아나옴을 보여주는 글자다. 백(白)+수(水)의 합성자이니 백(白)은 물이 아직 오염되지 않은 순수하고 깨끗한 모습이다. 갓 태어난 어린애를 비유한 것이다.

　몽(蒙)자 역시 '어리다'는 뜻이다. 어린이라는 말이 '어리석다[愚]'에서 유래된 순수 우리말이라 하니 몽(蒙)자가 바로 그 뜻이다. 몽매(蒙昧)하다는 뜻인데, 몽(蒙)은 '풀 초(艹)' 밑에 '덮을 멱(冖)'자를 쓰고 '돼지 시(豕)'자를 썼다.

돼지가 풀 속에 덮여 있는 모습이다. 돼지는 육축 가운데 가장 험한 속에 있는 동물이라 할 수 있다. 어둡고 험한 곳에 처해서 헤쳐 나갈 줄을 모르니 돼지를 어린아이로 비유한 것이다.

어린애가 이와 같으니 자연히 기르는 뜻도 수반된다. 어리석음을 가르친다 해서 훈몽(訓蒙), 밝음을 열어준다 해서 계몽(啓蒙) 등등 모두가 어두운 곳에서 밝은 곳으로 인도해 주는 뜻을 갖는다. 내 아이를 '돼지 돈(豚)'자를 써서 '돈아(豚兒)'나 '가돈(家豚)'이라 부르는 이유가 여기에 있다.

처음 나온 옹달샘 물은 세가 여리고 약하다. 조그만 구덩이를 만나도 빠져서 헤쳐 나올 줄 모르고, 조그만 장애를 만나도 밀고 나갈 줄을 모른다.

그런데 주역에서는 동몽(童蒙)을 두고 '형통(亨通)하다' 했다. 물은 쉬지 않고 계속 흘러 구덩이를 메우고 강에 이르고 바다에 이른다. 무지몽매한 어린아이지만 쉬지 않고 계속 배워 나간다면 현인이 되고 성인의 경지에 이를 수 있음을 표현한 것이다. 물의 덕이 이와 같기 때문에 공자는 흘러가는 물을 보면 항시 찬양하였다. 모두가 저 물과 같이 나갈 수만 있다면 못할 일이 없기에 한 말이다.

어린아이가 성인(聖人)이 될 수 있는 공(功), 이를 두고 공자는 '양정(養正)'하면 가능하다 했다. 나이 든 사람이야 근골(筋骨)이 이미 강해져서 어찌하기가 어렵지만 어릴 적에는 기품이 순일부잡(純一不雜)하고 인욕(人慾)이 아직 일어나지 않는 때이므로 바르게 교정해서 나간다면 성인도 될 수 있다고 본 것이다.

맹자도 '대인은 어린애같은 마음을 잃지 않는 자다[大人者는 不失其赤子之心者라]'며 어린이의 형통함을 말했다. 그런데 어린애가 성인이 되기까지에는 많은 사람의 도움이 필요하다.

옹달샘 물이 흐르다 험한 구덩이에 빠졌을 때, 물꼬를 트이게 해줄 수 있는 선생이 있어야 하고, 바르게 성장할 수 있는 학교 환경이 필요하다. 학교의 '교(校)'자는 형틀을 의미한다. '삼밭의 쑥[麻中之蓬]'과 같이 어린애는 혼자서 자립할 수 없기 때문에 바르게 성장하려면 질곡(桎梏)이 필요하다.

옛날 구운몽을 지은 서포 김만중선생의 어머니는 왼손에는 죽을 들고 오른손에는 회초리를 들고서 자식들을 가르쳤다[左持粥右夏楚]한다. 그래서 훌륭한 사람으로 성장할 수 있었다고 행장(行狀)에 기록하고 있다. 처음 배우는 어린이에게 질곡의 형틀을 사용해야 한다고 주역에서는 말하고 있다. 그래야만 발몽(發蒙)할 수 있다고 가르치고 있고, 공자는 이 글을 두고 정법(正法)이라고 강조했다. 어린애는 몽매하고 여리기 때문에 때로는 회초리도 필요하다는 이야기다. 그러다가 어린이가 자립할 수 있는 역량을 갖추게 되면 형틀을 벗겨주라 했다. '격몽(擊蒙)'이라 하는데 '형틀을 쳐서 부수라'는 뜻이다.

율곡선생의 『격몽요결(擊蒙要訣)』이라는 서명(書名)이 말하자면 '격몽으로 자립할 수 있는 중요한 글'이라는 뜻이다. 처음 발몽으로부터 시작해서 결국 격몽으로 어리석음을 깨쳐 나가는 동몽, 그래서 몽괘(蒙卦)에서는 '과행육덕(果行育德)'의 네 글자를 강조하고 있다.

순자의 『권학편』에 "한 발짝 한 발짝 나

격몽요결(擊蒙要訣)-이이 수필

육예도 六禮圖-禮·樂·射·御·書·數

아가지 않으면 천리에 이를 수 없고 [不積蹞步 無以至千里] 작은 시냇물 모이지 않으면 강이나 바다에 이룰 수 없다.[不積小流 無以成江海]"하였다. 아무리 천리 길이 멀다지만 가고 가다 보면 이를 수 있듯이 학문의 공(功) 역시 마찬가지로 배우고 물어서 이것 취하고 저것 취하다 보면 자연히 크게 쌓을 수 있다는 뜻이리라.

『순자·권학편』에는 '한 그루의 나무를 자르다가 포기하면 썩은 나무도 절단하지 못하지만 포기하지 않으면 금석도 조작할 수 있다[鍥而舍之 朽木不折 而不舍 金石可鏤]' 하였다.

남이 선한 행동을 하면 얼른 받아들이고, 내 결점을 알면 즉시 고칠 줄 아는 어린이, 한줄기 물이 잠시도 멈추기 않고 거침없이 흐르는 것처럼, 행동을 과감히 하고 덕을 쌓기를 끊임없이 노력한다면 성인의 경지가 멀리 있겠는가? 나도 노력하면 얼마든지 성인이 될 수 있음을 피력한 것이다.

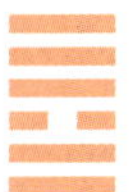 # 모模가 모답지 못하고 범範이 범답지 못하니...

공자상

인성(人性)은 본래가 선(善)하다. 누구나 다 선하지만 자신이 본래 선한 줄을 잘 모르고, 세상을 살면서 도리(道理)를 알아야 하지만 대부분 알지를 못한다. 기질(氣質)의 탓도 있지만 사욕(私慾) 때문에 그러하다.

그래서 배우는 것이다. 배움을 통해서 본래의 내 마음이 선하다는 것을 깨닫는 것이다. '밝은 덕을 밝힌다[明明德]'는 대학구절이 그런 뜻이고, '처음 가졌던 마음 자리를 다시 회복한다[以復其初]'는 주자의 말씀이 바로 그런 뜻이다. 다만 사람에 따라서 선각(先覺)과 후각(後覺)의 차이가 생기니 이로 인해서 후각자는 선각자를 본받으려 하는 것이다.

『시경』을 보면 나나니벌[과라(蜾蠃)] 이야기가 나온다. '뽕나무 벌레 새끼들이 있거늘[螟蛉有子] 나나니벌이 업는구나[蜾蠃負之]'라는 구절이다. 일종의 땅벌[土蜂]인데, 허리가 가늘어서 '세요(細腰)'라고도 부르는 이 벌은 숫컷만 있고 암컷은 없단다. 남녀 교배도 않고 새끼를 낳지도 않으며, 항상 뽕나무 벌레[명령(螟蛉)]나 메뚜기 새끼[阜螽子]를 데려다가 자기 새끼처럼 기른다 한다. 후세 사람들은 이 구절을 두고 양자를 들이는 뜻으로 해석하기도 하고 선생이 제자를 키우는 뜻으로도 풀기도 한다. 결국 "나 닮아라 나 닮아라"하는 뜻이다.

세상을 살면서 자식은 부모를 본받으려 하고 제자는 스승을 본받으려 하고 아랫사람은 윗사람을 본받으려 한다. '불초(不肖)자식'이니 '불초소생'이니 하는 말이 이래서 생긴 것이다. 위인을 본받고 자연을 본받으려 함은 동서고금을 막론하고 모든 사람들의 바람일 것이다. 아마도 도덕군자라면 그렇게 노력할 것이다.

한자어에 나무를 써서 틀을 만든 것을 모(模)라 하고, 금(金)으로 틀을 만든 것을 용(鎔)이라 하고, 흙으로 만든 것을 형(型)이라 하고, 대나무로 만든 것을 범(範)이라 한다. 모두가 '본뜬다' '본받는다'는 뜻이다. 그런데 이중에 모(模)자는 한편으로 나무 이름이라 한다.

『회남자』'초목보(草木譜)'에 '모목(模木)은 주공(周公)의 무덤 위에서 생한 것인데 그 잎이 봄에는 청색, 여름은 적색, 가을은 흰색, 겨울은 흑색을 띠니 그 색으로써 바름을 얻은 것이다'하였다.

주공은 문왕(文王)의 아들이다. 공자가 꿈에서라도 보고 싶어 할 정도로 주공은 주(周)나라의 문화를 찬란하게 꽃피운 사람이다. 64괘의 384효사도 지었다. 제자백가의 사상적 원류가 주공에게서 비롯되었으므로 후대에 주공을 모범삼는 뜻에서 이러한 전설이 나온 것이다.

공자와도 관련된 나무가 있다. 해(楷)나무라는 것인데, 공자의 무덤이 있는 공림(孔林)에 가면 측백나무 고목들을 많이 볼 수 있으니 이 나무를 해나무라 한다.

공자의 제자인 자공이 스승 무덤 옆에서 6년을 시묘(侍墓)한 곳이 있고, '子貢手植楷[자공이 손수 심은 해나무]'라 쓴 비석도 세워져 있다.

공자가 죽기 전에 "내가 죽거들랑 봉분도 하지 말고, 무덤 위에 나무 한 그루 심으라" 했다. 죽어서도 한 그루의 밑 걸음이 되려는 심사(心思)이셨으리라. 자공이 차마 무덤에 심지 못하고 옆에 심었으니 공자의 반듯한 정신을 추모해서 해나무라 한 것이다.

이 나무는 공씨 후손들의 상징물이 되었다. 이들은 공목(孔木)이라 부르며 장가나 시집을 갈 때면 반드시 해나무로 만든 혼수품을 필수로 삼았다 한다. 공자를 모범 삼으려 했던 것이다. 서예에서 말하는 '해서(楷書)체'가 이 나무에서 유래한 것이니 역시

자공수식해-공자의 제자 자공이 손수 심은 해나무-孔林

공자의 반듯한 정신을 상징한 것이다.

'배움은 남의 스승이 되고(學爲人師), 행동은 세상의 모범이 되어야 한다(行爲世範)'는 이 문구는 대개 사범대학의 표훈(表訓)으로 걸어놓은 것이다. 하지만 이는 그저 글을 가르치는 교사에게만 국한한 글자가 아니다. 우리 사회의 소위 지도층이라는 자 모두에게 적용되는 글자다. 세상을 선도할 수 있는 부류는 많겠지만 그 중에서도 꼽는다면 교육과 정치일 것이다. 적어도 정치가나 교육자는 모범적인 사람이 되어야할 터인데 비모범적인 많은 사람들이 사계(斯界)에 종사하는 것을 보면 사회의 구조가 무엇인가 크게 잘못되지 않았나 싶다.

창공을 나는 새도 숲을 택해서 쉬는 법, 배움을 구하려면 스승을 가려야 하듯이 이 사회도 끌고 나갈 지도자를 선택해야 하는데, 모범자라 자처하는 사람들 중에 모(模)가 모답지 못하고 범(範)이 범답지 못한 이가 세상에 허다하니 과연 누구를 모범삼고 따라야 할지 모르겠다.

군자의 온화함이 옥玉과 같구나

옥제향로

　"군자를 생각하니 온화함이 옥과 같구나[言念君子 溫其如玉]"『시경』
에 나오는 글이다. 군자의 성품이 온화하면서도 윤택함이 마치 옥의 특
성과 같다고 보았기 때문에 많은 사람들은 시경의 이 글을 애송하곤 하였
다. 옥을 군자의 덕으로 비유하며 귀하게 여겼던 것이다.

　『예기』 '학기'에서도 옥에 관한 글이 있다. "옥은 쪼지 않으면 그릇을 이
룰 수 없고[玉不琢不成器], 사람은 배우지 않으면 도를 알지 못한다[人不
學不知道]. 이 때문에 옛날의 왕들은 나라를 세우고 백성들을 다스리는 데
에 가르침과 배움[教學]으로 우선을 삼았다." 한다.

　좋은 옥도 절차탁마(切磋琢磨)를 거쳐야만 훌륭한 그릇으로 만들 수

있듯이 인격도 배움을 통하지 않고서는 완성이 될 수 없음을 설명한 것이다.

평생을 살아가면서 자기 자신을 기르고 한편으로 세상을 기르는데 교학(敎學)의 공(功)보다 더한 것이 어디 있을까? 그래서 예기에서는 윗글에 이어서 다음과 같이 말하였다.

"비록 아름다운 안주가 있어도 먹지 않으면 그 맛을 알 수 없고, 비록 지극한 도가 있어도 배우지 않으면 그 선(善)함을 알 수가 없다. 이 때문에 배워본 뒤에 자신의 부족함을 알 수 있으며, 가르쳐본 뒤에 자신의 곤(困)함을 알 수 있으니, 부족함을 알면 스스로를 반성할 줄 알고 곤궁함을 알면 스스로 열심히 노력하는 법이다. 그러므로 교학상장(敎學相長)이라 말하는 것이니 『서경』 '열명'에 '가르침은 배움의 반이다[敎學半]'가 바로 이를 말한 것이다"하였다.

배움의 의미는 무엇인가? 무엇을 배우자는 것인가? '배울 학(學)'자는 구(臼)+효(爻)+갓(冖)+자(子)의 합성어다. 자식이 갓 위에 절구통을 얹어놓고 효를 찧는다는 뜻이다. 즉 '효(爻)를 배운다'는 뜻이니 변화하는 이치를 배우는 것이다. '가르칠 교(敎)'자 역시 효(爻)자가 들어 있으니 모두가 변화하는 도를 가르치고 배우는 것이다.

교(敎)자를 좀 더 살펴보자. 글자가 '攴(칠 복)+(爻+子)'로 구성되어 있으니 복(攴)은 접[卜]을 손[又: 手의 약자 형태]에 들고서 가르치는 모습이며, '爻+子'는 자식이 아래에서 본받는 모습이다. 가르침이 배움의 반이라 할진대 '가르칠 교(敎)'자를 古文에는 '學+攴'의 합성자로 쓰고 있다. 글자 자체에 가르치고 배우는 두 가지 뜻을 겸비하고 있으니 가르침 역시 배움의 기초 위에서 펼쳐지는 것임을 표현한 것이다.

負身讀書

　지게를 진 채로 책을 읽으며 가는 소년의 모습. 그림 속의 이 소년은 중국 한나라 때의 인물 주매신(?~기원전 109년)이다(『한서』 ‘주매신전’). 불우한 환경에서도 공부를 좋아했고 끝내 출세해서 금의환향한 자로, 조선의 문사들은 그를 기록할 때 ‘부신독서’ 혹은 ‘부신독송(負薪讀誦)’이란 표현으로 칭송했다.

　출세하기만을 위해서 공부하는 것은 아니지만 배우다 보면 복록도 얻을 수 있는 길이 있다는 것을 옛날 선현들은 두고두고 말했다.

　항시 손에 책을 들고[手不釋卷] 평생을 공부하려는 이유는 여러 가지가 있겠지만 크게 나누면 안으로는 덕(德)을 쌓고 밖으로는 업(業)을 이루려는[進德修業] 데 목적을 두었기 때문일 것이다.

　산 아래에서 이제 막 솟아나온 물을 천(泉)이라 한다. 백(白)+수(水)의 합성어니 아직 오염되지 않은 깨끗한 물을 의미한다. 이 샘물[泉]은 비록 근원이 짧고 세가 여리지만 그치지 않고 계속 아래로 흐른다면 내를 이루고 강을 이루고 바다에 이를 것이다. 한 움큼의 물이 흐르고 흘러 바다에 이르는 것은 자연의 세(勢)라 할 수 있지만 사람은 공부하는 사이사이에 잡된 욕심이 끼게 되므로 물처럼 흐르지를 못하고 중도에서 인생을 마치게 된다.

목적지에 이르기까지 세월이 기다려 준다면 얼마나 좋을까마는 그러나 세월은 사람을 기다리지 않는다. 그러므로 고인들은 한 자[一尺]의 구슬보다도 한 치[一寸]의 광음(光陰)을 중하게 여겼다.

정약용선생이 유배지인 강진에 있을 때[1802년] 제자인 황상(黃裳:호 산석)에게 준 면학문(勉學文)이 있는데 내용이 귀감적이다.

"내가 산석에게 '문사(文史)를 공부하라' 했더니 산석이 머뭇머뭇 부끄러워하는 기색으로 말하길 '저에게 세 가지 병이 있으니 첫째 둔하고, 둘째 꽉 막혔고, 셋째는 미련합니다.' 내가 말하길 '학자에게 큰 병이 세 가지 있는데 너는 이것이 없구나. 첫째 암기하는데 뛰어난 자는 공부를 소홀히 하는 폐단을 낳고, 둘째 글 짓는 재주가 좋은 자는 깊이 공부하지 못하는 폐단을 낳고, 셋째 이해력이 빠른 자는 공부가 정미롭지 못한 폐단을 낳는다. 대저 둔하지만 공부에 파고드는 자는 식견이 넓어질 것이고, 막혔지만 잘 뚫는 자는 흐름이 성대해질 것이며, 미련하지만 잘 탁마하는 자는 빛이 날 것이다. 파고드는 방법은 무엇이냐. 근면함이다. 뚫는 방법은 무엇이냐. 근면함이다. 탁마하는 방법은 무엇이냐. 근면함이다. 그렇다면 근면함을 어떻게 지속하느냐. 마음가짐을 확고히 하는 데 있다[황상(黃裳), 임술기(壬戌記)].

"끊임없이 배우고 끊임없이 물어서 옥 같은 군자의 덕을 이루기를 바라

수재정 水哉亭-경주성산서당

고, 평생 학문을 통해서 성인의 공을 쌓으려는 것"이 바로 배움의 목적이라 하겠다.

공자는 흘러가는 물을 바라보며 "물이여 물이여[水哉水哉]"하며 자주 칭찬하였다 한다. 『맹자』는 이를 두고 "근원이 좋은 물이 용출해서 밤낮을 그치지 아니하여 구덩이를 가득 채운 뒤에 전진해서 사해에 이른다는 것이다[原泉混混 不舍晝夜 盈科而後進 放乎四海]"했다.

거창에 가면 명승고적 수승대가 있고 그 한쪽에 구연서원(龜淵書院)이 자리잡고 있다. 서원 앞에 관수루(觀水樓)가 있고 그 옆 바위에 '요수 신선생이 숨어서 수양한 곳[樂水愼先生藏修洞]'이라 새겨져 있으니 신선생은

신권(愼權: 호 樂水)이며, 퇴계의 문인이요 지방 유림이 그의 학문과 덕행을 추모하기 위해서 세운 서원이다.

제명(題名)으로

觀水樓-거창 구연동

관수(觀水)라 표기한 곳은 물론 이곳 이외에도 많이 있지만 하여간 관수(觀水)라는 표현은 『맹자 진심장』에 나온다.

'물을 관찰하는데 방법이 있으니[觀水有術] 반드시 그 여울목을 보아야 한다[必觀其瀾]'

이 구절에서 여울목이란 물이 구덩이를 만나면서 급히 흐르며 물결이 일어나는 곳을 말한다. 흐르는 물은 웅덩이가 채워지지 않으면 흘러가지 않는다. 사람의 배움도 이와 같이 그치지 않고 계속 나아간다면[作之不止之] 군자가 되는 길[乃成君子]은 요원하지 않다. 지금은 당장 무지몽매(無知蒙昧)하겠지만 성인의 경지가 멀리 있겠는가? 안자(顔子)가 말한 바와 같이 "요임금은 누구고 순임금은 누구인가?[堯何人也舜何人]"다. 나도 노력하면 얼마든지 성인이 될 수 있음을 피력한 것이다.

요조숙녀窈窕淑女여, 군자호구君子好逑로다

별전-요조숙녀군자호구

봄바람 한 번 부니 온 세상 봄이 오네. 천지기운이 서로 사귀니 남녀도 절기따라 사귀나 보다.

일찍이 공자께서 남녀의 만남을 '천지의 큰 뜻[天地之大義]'이라 했다. 단순한 두 남녀의 만남이지만 만남 그 자체는 우주의 생생(生生)하는 원리와 같이 뜻이 크다는 이야기이다.

남녀가 만나서 부부가 되어, 가정을 이루고 세월이 지날수록 집안이 번성해진다. 이를 두고 사람들은 '이성지합(二姓之合)이요 백복지원(百福之源)이라' 하였다. 두 사람으로 인해서 위로는 조상의 정신을 계승하고, 아래로는 미래의 만세(萬世)를 잇는 길이 나오기 때문이다. 백복(百福)의 근원이 남녀의 만남에서부터 시작되기에 삼경(三經)의 하나인 시경(詩經) 첫 구절에 다음과 같이 표현하였다.

關關雎鳩(관관저구)　끼룩끼룩 우는 물새여.
在河之洲(재하지주)　하수의 모래섬에 있구나.
窈窕淑女(요조숙녀)　요조숙녀여.
君子好逑(군자호구)　군자의 좋은 짝이로다.

그리고 그 다음 구절에서는 그리워하는 마음을 '전전반측(輾轉反側)' 이란 글로 표현했다. 생각하고 생각하느라 이리뒤척 저리뒤척하며 잠을 설친다는 뜻이다.

선남(善男)과 선녀(善女)가 만나는데 무슨 흉허물이 있겠는가? 좋은 배필, 덕(德)있는 사람의 만남은 세상에 항상 있지 않다. 그저 좋은 상대를 구해서 만나면 즐겁고, 만나지 못하면 그리운 법이다.

『주역』에서 남녀가 사귀는 뜻으로 택산함괘(澤山咸卦: ☱☶)를 말한다. 함(咸)은 '느낄 함(咸)'자다. 괘상(卦象)이 위에 못[澤: ☱]이 있고, 아래에 산(山: ☶)이 있다.

백두산의 '천지(天地)'나 한라산의 '백록담'이 바로 함괘의 상이다.

한라산 백록담

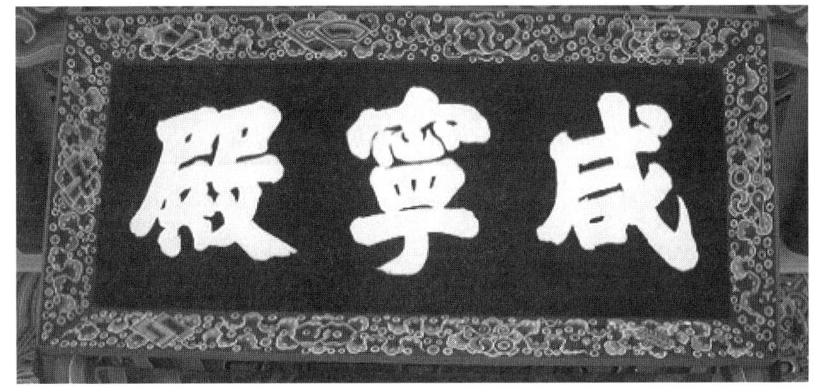

덕수궁 함녕전

  대개 못은 산보다 아래에 있다. 그런데 괘에서 반대인 모습으로 설명함은 무슨 이치일까?

  산에서 흘러내려 머물러 있는 물이 못이다. 산의 고혈(膏血)을 모아서 낮과 밤으로 수증기와 구름이 되고 안개를 토해서 산을 윤택하게 하니 산 위에 있는 상이고, 산은 그 윤택함을 받아서 다시 물이 되고 못으로 달려가니 이것이 바로 '산과 못이 기운을 통하는[山澤通氣]' 상이요, 남녀가 서로 감응(感應)하는 이치다.

  덕수궁에 있는 함령전(咸寧殿)이 또한 함괘(咸卦)의 '산택통기'의 뜻을 설명하고 있다.

  함(咸)은 戊 + 一 + 口로 합성된 글자다. 일(一)은 양물(陽物)이고 구(口)는 음물(陰物)을 상징한다. 양물과 음물이 서로 사귀어서 만물을 생하는데 만물 생성(生成)은 토(土)에서 이루어진다. 그래서 천간 무(戊:무는 오행으로 토에 속한다)자에 一, 口를 합한 것이다. 남녀만이 아니라 천지가 사귐도 이 원리에서 벗어나지 않는다.

  그런데 '산택통기'도 서로가 비워져 있어야 가능하듯이 남녀의 감응도 자신의 마음을 비워야만 서로를 느낄 수 있고, 상대를 받아들일 수 있다.

주역에서는 이를 '바르게 함이 이롭다(利貞)'고 표현하는데 '정(貞)'자의 뜻을 눈여겨 볼 필요가 있다. 정(貞)의 훈(訓)은 '곧다'는 뜻이니 '거짓 없는 마음', '사심 없는 마음'을 가리킨다. 정직(正直)의 뜻이요, '바르게 함[貞]'으로 마음속에 깃든 사심(私心)을 깨끗이 없애라는 뜻이다. 사심없이 대해야만 진정 만남의 즐거움을 느낄 수 있다는 것이다.

'느낌[感]'이란 마음으로 받아들이는 것이다. 정직(正直)의 전제 위에서 느껴야 하는 것이지 그렇지 않고서는 진정 느낄 수 없다. 그래서 『주역』에서는 '느낀다'는 의미를 '감(感)'자에 마음심(心)자를 뺀 함(咸)자를 사용하고 있다. 무심(無心)으로 느끼라는 것이다.

무심은 무욕(無慾)을 말한다. 주역에서 말하는 '적연부동(寂然不動)'과 유사한 의미다. '적연'과 '부동' 모두 마음을 고요히 함이요, 마음을 움직이지 아니하는 것이다. 다시 말하면 오관(五官 : 눈, 코, 귀, 입, 몸)으로 느끼지 말고 욕심없는 마음으로 느끼라는 것이다.

함괘(咸卦) 상전(象傳)에 '허(虛)로 수인(受人)하라'는 말이 바로 이 뜻인데, 허(虛)는 마음을 깨끗이 비우라는 뜻이고, 수인(受人)은 남을 받아들이라는 뜻이다. 그릇도 비워져야만 물건을 담을 수 있듯이 마음도 비워야만 남을 받아들일 수 있다.

그런데 유념할 것이 있다. 남녀의 만남, 서로의 마음이 동하고, 서로가 진실되다 할지라도 그 사이에는 예(禮)가 있어야 한다. 이성보다는 감정이 앞서는 것이 인정(人情)이기 때문에 예(禮) 없이 만나면 자칫 추(醜)한 만남이 될 수 있다. 『주역』 서괘(序卦)에서 함괘(咸卦)를 설명하기를 '천지가 있은 연후에 만물이 있고, 만물이 있은 연후에 남녀가 있고, 남녀가

있은 연후에 부부가 있다'했다. 그러면서도 문장 끝에 '예의(禮義)를 두어
야 한다.' 했다.

생각건대 일생(一生)에서 가장 중요한 것이 결혼이기에 남녀의 만남을
지극히 조심했으니, 예(禮)로써 첫 만남을 이루게 하려는 의도였을 것이다.

모든 일에는 시종(始終)이 있는 법, 시작이 선(善)하면 마침도 선(善)하
다. 인생이 때가 되어 반려자를 구하고 함께 살아가려는 것도 결국 '유종
(有終)의 미(美)'를 바라서일 것이다. 그런데 첫 단추를 잘못 끼우고 끝 단
추를 바르게 끼울 수 있을까? 남녀가 처음 만나는 자리에서 예(禮)를 갖추
려는 것은 만남을 바르게 하기 위해서이며, 종신불변(終身不變)하고 백년
해로(百年偕老)하는 아름다운 인생을 마치기 위해서인 것이다.

동심결

혼례(婚禮)에 기러기 올리는 이유

일월(日月)이 합하면 '밝을 명(明)'자가 된다. 해와 달이 언제 만날까? 초승달이 되어서는 저녁에 서쪽 하늘에서 떠오르기 시작하고, 그믐이 가까워지면 새벽에 동쪽하늘에서 보이기 시작한다. 해는 양(陽)의 정(精)이요 달은 음(陰)의 정(精)이니 해와 달의 만남은 낮과 밤이 교차하는 때요, 음양이 만나는 모습이다.

아침이 되면 어둠은 사라지고 광명이 찾아든다. 어둠은 사자(死者)요 밝음은 생자(生者)의 상징이므로 후손과 조상의 만남을 의미해서 '집 엄(广)'자 속에 '아침 조(朝)'자를 넣은 '사당 묘(廟)'자를 썼고, 반면에 저녁은 양(陽)이 가고 음(陰)이 오는 때이므로 남녀의 만남을 의미해서 '계집 녀

(女)'변에 '저물 혼(昏)'자를 썼다.

　비록 우리의 전통은 아니지만 중국에서는 저녁에 음양이 만나는 뜻을 취해서 저녁에 결혼식을 했다. 지금도 예식장에 가면 낮인데도 불구하고 양가 혼주들이 점촉(点燭)하는 모습을 볼 수 있다. 아마 과거 전통의 유습에서 유래한 것이리라. 밝은 대낮에 촛불 밝히는 의식이 무슨 의미가 있으랴마는 첫 만남을 소중하게 매듭지으려는 염원을 담고 있기에 별반 의미없는(?) 전통일지라도 당사자들은 혹여나 하는 마음에서 함부로 없애지 못하고 있다.

　남녀의 첫 만남을 조심으로 이루고 범사에도 신중하게 대하려는 것! 여기에서 예(禮)는 시작이 된다. 재미로 만난다면야 무슨 예가 필요 하겠는가마는 적어도 두 사람이 한 몸이 되고 종신(終身)토록 불변하며 백년해로를 하려면 예는 반드시 필요하다.

　옛날 사람들은 '예를 갖추고 시집가는 사람을 처라 하고[빙즉처(聘則妻)], 즐거움 따라 시집가는 사람을 첩[분즉첩(奔則妾)]'이라 했다. 처첩을 분류해가며 예를 중시했던 이유는, 상대방에게 예를 갖추는 속에서 평생을 사랑하며 함께 종신(終身)할 수 있는 길이 나오기 때문이다.

　과거의 전통 혼례에서는 신랑이 신부에게 기러기를 바치는 예가 있었다. 이를 '전안례(奠雁禮)'라 하는데, 사람이 기러기에게 배워야할 세 가지 덕목이 있다.

　첫째, 기러기는 시절(時節)을 안다. 봄이 되면 따뜻한 양기(陽氣)가 북쪽으로 올라

가고 가을이 되면 남쪽으로 내려온다. 기러기는 양(陽)을 따라 다니는 새이기 때문에 가을 낙엽이 떨어지면 남쪽으로 날아들고, 봄에 얼음이 풀리면 북쪽으로 돌아간다. 그래서 시절을 안다고 하는 것이다. 둘째, 예(禮)를 안다. 예는 질서를 의미한다. 기러기는 하늘을 날 때에 장유유서(長幼有序)의 대열을 흩트리지 않는다. 형제지간을 '기러기 안(雁)'자를 써서 안항(雁行)이라 호칭함도 형제간 질서유지를 고려함에서 나온 용어일 것이다. 셋째, 정조(貞操)가 있다. 기러기는 한번 짝을 맺으면 한 쪽이 없어져도 평생을 수절한다.

기러기의 이 같은 덕 때문에 신랑이 신부에게 "내가 기러기처럼 그대와 평생을 함께 하겠소." 하는 맹서로 신부에게 올리는 것이다. 신부 또한 예로써 상대를 대해야 한다.

'위엄 위(威)'자는 음력 9월의 지지(地支)를 뜻하는 술(戌)자에 '계집 녀(女)'자를 합했다. 술월(戌月)은 상강(霜降) 절기의 음이 성한 시절이니 여자가 시집갈 나이가 꽉 찼음을 상징한 글자다. 즉 여자가 시집갈 때에는 자고로 위엄이 있어야 하니 '위엄 위(威)'자는 다름 아닌 예(禮)를 가리킨 말이다.

혼례로 부부의 연(緣)이 맺어졌지만 예는 평생을 지켜야 한다. 하룻밤 사이에 일심동체를 이뤘다 해서 벽을 무너뜨리고 예를 없애서는 안 된다. 부모형제지간은 혈연으로 맺어진 사이기 때문에 미워도 어찌할 수 없지만 부부사이에 예가 없어지면 남남과 다를 바 없다. 어쩌면 남보다 더 못한 사이가 될 지도 모른다.

소학(小學)을 보면, '서로 공경하기를 손님 대하듯 하라[相敬若賓]'했다. 지나친 말일지 모르지만 예가 갖는 중요함이 참으로 크기에 하는 말이다.

사위가 장인 장모에게 '예갖출 빙(聘)'자를 써서 빙장(聘丈), 빙모(聘母)라 부르는 것도 예로써 맺어진 집안이기 때문이다. 사위를 '백년지객'이라 부르는 것도 '객(客)'이 소원한 뜻으로서가 아니라 예로써 맞이해야 할 사람이기 때문이다. 며느리가 시부모에게 '님'자를 붙이는 것 역시 내 부모가 아니기 때문에 예로써 높여 부르려는 것이다. 반면에 며느리라 해서 함부로 대하는 것 역시 절대적 금물이다.

처가(妻家)나 시댁(媤宅) 할 것 없이 모두 예로서 인연이 맺어진다. 결혼의 결(結)자는 '실 사(糸)'에 '길할 길(吉)'자를 합했다. 덕 있는 두 사람이 서로 만나서 마치 청실홍실로 엮듯이 평생을 길(吉)로서 행복하게 살라는 의미다. 혼인의 인(姻)자에는 원인(原因)의 인(因)자를 썼다. 여자로 인(因)해서 모든 관계가 새로 형성되고 만사의 길흉이 이로 말미암아서 이루어지기 때문이다.

부부의 삶은 단지 두 사람만의 문제가 아니다. 전통의 계승과 발전이 이들로 인해서 이어진다. 한 그루의 나무가 거목으로 성장하기 위해서는 뿌리가 튼튼하고 지엽이 무성해야 하듯이, 부부가 가정을 이루면서 한편으로 뿌리(조상)를 북돋고 한편으로 지엽(후손)을 번성시킨다면 머지않은 장래에 틀림없이 그 집안은 명문거족이 될 것이다.

琴瑟偕老吉語鏡-명청시대동경

예禮 없이 명문가정 이룰 수 없다

속리산 정2품송

　주거로서 풍우한설(風雨寒雪)을 막아주며 식생활 등 건강을 도모하기 위한 곳이 집이다. 사람이 의지하는 곳이고 삶을 풍요롭게 해주는 곳이지만, 그러나 단순히 생존적 경제적 문제만을 해결하기 위해서 집은 존재하지는 않을 것이다. '집 가(家)'자를 살펴보면 집(宀) 안에 '돼지 시(豕)'자를 썼다.

　사람이 거처해야 할 집안에서 돼지를 거론하는 이유는 무엇일까? 돼지는 육축(六畜) 가운데 대개 어리석은 동물이다. 험한 곳에 처해 있으면서도 벗어날 줄 모르는 동물, 하지만 험한 곳에서도 능히 견딜 수 있는 동물이 돼지다.

주역은 돼지를 감괘(坎卦: ☵)로 표현하고 있다. 음(陰)의 구덩이 속에 양(陽: 물)이 빠져 있는 모습, 물[水]이 모여 있는 뜻으로도 표현하지만 감괘의 성정을 지닌 동물이 돼지라는 것이다.

사람은 처음부터 지혜롭지 않다. 몽매한 어린애와 같이, 우리 안에 갇힌 돼지처럼, 험한 곳에 빠져 있지만 잘 길러서 훌륭한 인격자로 만들어야 하므로 마치 가축을 기르듯 사람도 길러야 하는 것이다.

어린애를 뜻하는 몽(蒙)자에도 '돼지 시(豕)'자가 들어 있다. 이를 보면 옛날 사람들은 어린애들을 돼지로 비유했음을 알 수 있다. 자신의 아들을 '돈아(豚兒)'라고 표현함이 그러한 경우다. 돼지(豕)가 풀(艹) 속에 덮혀 있는(冖) 것처럼, 어린 아이는 컴컴한 곳에 처해서 밝은 곳으로 나아갈 줄을 모른다. 몽(蒙)자는 그런 뜻으로 쓰이고 있다.

이처럼 어린 아이를 기를 수 있는 곳, 유약한 사람을 강하게 만들어 주고, 어두운 사람을 밝게 키울 수 있는 그곳이 바로 가정이다.

가정을 이루는 것은 남녀의 결혼으로부터 시작한다. 예로부터 두 사람의 만남을 '이성지합(二姓之合)이요 만복지원(萬福之源)이라' 했다. 성씨 다른 두 사람이 한 몸되어 생활하니 가정을 두는[有家]의 시작이요, 금슬화락(琴瑟和樂)하고 자손이 계승하니 모든 복이 이로부터 생긴다.

남녀가 만나서 부부가 되고 첫 출발할 적에는 모든 것이 부족하고 미약하다. 하지만 자식 낳고 재산을 증식하고 점차 생활의 풍요로움을 누리니, 가정은 모든 복록을 받을 수 있는 곳이다. 그런데 가정의 도(道)는 부부만으로 그치지 않는다. 선남선녀의 만남으로 자식을 낳고 또 낳으니 정신이 이어지고 전통이 계승된다. 위로는 부모가 함께하고 아래로는 자손이 대를 잇고 있다.

별전-쌍동자

부모·형제·처자를 육친(六親)이라 하는데 이 모두가 가정이라는 한 울타리 속에서 심신(心身)을 기르고 있다. 먼 조상으로부터 아래 후손에 이르기까지 가정의 범주에 귀속한다.

여러 사람들이 거처하는 가정, 여러 대(代)를 거쳐서 가정도 성장하지만, 그런데 참으로 가정을 풍대하게 만들 수 있는 것은 무엇인가? 옛 사람들은 예(禮)로써 가능하다 했다.

예는 '몸 체(體)'자와 서로 통한다. 몸이 뼈마디가 있어 굴신(屈伸)할 수 있듯이 사람은 예를 통해서 움직여야 한다는 것이다. 그래서 예(禮)는 '사람이 서는 바(所以立)라' 했다. 관혼상제(冠婚喪祭)만이 예를 필요로 하는 것이 아니고 생활의 모든 면에 예는 필요한 것이다. 지나친 자는 절제시키고 부족한 자는 문식(文飾)을 더해서 중용(中庸)으로 나아가게 하는 것이 예다.

예는 '바를 정(正)'자와도 통한다. 부모와 형제와 처자가 모두 바른 자리에 거처한다면 이 집안은 '질서있는 가정'이라 할 수 있으니 질서는 예를 통해서 이루어진다.

『주역』 가인(家人)괘에 '아비가 아비답고, 아들이 아들답고, 형이 형답고, 아우가 아우답고, 남편이 남편답고, 아내가 아내다워야 가정의 도가 바르게 된다[父父子子兄兄弟弟夫夫婦婦而家道正]' 했다.

가족 구성원 모두가 각자의 자리(位)에서 역할을 다해야 한다는 뜻이다. 공자는 "가정의 도가 바르면 천하가 안정되리라"하셨다. 한 가정의 안정을 집안으로 국한하지 않고 천하까지 넓혀서 언급하셨으니 역시 성인(聖人)다우신 말씀이다.

질서있는 곳에서는 자연히 화평한 기운이 깃든다. 예가 있는 곳에 악(樂)이 함께한다는 뜻이다. 예로써 너와 나를 구별하고 악으로 너와 내가 한마음 되니, 예와 악이 함께 조화를 이룰 때 가정은 자연히 풍대(豊大)해진다. 명문가정의 풍대한 길은 예로써 가능하기에, 예라는 글자는 시(示)변에 '풍성할 풍(豊)'자로 풀기도 한다. 그러나 소위 '명문가정(名門家庭)'을 이룰 수 있는 길이 짧은 세월로 가능하겠는가? 한 그루의 나무도 수백년이 흐른 뒤에 거목(巨木)이 되듯이 명문가정의 길도 여러 세대를 지나야 풍대해질 것이다.

별전-수복강령 자손창성

의성의 문소루

위(衛)나라 대부인 어(圉)라는 사람의 시호(諡號)가 공문자(孔文子)였다. 공자의 제자인 자공(子貢)이 공문자를 왜 문(文)으로 시호했는지를 묻자 공자가 "그는 성품이 명민(明敏)하면서도 배우기를 좋아했으며[敏而好學] 아랫사람에게 묻기를 부끄럽게 여기지 않았기[不恥下問] 때문에 문(文)이라 말한 것이다"라고 대답하셨다.

시호는 사후(死後)에 그 사람의 행적을 기려서 지어주는 칭호다. 일반적으로 나라에서 정해주는데 그 중 문(文)자가 들어간 시호를 학자들은 최고의 영예로 여겼는바 공자는 '민이호학(敏而好學)'의 '학(學)'과 '불치하

문(不恥下問)’의 ‘문(問)’ 두 가지 요건으로 문중자가 ‘문(文)’을 받게 된 이유를 설명한 것이다.

배움에 힘쓰고 겸손히 물을 줄 아는 자, 학문의 정의는 『주역』에서 나왔다. 건괘(乾卦)에 ‘배워서 모으고(學以聚之) 물어서 분별한다(問以辨之)’ 했으니 학(學)은 臼+爻+冖+子의 합자다. 사람이 갓 위에 절구통을 엎어놓고 효(爻)를 찧는 모습인데, 효는 음양의 ‘사귈 예(乂)’자의 중첩한 모습이다. 효(爻)는 ‘변화의 도’를 의미하므로 학(學)은 즉 변화의 도리를 배우는 것이다. ‘가르칠 교(敎)’자 역시 효(爻)가 들어가 있으니 배우고 가르치는 일이 모두 변화의 도[爻]를 벗어나질 않는다.

반면에 ‘물을 문(問)’자는 ‘문 문(門)’자 안에 ‘입 구(口)’자를 썼다. ‘문을 열고 들어가서 물으라’는 뜻이다. 문 안에서 물어야 그 집안사정을 알 수 있지 문 밖에서 물어봤자 그 집안을 알 수 없기 때문이다.

무엇을 배워야할 지를 알고 어떻게 물어야할 지를 아는 사람, 진리의 문은 그런 사람에게 열리는 것이지 게으르고 교만한 사람에게는 열리지 않는다. 다시 말해서 ‘배우는[學]’ 일은 많이 듣고[多聞] 많이 보아서[多見] 나에게 필요한 것을 취하는 것이니, 즉 만 가지를 모아서 하나로 이루는 것이고, ‘묻는[問]’ 일은 스승을 가까이 하고 친구를 취해서[親師取友] 취한 것 중에 옳고 그름을 묻는 것이니, 즉 배운 하나를 쪼개서 만 가지로 분별하는 것이다. 배워서 모으고, 물어서 분별하니 그 속에서 지식(知識)은 깊어지고 도덕은 쌓이게 된다.

역사적으로 수많은 지자(知者)들이 있었지만 공자는 순(舜)임금을 ‘알지(知)’자 앞에 ‘큰 대(大)’자를 붙여 ‘대지(大知)하신 분’이라며 칭송하였다. 이유인 즉 ‘순은 묻기를 좋아하시고 그러면서도 천근(淺近)한 말을 살피기 좋아하시되[好問而好察邇言], 악한 말은 숨겨주고 선한 말은 드날리셨다. 그래서 많은 사람들이 고하게 되고 다양한 의견이 있지만 그 양단(兩端)을 잡고서 백성들에게 가장 적절한 중(中)을 쓰셨다'는 것이다.

윗사람으로서 이미 많은 것을 알고 있으면서도 묻기를 좋아했을 뿐만이 아니라 나쁘게 한 말은 숨겨주고 좋은 말은 칭찬하니 천하인이 모두 그에게 지식을 제공하기를 즐겼다. 순임금은 비록 많은 지식을 갖춘 분이셨지만 물음을 통해서 남의 지식도 내 것으로 만들었으니 이것이 바로 순(舜)이 임금이 되신 연유요, 자신의 지식에 천하의 지식을 더했기 때문에 '대지(大知)'라 한 것이다.

모름지기 학문을 통해서 사람은 눈이 밝아지고 귀가 밝아진다. 볼 줄 알고, 들을 줄 아는 사람, 그런 사람을 총명(聰明)하다고 말한다. 사물을 보면 시종(始終)을 알 수 있는 사람, 가까이만 보려하지 않고 먼 미래를 내다볼 줄 아는 사람을 '눈이 밝다[明]'하고, 무슨 말을 해도 막힘없이 마음으로 통하는 사람, 음탕한 소리에는 귀를 막고 덕 있는 소리만 들으려 하는 사람을 '귀가 밝다[聰]'고 말하는 것이다.

하나를 들어서 열을 아는[聞一知十] 사람은 안자(顔子)였고, 하나를 들어서 둘을 아는[聞一知二] 사람은 자공(子貢)이었다. 이런 분들의 총명함은 굳이 말할 필요가 없고, 남이 열 번 해서 알 일을 내가 천 번이라도 노력해서 알 수만 있다면 이 또한 진정 학문의 공(功)을 이룰 수 있는 자라고 말할 수 있다.

공(功)은 공(工)과 력(力)을 합성한 글자다. '쌓을 공(功)'자 인데 안으로 쌓아서 통하는 뜻이 공(工)이고, 밖으로 쌓아 이루는 것이 력(力)자다. 안으로 쌓는 것이 덕(德)이요, 밖으로 쌓는 것이 업(業)이니 덕에 나아가고

업을 닦기를[進德修業] 근근불식(勤勤不息)하여야만 '학문(學問)의 공(功)'
은 그 속에서 이루어질 것이다.

공자문소처

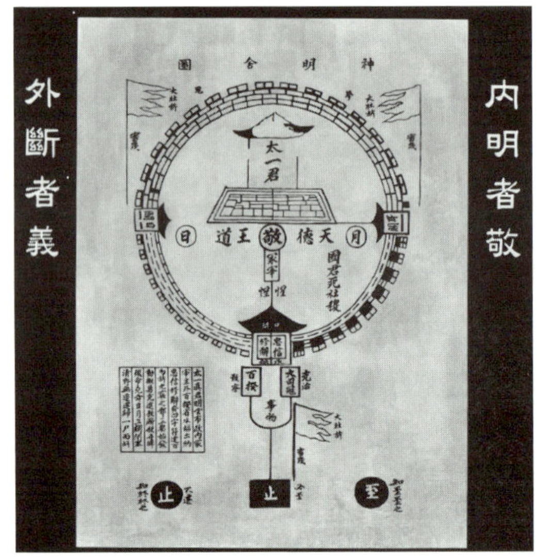

남명조식 - 신명사도(神明舍圖)

　　중용 첫머리에 '천명지위성(天命之謂性)'이라 하니 옛 사람은 사람의 성품을 하늘의 명(命)에 의해서 받은 것으로 보았다. 명(命)이란 글자를 쪼개보면 구(口)와 령(令)으로 나뉜다. 하늘이 마치 구령하듯이 목숨을 내려준 뜻이라 하겠다. 그래서 명(命)자를 '목숨 명(命)'이라 부르는지도 모르지만 하여간 사람들은 이외에 인간이 바르게 살아야 할 도리도 천명으로 여겼다. 바르게 사는 사람은 천명에 부합하고 그렇지 못한 사람은 천명을

어긴 것으로 생각했다. '순천자(順天者) 존(存), 역천자(逆天者) 망(亡)'이
이 뜻이다.

옛날 용어로 표현하면 이른 바 도(道)라 하니 도(道)는 길[途]과 같다. 무조건 가는 길이 아니라 도리에 맞게 자신이 가야 하는 길을 말한다.

하늘이 가야할 길이 있으니 이를 천도(天道)라 하고, 땅이 가야할 길이 있으니 이를 지도(地道)라 하며, 사람이 가야할 길이 있으니 이를 인도(人道)라 했다. 한갓 미물조차도 스스로 가야할 길이 있는 법인데 하물며 사람은 더 말할 필요가 없다.

인생의 목적은 무엇일까? 어떤 길로 나가야 가치있게 사는 것일까? 사실 이러한 질문 자체가 우문(愚問)일 것이다. 각양각색의 사람들이라 제각기 갈 길이 다르기 때문이다. 자기 삶의 가치는 남이 결정하는 것이 아니라 자기 스스로가 매기는 것이기 때문에 한 마디로 정의할 수 없다. 도의 끝이 무엇인지, 인생의 목적이 무엇인지 알 수 없지만, 사람들은 나름대로 인생의 목적을 정하고 자신들의 도를 행하려 한다.

세상 모두가 제 멋에 산다지만 그래도 공통적으로 좋아하고 싫어하는 삶이 있다. 고상한 품격을 유지하는 사람도 있지만 천박한 행동으로 일관하는 사람도 있다. 인생에서 무엇이 중요한지 가치의 고하(高下)를 매길 수는 없지만 그러나 어찌해야 가치있는 삶을 누릴까? 이른 바 가치관(價値觀)의 문제라 할 수 있는데, 아마도 인생의 가치있는 길은 자신의 존재를 소중히 여기는 것에서부터 시작하지 않을까 싶다. 내 인생의 가치는 값으로 매길 수 없는 더없이 소중한 것이다.

가령, 여기에 억만금의 재물이 있다고 가정할 때, 자신의 목숨과 맞바꿀 수 있을까? 반대로 길가에 만원 한 장이 떨어져 있다면 의(義)를 생각

지 않고 주을 수 있을까? 자신의 존재를 하찮게 보는 사람은 작은 뇌물에도 양심을 저버리겠지만 자신의 가치를 '무가지보(無價之寶)'로 생각한다면 수미산만한 진금(眞金)이 있다 할지라도 자신보다 더 소중히 여기지는 않을 것이다.

그러기에 하는 말이다. 자기존재와 가치의 귀함을 알고 인생의 목적지에 바르게 도달할 수 있으려면 배움이 없이는 어렵다. 배움 없이도 가치 있게 살 수 있는 길은 있지만 그러나 배움은 횃불과 같다. 인생의 길이 컴컴한 밤길과 같다면 학문은 나의 가치를 조명하고 내가 가야할 길을 밝히는 횃불이라 하겠다. 횃불이 있으므로 가기가 더 수월하다는 뜻이다.

대개 공부는 자신의 참다운 길을 찾기 위해서 하는 것이니 옛날의 선비들은 '위기지학(爲己之學)'을 강조했다. 나 자신을 위한 학문, 출세하고 호의호식하기 위해서가 아니고 '사람되는 도리'를 알고 실천하려는 것에 학문의 가치를 두었다.

그러면 학문의 공적(功績)은 어디에 있는가? 퇴계는 『言行錄』에서 '함양(涵養)'과 '진학(進學)' 두 가지를 말했다. 아마 이는 정이천선생의 '함양은 경(敬)을 사용해야 하고[涵養須用敬], 진학은 즉 치지에 있다[進學則在致知]'는 말씀에서 취한 듯한데, 함양은 내면의 덕성을 기르는 뜻이고 진학은 책을 통해서 배움에 나아가는 뜻이다. 이 두 가지를 통해서 자신이 가야할 그 길의 목적지에 이를 수 있는 것이다.

그리고 인생의 가치는 나 자신만 바르게 사는 것으로 목적을 삼지 않는다. 선현의 자취를 통해서 자신이 가야할 길을 아는 사람은 자신에게서 그치지 않고 세상 사람들에게도 이를 전하는 것으로 목적을 삼았다. 학문의 목적을 위기(爲己)에 국한하지 않고 이타(利他)에 두었음을 강조한 글

남명선생이 후학양성한 山天齋-山天大畜卦에서 취용

이다.

『주역』에 소축(小畜: ☴)괘와 대축(大畜 : ☶)괘가 있다. 안으로 쌓는 것은 덕(德)이요 밖으로 쌓는 것은 업(業)이라 하니 덕을 쌓는 것은 소축이요, 업을 크게 쌓는 것은 대축이다.

대축괘 상전(象傳)에 '앞선 성현의 말씀과 지나간 행실을 많이 알아서[多識前言往行] 그 덕을 기른다[以畜其德]'했으니 이 두 가지가 결합되어야 비로소 대축이 된다 하겠다. 배움이 없이는 대축할 수 없다는 뜻이며 세상을 위하며 사는 인생이 참된 인생이라는 예기다.

사실 오늘 수능고사를 본 학생들을 바라보면서 이 글을 쓰는 중이다. 아마 어느 학생은 유치원시절부터 수능고사를 목표로 삼고 열심히 공부했을 것이다. 고사를 마친 지금 어느 학생은 허탈한 심정으로 길거리를 배회하고 있을지도 모른다. 과연 학생들은 지금까지 무엇을 배웠을까? 인생을 생각할 겨를이 없이 어려서부터 수학 영어에만 집착해 왔고, 인간의 가치를 따질 겨를이 없이 오직 수능점수 높이기에만 급급했던 그들이다. 이제 20에 가까운 나이라면 인생의 의미를 깨닫고, 자신의 노정(路程)을 판단할 수 있는 연령이건만 과연 스스로 뜻을 세우고 자립(自立)할 수 있는 학생은 몇이나 될지 궁금하기만 하다. 장차 미래의 세상을 짊어질 오늘 시험 치룬 학생들이 혹여 아직도 방황하는 자 있다면 인생을 먼저 살아온 뜻있는 어른들이 인생의 소중함을 알려주고 인간이 바르게 가야할 길[人生正路]을 이끌어 주어야 하지 않을까?

청둥오리

정명正命과 비정명非正命

이태백의 춘야연도리원서

   사람은 왜 살까? 어떻게 살아야 할까? 평생을 고심해야할 명제(命題)이
며 누구나 풀어야만 하는 과제다. 어쩌면 알지 못하고, 평생을 두고 풀지
못할 숙제인지도 모른다. '알면 어떻고 모르면 어떤가?' 반문하겠지만 다
만 알고 모르고는 세상을 밝게 사는 것과 어둡게 사는 차이라 할까? 아니
면 컴컴한 밤길을 횃불 들고 가는 것과 횃불 없이 가는 것과의 차이라 할
까? 어쨌거나 인생을 알고 살아가는 것과 모르고 살아가는 것과는 큰 차
이가 있다. 알려고 노력하다 보면 가치 있는 삶이 그 속에서 주어지기 때
문에 알려고 하는 것이다.

『주역』에서는 56번째 괘의 여괘(旅卦)에서 인생을 '나그네(旅)'로 말하고 있다. 저 어딘지 모를 고향을 떠나 잠시 세상 속에서 붙어살다가 다시 고향으로 들어가는 인생살이라 그런지, 어쩌면 설움 받고 살아가는 삶이라 그런지도 모르겠다.

그러나 인생을 나그네라 비유하면서도 '바르게(貞) 살면 길(吉)하다'했다. 짧은 기간 동안의 여정(旅程)이지만 어떤 사람은 덕(德)이 있어서 부귀하게 살고, 어떤 사람은 덕이 없어서 빈천하게 살기도 한다.

사람의 삶이 정해져 있는 것인지, 말하자면 숙명(宿命)이라 해야 하나 천명(天命)이라 해야 하나, 사물이 생기고 사람이 태어남이 마치 누군가가 명령을 내린 것과 비슷하기 때문에 '명령한다'는 뜻의 명(命)자를 썼다. 하늘이 명령했다 해서 천명(天命)이라 부른다. 언제 태어나서 언제 죽을지 어떻게 태어나서 어떻게 죽을지 모두가 천명이란 틀 안에서 분수(分數)대로 살다가는 것으로 본 것이다.

천명으로 사람이 태어났으니 누구에게나 자기 나름대로의 천명을 부여받은 것이다. 사람만이 아니라 한 포기 이름 없는 풀조차도 천명을 타고났다. 사람들은 이 명(命)자를 '목숨 명'이라 부르며 음(音)과 훈(訓)을 표기했다.

그런데 천명은 '목숨'을 요구하는 명령만 내리신 것이 아니다. 목숨만 내려 준 것이 아니라 어떻게 살아야할 지도 명령하셨다. 나에게 주어진 명(命), 내가 가야할 길(道), 하느님은 모두에게 각각의 사명(使命)을 부여하신 것이다.

천명을 맹자는 정명(正命)과 비정명(非正命)으로 나누었다. 하느님이 '어떻게 살라'고 명(命)하신 그 길을 다 마치고 한 세상 마감하는 자를 정명(正命)이라 하고, 자신이 가야할 길을 제대로 가지 않아서 죄를 범하고 죽는 것을 비정명(非正命)이라 했다. 『논어』에 '순천(順天)하는 자는 살고, 역천(逆天)하는 자는 죽는다' 했으니 정명(正命)이 곧 순천(順天)이요, 비정명(非正命)이 곧 역천(逆天)인 것이다.

맹자가 말하기를 "천명을 아는 자는 위험한 담장 아래에 서지 않는다" 했다. 이 말이 또한 묘(妙)하지 않은가! 『주역』 대유괘에도 '악을 막고 선을 드날려서[遏惡揚善] 하늘의 아름다운 명을 순히 따른다[順天休命]'했으니 지명(知命)이란 선과 악이 무엇인지를 아는 것이고, 순천(順天)이란 다름 아닌 악한 길을 가지 않고 선한 길로 가는 것을 지칭한 말이다.

8정도 37조도품탑 - 통도사

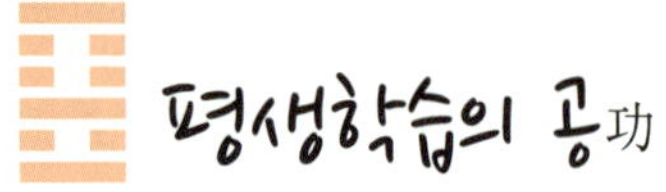

평생학습의 공功

평택시의 평생학습도시선정-평택시소식지 인용

살기 좋은 세상이 되다 보니 의식주가 풍요로워지고, 사회가 밝아지니 대학이나 도서관, 문화원 등에서는 앞장서서 사람들에게 평생학습(平生學習)의 장을 마련하고 있다. 참으로 바람직한 모습이다.

먹고 살기에 바빴던 시절, 그저 배우고 싶어도 주변 여건들 때문에 어찌할 수 없었는데, 공부라면 고등학교나 대학교까지 하면 될 일이고, 일이나 하고 돈이나 벌면 그만인걸… 맡은 분야에만 충실하고 굳이 배움의 길을 외면했던 일이 엊그제 같은데, 이제 마음만 먹으면 얼마든지 배울 수 있는 길이 열리고 있다. 아니 이제는 배워야만 살 수 있는 시대로 들어섰다고 보아야 할 것이다.

　인문(人文)이 별것인가? 문(文)은 문명(文明)의 뜻이니 사람이 밝은 곳에 처했다는 뜻이다. 문명한 곳에서 교화(敎化)가 되니 문화(文化)의 뜻이다. 사람이 배우려 함은 인문(人文)에 머무르려 함에 있는 것이다.

　복지(福祉)사회가 별것인가? 한 입(一口) 풀칠할 수 있는 밭(田)이 있으면 '복(福)'이 되는 것이고, 복이 충만하게 이루어지면(止) '지(祉)'가 된다. 만약 세상 사람들이 평생을 배우고, 인문에서 벗어나지 않고 머무를 수 있다면 이 사회는 자연히 법이나 규율이 필요 없는 참으로 아름다운 세상이 될 것이다. 인문이니 문화니 복지니 하는 말들은 『주역』에서 나오는 용어들이다.

　인문이 충만한 사회, 복지국가 등 이 같은 이상사회의 실현은 물론 국가정책에도 기인(起因)하겠지만 결국은 사회 구성원인 개개인이 문화인이 되었을 때 가능하다. 100%까지야 바랄 수는 없고, 문화인이 이 사회에 50% 이상만 돼도 가능할 것이다. 그러나 문화인으로 자처함은 쉽지 않다. 이는 평생학습을 통한 노력의 결과에서 나올 수 있는 것이다.

　학습(學習)이라는 말은 『논어』에서 근거한다. 글 첫머리에 '학이시습지(學而時習之)면 불역열호(不亦悅乎)아!' 즉 "배우고 때로 익히면 또한 즐겁지 아니한가?" 하니 사람으로서 한 세상을 살면서 가장 힘써야 할 일이 배움의 길이기에 첫머리에 기록한 것이다.

　그런데 배움의 공(功)은 익히는[習] 바에 있다. 북송의 학자인 정자(程子)는 '습(習)'자를 '새가 날개짓을 자주하는 것[鳥數飛也]'이라 했다. 습(習)은 '깃 우(羽)'자에 새 새끼를 뜻하는 '흰 백(白)'자다. 새 새끼가 날기 위해서 여러 번 반복함을 뜻한다. 백 번, 천 번 날기를 연습한 뒤에 저 푸르른 하늘을 날 수 있는 것이다.

공자님도 평생을 배우고 가르친 분이다. 그는 스스로 '배우기를 싫어하지 않았고[學不厭], 가르치기를 게을리하지 않았다[敎不倦]' 했다. 평생을 오직 교학(敎學)의 두 글자 속에 자취를 남겼다.

퇴계선생이 작고하던 날, 한 제자에게 침상에서 일으켜 달라 하며 평소와 다름없이 매화나무에 물을 주게 하고 책상에 단정히 앉아서 생을 마감했다 한다. 말하자면 퇴계도 공자의 가르침을 실천하려고 노력한 분이다.

'배울 학(學)'자에 대해 정자(程子)는 '본받는 뜻(效)'이라 했다. 즉 성현(聖賢)을 본받고, 천지자연의 이치를 본받으라는 뜻이다. 대개 배운다 함은 배우고[學] 묻는[問] 것까지를 포함해서 말한다.

학문(學問)의 정의가 『주역』 건괘(乾卦)에 나오는데, '배워서 모으고[學以聚之], 물어서 분별한다[問以辨之]' 했다. 세상사를 많이 듣고(多聞) 많이 보아서(多見) 그 중에 바른 이치를 구해서 모으는 것이 배움(學)의 길이요, 스승을 친히 하고 좋은 친구를 얻어(親師取友) 그 이치를 따지고 물어서 득실(得失)과 시비(是非)를 분별하는 것이 묻는(問) 방도다.

만(萬)가지를 취해서 하나를 이루는 것을 배움의 뜻이라 한다면, 배운 한 가지를 쪼개서 만 가지로 나누는 것이 문(問)의 뜻이라 하겠다.

세상사는 수시(隨時)로 변역(變易)하는데 변화하는 세상사에 부응하려는 것이 배움의 목적이다. 나의 배움이 이 시대에 유용한 도구가 될 수 있을 때에 비로소 가치가 있는 법, 사회에서 필요로 하는 기능도 배워야 하겠지만 세상을 올바르게 사는 법도 배워야 한다. 평생을 통해서 말이다.

김홍도그림-서당

덕수궁 '함녕전咸寧殿'을 바라보며

덕수궁 함녕전

　서울 덕수궁에 가면 '함녕전(咸寧殿)'이 있다. 임금의 침전(寢殿)이다. 함녕(咸寧)은 '다 편안하다'는 뜻이다. 간단히 말해서 왕과 왕비가 모두 잠자리에 편안히 들 수 있는 곳이라는 뜻이다.

　그런데 함(咸)은 '느낄 함(咸)'자도 된다. 남녀가 서로 느끼듯이 함녕전은 왕과 왕비가 감응(感應)해서 운우지정(雲雨之情)을 나누는 곳이다. 그래서 '함녕'은 『주역』 함괘(咸卦)의 뜻을 취했을 수 있다. 괘 모습을 보더라도 가운데 세 양효[≡]는 하나로 합한 모습이고 위에 있는 음효는 둘[⚋]이요 아래 음효는 넷[⚏]이니, 흡사 남녀가 몸은 하나인데 머리는 둘이요 다리가 넷인 형상이다. 주역은 이치를 상(象)으로 드러내기 때문에 이처럼 다양한 설명을 할 수가 있다.

분명 함괘는 남녀의 느끼는 바로 설명하고 있지만 그렇다고 '함녕'을 침소(寢所)의 뜻으로만 국한해서는 너무 협소한 해석이 된다. 일국의 왕은 단지 왕비만 느껴서는 안 되고 세상 모든 사람을 느낄 줄 아는 자라야 한다.

함괘 단전(象傳)에 '천지가 느낌에 만물이 화생(化生)하고 성인(聖人)이 세상 인심(人心)을 느낌에 천하가 화평(和平)하다'하였다. 이같이 함괘는 작게는 남녀간의 느낌을 말하고 있지만 크게는 천하를 느끼는 뜻으로도 설명하고 있다. 따라서 '함녕'의 뜻을 크게 볼 줄 알아야 한다.

'함녕'의 현액은 함괘에서 취했을 수도 있겠지만 그보다는 건괘(乾卦)의 '수출서물(首出庶物) 만국함녕(萬國咸寧)'에서 취했으리라는 생각이 든다. 건(乾)은 성인이요 천자를 상징한다. '천자가 세상에 나타남에 만국이 다 평안하리라'는 뜻인데 뒤집어서 말하자면 '온 세상이 모두 편안한 뒤라야 인군이 편안할 것'임을 암시한 글귀로 볼 수 있다.

그런데 느끼는 뜻으로는 대개 감(感)자를 쓰지만 주역에서는 감(感)자와 함(咸)자를 구별한다. '감'은 '마음 심(心)'자가 있으니 이는 사심(私心)으로 느끼는 것이요 '함'은 무심(無心)으로 느끼는 것이다. 무심이란 다름 아닌 무욕(無慾)을 말한다.

옛날 어떤 사람이 주렴계선생에게 물었다. "성인은 배워서 될 수 있는가? 있다! 요체는 무엇인가? 일(一)이다! 일은 무엇인가? 무욕(無慾)이다!"

성인의 경지에 이르는 길이 일(一)이요, 무욕에 있음을 말하고 있다.

일(一)이란 정신일도를 말한다. 욕심은 눈과 귀와 입을 통해서 움직이니 세 곳을 어둡게 하고[三昧] 가만히 앉아 있으면, 욕심은 없어지고 정신이 하나로 모아진다. 이때의 하나[一]는 개체로서의 한 개를 말함이 아니요, 무욕에서 얻어지는 내 몸에 가득 채워지는 천리(天理)를 의미한다. 말하자면 '만법귀일(萬法歸一)에 일귀하처(一歸何處)요' 하는 바로 그 자리라 하겠다.

도통의 경지는 아마 이 자리일 것이다. 정신일도(精神一到)를 주역에서는 '적연부동(寂然不動)'이라 표현한다. 마음이 고요해서 움직이지 아니하면 정신이 맑아진다. 이 자리에서 느끼면[感] 천하의 연고(緣故)를 다 통할 수 있다. 방안에 있어도 집 밖의 일, 넓게는 세상의 물정(物情)을 알 수 있고, 꽉 막혔던 바깥 경계가 확 뚫리는 것이 바로 무욕(無慾) 속에서 가능함을 말한 것이다. 욕심으로 대하면 상대방만 느낄 수 있지만 무욕으로 대하면 세상을 느낄 수 있다는 뜻이다.

이같이 천하의 연고(緣故)를 통하고 삼세(三世)를 경계없이 자유스럽게 넘나들 수 있는 사람이 있다면 이를 성인(聖人)이라 말할 수 있다. 성인의 성(聖)이란 '무불통(無不通)'의 뜻이다. 파자하면 耳+口+壬자가 되니 즉 '귀[耳]로 듣거나 입[口]으로 말하는데 으뜸[王]인 자'를 성인으로 정의한다. 공자가 말씀하신 60의 이순(耳順)과 70의 '욕심을 내도 법도에 어긋나지 않는 사람[종심소욕불유구(從心所慾不踰矩)]', 무심 속에서 천하의 사람들과 소통하고 느낄 수 있는 자, 그런 사람이 바로 성인이리라.

그러나 무욕할 수 있음이 범인으로서는 쉽지 않다. 대신 과욕(寡慾)을 제시하고 있다. 과욕 속에서도 세상을 느낄 수 있는 길이 있기 때문이다.

욕심의 많고 적음으로 구분할 수 있는 것이 군자와 소인이다. 소인은 욕심이 많고 자기 자신만을 위하므로 세상을 느낄 수 없다. 이웃집이 싸워도 문 꼭 걸어놓고 오불관언(吾不關焉)이요, 세상이 어찌되건 나만 잘살면 그만인 자다. 반면에 군자는 욕심 없이 세상을 대한다. 마음이 이웃에 미치고 세상에 미치고 금수나 초목에까지 은택이 두루 미친다.

그래서 건괘(乾卦)의 '수출서물(首出庶物) 만국함녕(萬國咸寧)'은 성인의 출세를 암시하는 비결문으로 삼고, 세상을 느낄 줄 아는 천자가 출현하기를 염원하는 문구로 인용하곤 했다. 어쩌면 덕수궁 '함녕전'은 왕 자신이 이 같은 사람이 되기를 염원하고 현액(懸額)했을 것이다.

만국함녕-청나라 옹정제 인장

갈수록 어둡고 혼탁하기만 한 세상, 밝은 새벽이 다시는 오지 않을 것 같지만, 그래도 세상사는 태극의 원리에서 벗어나지는 않으리라. 양이 극하면 음이 생하고 음이 극하면 양이 생하는 법, 세상이 태평하면 다시 부패해지고 비색한 때에 태평세월을 갈구하는 것이 인지상정이요 태극의 원리다. 아마 이때쯤이라면 어둠은 물러가고 밝은 새벽이 찾아들 것이라는 생각은 과연 지나친 생각일까?

덕수궁의 '함녕전' 현판을 바라보면서 문득 '수출서물 만국함녕'의 구절을 생각해 보았다.

임진년 용띠 해, 떠오르는 태양을 바라보며 마침 『주역』 설괘전(說卦傳)에서 말하는 '제출호진(帝出乎震)'이란 글귀가 생각났다. '상제가 진방에서 나왔다'는 뜻이다.

진(震: ☳)은 괘(卦)이름이요 문왕팔괘로 동쪽에 위치한다. 따라서 진방은 동방이 된다. 오행으로는 목(木)이 처한 곳, 해가 처음 떠오르는 곳이요 아침의 양기가 생하기 시작하는 때이므로 진방을 문명의 발생지로 본다.

별전-비룡재천

진(震)을 또한 용(龍)으로 보기도 한다. 진괘☳의 상을 보면 음효 아래 양효가 있다. 말하자면 땅 속에 양물(陽物)이 꿈틀대는 모습이므로 진(震)을 용으로 표현하는 것이다. 파자(破字)하면 진(辰)은 용이 되니 용이 날아 비[雨]를 내리는 모습이다. '비룡재천(飛龍在天)' '운등치우(雲騰致雨)' 해서 만물을 기르는 덕이 있으므로 성인의 상징물로 보는 것이다.

용은 비늘달린 동물[鱗蟲] 중에서 가장 신령한 동물이다. 뱀과는 달리 다리가 있고 뿔도 있고 비늘도 있다. 『삼재도회』에서는 '비늘이 있는 용은 교룡(蛟龍)이요, 날개가 있으면 응룡(應龍)이요, 뿔이 있으면 규룡(虯龍)이다'하였다. 변화무쌍한 동물이므로 사람들은 상상의 동물이라 하지만 쉽게 단정해서는 안 된다. 눈에 보이지 않을 뿐이다.

용(龍)을 형상한 글자가 역(易)자다. 처음으로 역의 이치를 밝힌 자는 복희씨라 하는데 역(易)을 파자하면 日은 머리와 눈을, 勿은 몸통과 다리를 나타내고 있다. 『태백일사』의 「소도경전본훈」에 '역(易)은 즉 옛날 용(龍)의 본자(本字)라' 하였으니 설득력이 있는 말이다.

전하기를, 복희씨가 천하를 다스릴 때 하수(河水)에 용마(龍馬)가 나타났다 한다. 하도(河圖)라 하는 것으로 대략 서기전 3,500년의 일로 본다. 복희씨는 용의 상서로운 모습을 보고 관명(官名)에 용(龍)자를 붙이고 그의 군대를 용사(龍師)라 불렀다 한다.

괘(卦)를 복희씨가 만든 바, 복희씨의 도를 계승한 문왕은 건괘(乾卦)를 처음 괘로 삼았고, 그 아들 주공(周公)은 건괘의 6효 모두를 용으로 설명했다.

성인의 덕을 갖추고 있지만 때를 만나지 못해서 물속에 숨어있는 초효의 잠룡(潛龍)부터 시작해서, 성인으로 점차 세상에 알려지는 현룡(見龍), 위(位)를 얻으려고 노력하는 약룡(躍龍), 천자의 자리에 올라서 세상을 혁신하는 비룡(飛龍), 진퇴와 득실을 알고 뒤로 물러나

운룡도

는 항룡(亢龍)등 때를 따라서 한편으론 숨어서 덕을 쌓고 한편으론 세상에 나가서 뜻을 펼치는 다양한 모습의 용으로 표현하고 있다. 건괘 역시 성인이나 천자의 상징으로 삼은 것이다.

영물이라는 뜻으로 문헌에서는 용의 비늘이 81개라 하였다. 9는 태양(太陽)수, 9×9=81은 수의 극치가 되니 용덕(龍德)은 조화의 신묘함, 즉 성인의 덕이요 천자의 지위를 상징한다. 반면에 잉어비늘은 머리에서 꼬리

까지 잔등의 비늘이 36개라 한다. 그래서 6×6=36으로 '육육어'라고도 말하니 6은 태음(太陰)수다.

중국의 황하 상류에 용문(龍門)이라는 급류가 있는데 잉어가 그곳을 거슬러 올라가면 용이 되어 하늘로 올라간다는 설화가 있다. 그래서 '등용문(登龍門)'은 입신출세를 뜻하는 성어가 되었다. 또한 아무리 우매한 자라도 노력하면 성인이 될 수 있다[由魚化龍] 뜻으로 잉어는 현자의 덕을 상징하기도 한다.

어변성룡도-민화

요컨대 용은 중국인만의 상징물이 아니요 우리 겨레의 산유물이다. 민족 고유의 경문인 '천부경(天符經)'의 글자 수가 81자가 되니 천자국으로서 전한 경문이라 하겠다. 작게는 수신서요, 크게는 천자가 세상을 다스리는 통치서가 되는 셈이다.

『격암유록』에 '진사에 성인 출세요[辰巳聖人出], 오미에 즐거움이 당당하다[午未樂堂堂]' 했다. 12년마다 한 번씩 돌아오는 진년(辰年)을 용의 해라 해서 특별한 의미를 부여하는 것도 부적절하고, 격암의 글을 임진년에 맞추는 것도 어색하지만 공교롭게도 대통령을 새로 선출하는 해로서 비결서와 격이 맞는다.

용같이 신이(神異)한 능력을 갖춘 자가 나타나기를 바라는 것은 지나친 바람일까? 그런 정도는 아니더라도 우리의 민족역사를 이해할 수 있는 사람, 어진 덕과 능력을 갖춘 훌륭한 인품을 지닌 사람, 남북통일을 기할 수 있는 사람, 제발 그런 사람이 당선되기를 국민은 염원할 것이다.

주역의 건괘(乾卦)에 '때로 여섯용을 타고 하늘을 말 몰듯이 한다[時乘六龍 以御天]' 했으니 과연 용을 타고 호풍환우(呼風喚雨)하는 자 그 누구일지 자못 궁금하다.

亨

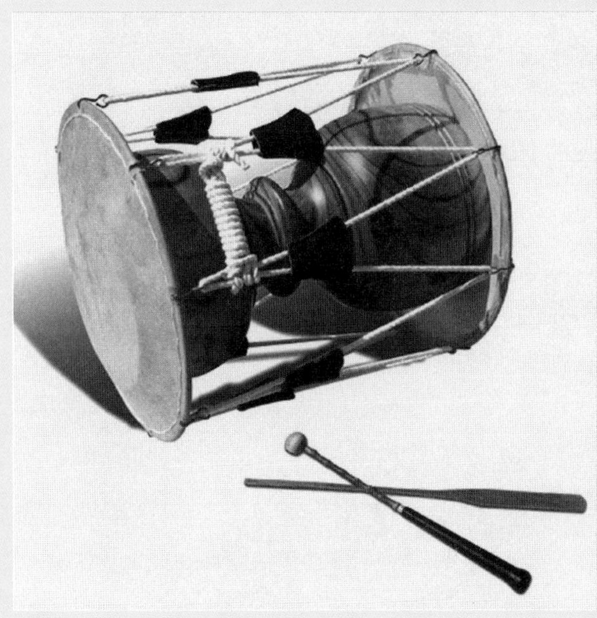

예(禮)에서 서고 음악(音樂)에서 완성한다

낙랑예관이 새겨진 수막새

사진을 보면 막새면 중심부에 '낙랑예관'이라 새겨진 문구를 볼 수 있으니 당시 낙랑군에 예관(禮官)이라는 관직이 있었음을 알려주는 자료이다. 주변에 구름무늬(雲氣文)를 채웠는데, 구름은 은택을 베푸는 뜻을 담고 있다. 구름이 장차 비가 되고 세상을 윤택하게 해주는 의미가 되니 즉 낙랑이 '예로써 세상을 다스리려는' 국가였음을 수막새에 새겨진 문구를 통해서 알 수 있다.

예로부터 선인들은 예(禮)를 정의하기를 사람의 신체와 같다 했다. '예도 예(禮)'자와 '몸 체(體)'자가 서로 비슷하기만 한데 이는 예는 신체의 굴신을 통해서 표현하기 때문이다.

몸에 뼈마디가 있어 굴신(屈伸)하듯이 예가 아니면 움직일 수 없음을 강조한 것이다. 그래서 '마디 절(節)'자를 붙여 예절(禮節)이라 표현하기도 한다.

또 예는 밟는다[履也] 뜻이다. '예(禮)'나 '이(履)'는 결국 같은 뜻인데, 다만 '예'는 '사람이 바르게 서는' 뜻이고 '이'는 '사람이 바르게 걷는' 뜻으로 달리 설명했을 뿐이다. 비유컨대, 사람 다니는 길을 도(道)라 한다면 바르게 다니라는 뜻으로 예를 설명한 것이다.

주역 이괘(履卦) 첫 글에 '호랑이 꼬리를 밟아도 사람을 물지 않을 것이다[履虎尾 不咥人]'했다. 아무리 위험한 곳이라도 사람이 예를 행하면 살 수 있을 것임을 말한 것이다.

사실 이 글은 문왕(文王)의 말씀이다. 문왕이 감옥에 갇혔을 때 주역(周易)을 저술하셨는데, 참으로 위험한 절대절명의 순간이었지만 '내가 예를 지키면 저 호랑이[은나라 주왕]는 나를 물지 않을 것이다'는 확신을 갖고 글을 쓴 것이다. 결국 문왕은 죽지 않고 감옥에서 풀려 나오고 주역을 세상에 전했으니 이괘(履卦)의 '바르게 밟는' 중요함을 새삼 엿볼 수 있다.

대장괘(大壯卦: ☳☰)에 '비례불리(非禮弗履)'라는 숙어도 있다. '예가 아니면 절대 밟지 말라'는 뜻이다. 사람의 일상생활 모두가 밟는 과정의 연속이라 하겠는데 그러나 밟아야 할 바를 대부분 사람들은 모른다. 부모·형제·처자를 대할 때나 사회를 대할 때나 어디를 어떻게 밟아야 할지를 모른다. 그래서 선인의 발자취를 따라서 바르게 밟으려 노력하고 극기(克己)를 통해서 예를 회복[克己復禮]하려 했다.

잘못된 행위를 바르게 잡아 주는 것이 예다. 법(法)이 행동을 규제하는 것이라면 예는 마음을 규제하는 것이다. 그저 공수(拱手)나 하고 읍(揖)하는 것만이 예가 아니다.

본래 예는 제사를 받드는 데서 생겨난 것 같다. 예는 시(示)변에 '풍성할 풍(豊)'자다. 시(示)는 '위 상(上)'자 아래에 해·달·별빛의 삼광(三光)을 가리키고 있다. 신명(神明)이 비추는 뜻이다. 풍(豊)자는 제기[豆] 위에 무성한 풀을 올려놓은 모양이다[丰丰]. 천·지·인 삼재를 갖춘 뜻으로 보아도 무방하다. 산(山)은 만물을 마치고 만물을 시작하는[終始萬物] 곳이다. 말하자면 신명으로 만물이 풍대하게 생성(生成)했으니 풍성하게 신명에게 제물을 바치는 것이다. 나 자신이나 가정, 심지어 국가가 풍대해지는 것도 신명의 은총이라 여겼기 때문에 추원보본(追遠報本)의 정신에서 예라는 글자가 만들어진 것이다.

처음에는 모든 것을 신의 탓으로 돌렸는지 몰라도 후대에 와서는 사람에게 예절의 중요성을 강조하였다.

공자는 '예의를 갖춘 사람'이나 '예의를 갖춘 사람들의 모임'을 '가회(嘉會)' 혹은 '가회군자'라 표현하였다. 예를 갖추면 아름다운 기운이 몸 안에 가득해지고, 예를 갖춘 사람들이 서로 함께하면 참으로 아름다운 사회가 되기 때문이다.

결국 '아름다운 사람', '아름다운 사회'란 과욕(寡慾), 절제(節制)하는 가운데서 가능하다. 이(利)를 추구하는 사회에서는 이루기 어렵고, 의(義)를 숭상하는 곳이라야 '가회'를 이룰 수 있다.

아비가 아비답고 자식이 자식다워야 하고, 형제와 부부지간이 서로 '답게'하여야 가정도 아름다워지고 사회도 이 가운데서 아름다워진다.

그래서 예는 질서(秩序)를 의미한다. 질서가 있으면 화락(和樂)한 기운이 스며들듯이 예를 갖추면 악(樂)은 자연히 함께한다. 예와 악은 두 글자지만 한 몸이라는 뜻이다.

마음속에 있어서는 뜻(志)이 되고, 뜻[志]을 말[言]로 표현한 것이 시(詩)라면, 감정이 넘치고 소리를 길게 내서[詠] 감탄이 되니 이것이 곧 노래[歌]가 되는 것이다. 음(音)은 인심(人心)에서 나오는 것이요 악(樂)은 여기에 악기가 더해지고 윤리(倫理)를 통한 것이다. 윤리가 곧 예다. 진정 예를 모르고서 음악을 할 수는 없는 것이다.

오색(五色)을 바르게 드러낸 것이 예절(禮節)이요 오음(五音)을 바르게 표현한 것이 음악(音樂)이다. 사람의 마음은 이목(耳目)에 매달려 있는데, 바르게 보고 바르게 들어야만 마음도 바르게 되니 예악은 사람을 선하게 만들 수 있는 도구다.

사람을 바르게 하고 선하게 만들어 주는 것이 예악(禮樂)일진대, 예가 중(中)이라면 음악은 화(和)가 되겠고, 너와 나를 구별하는 것이 예라면 너와 나를 한 마음 되게 해주는 것이 음악이다.

『논어』'태백'에서도 '시에서 배우고[學於詩], 예에서 서고[立於禮], 음악에서 완성한다[成於樂]'고 말한 것을 보면 예와 악은 서로 시종이 되고 표리가 됨을 알 수 있다.

옛날에 애공(哀公)이 공자에게 물었다. "사람의 도[人道]에 무엇이 제일 큽니까?" 그러자 공자가 엄숙한 얼굴을 띠고 "왕께서 이런 말씀을 하시니 백성들에게 은혜입니다. 신이 감히 말로 답할 수 없습니다마는 인도(人道)에는 정치(政治)가 가장 큽니다. 정치는 곧 정(正)이니, 인군이 바르면 백성도 따라서 바르게 될 것입니다. … 중략 … 옛날 정치는 사람을 사랑하는 것[愛人]을 대(大)로 여겼고, 사람 사랑하는 것으로는 예를 대(大)로 삼았습니다… 『공자가어』”하였다.

　예악은 공자도 누누이 강조한 것이지만 역대 왕조가 수 천년동안 국가의 통치수단으로 예악을 장려하고 검증했던 것이다.

　오늘날 국가나 사회는 기강(紀綱)이 문란해지고, 가정이 무너지고 있다. 어디라 할 것 없이 모두 중증의 병을 앓고 있는 이 때, 가정이나 사회 모두 예악이라는 이 도구를 치료제로 사용해보면 어떨지… 분명히 이 시대의 병폐를 치유할 수 있으리라 확신한다.

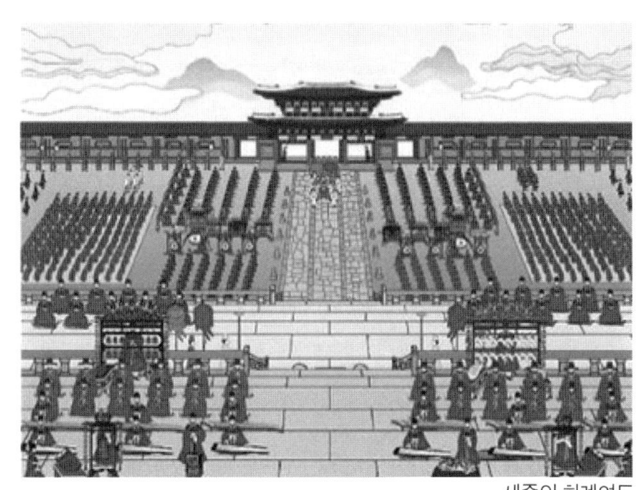

세종의 회례연도

오복五福의 근원은 오사五事에 있다

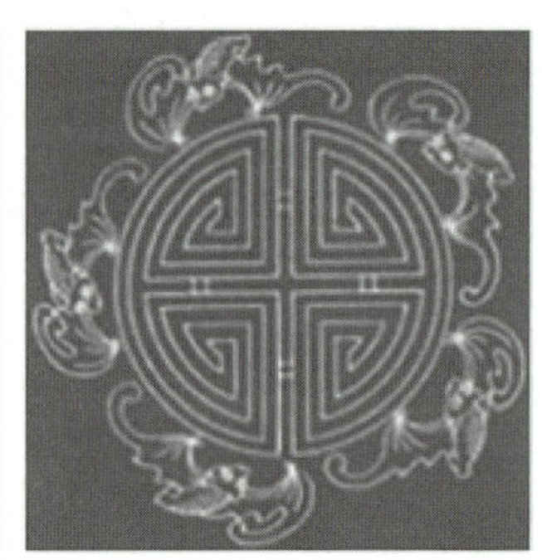

오복문양

설 차례를 지내고 음복(飮福)하면서 불현듯 복(福)이란 무엇일까를 생각했다. 한 자리에 모여 음식 먹고 술잔 돌리며 조상을 추모하고 가족화합을 도모하니 이 일도 수복(受福)의 한 방법이리라.

풍속에서는 박쥐를 복(福)을 상징하는 동물로 간주한다. 박쥐는 한자로 '편복(蝙蝠)'이라 쓰는데 중국 발음으로 '福[fu]'와 같기 때문이다. 하늘에서 내려오는 쥐라 해서 천서(天鼠), 혹은 선서(仙鼠)라고도 한다. 박쥐가 거꾸로 매달려 있는 모습을 본 받아 복(福)이 매달려 있기를 비는 뜻에서 복자를 써서 거꾸로 붙이기도 하고, 오복(五福)의 상징으로 박쥐 다섯 마리를 그리기도 한다.

백복도

'선한 자 복을 받는다[善者受福]'고 했던가. 『명심보감』 첫 글에 '선을 행하는 자는 하늘이 복으로써 갚는다[爲善者 天報之以福]'했다.

대개 사람들은 천지신명이 복록을 내려 주시는 것으로 생각한다. 혹자는 '복(福)'자를 거꾸로 벽에 붙이며 수복(受福)을 기원하기도 한다. 그러나 복이 거저 들어올까? 아마 대문 열어놓았다[開門萬福來]고 복이 들어오지는 않을 것이다. 고인들은 복(福)자를 신명의 은총을 뜻하는 '시(示)'변에 '한 입[一口] 먹고 살만한 밭[田]'이 있으면 된다고 생각했다. 많은 것을 바라지 않고 내 몸 유지할 삶의 터전만 있으면 족하다 여긴 것이다.

의식주 모두가 복전(福田)에서 취해진 것이요, 모두가 바라는 복이지만 그러나 선현들은 진정한 복은 마음여하에서 이루어짐을 강조했다.

다산(茶山) 정약용은 세상에서 말하는 복을 열복(熱福)과 청복(淸福)으로 나누어 말했다.

"외직에 나가서는 대장군 깃발을 세우고 관인(官印)을 허리에 두르며 노랫소리와 음악소리를 벌려놓고 어여쁜 아가씨를 끼고 놀며, 내직으로 들어와서는 높은 수레를 타고 비단 옷을 입고서 대궐 문으로 들어가 묘당(廟堂)에 앉아 사방을 다스릴 계책을 들으니 이를 열복(熱福)이라 한다. 깊은 산속에 살며 거친 옷에 짚신 신고 맑은 못가에서 발씻으며 고송에 기대 휘파람을 불고, 집에는 좋은 거문고와 고경(古磬)을 놓아두고 바둑판 하나와 책 한 다락을 갖추어두며, 마당에는 백학 한 쌍을 기르고 기이한 꽃과 나무 및 수명을 늘리고 기운을 북돋우는 약초를 심는다. 이따금 산승이나 우객(羽客)과 서로 왕래하며 소요하는 것을 즐거움으로 삼아 세월이 가고 오는 것도 알지 못한다. 조야(朝野)의 치란(治亂)에 대해서도 듣지 않는다. 이를 청복(淸福)이라 한다".

사람들이 얻고자 하는 것은 열복이지만 청복은 마음속에서 갖춰지는 것임을 다산은 말하고 있다.

『서경』 홍범구주에서는 행복의 표준을 다섯 가지로 설명하고 있다. 이를 오복(五福)이라 하는 바, 일왈 수(壽)요, 이왈 부(富)요, 삼왈 강령(康寧)이요, 사왈 유호덕(攸好德)이요, 오왈 고종명(考終命)이다.

사람은 우선 살아 있어야만 복을 누릴 수 있기 때문에 오복 중에 첫 번째로 수명을 우선삼았다. 그러나 비록 하늘이 내려주신 명대로 살아도 삶을 풍요롭게 누려야 하므로 부(富)를 두 번째 두었다. 강(康)은 몸이 편안한 것이요, 령(寧)은 마음이 편안한 것이니 강령은 근심과 어려움이 없어서 몸과 마음이 모두 편안한 것이다. 오래 살고 부유해도 심신(心身)이 편안하지 못하면 복이라 할 수 없으므로 세 번째에 강령을 두었다. 넷째 유호덕은 덕을 좋아하는 것이다. 덕을 좋아하지 못하면 늙어도 제대로 죽지 못하고 부유해도 어질지 못하고 위선으로 마음만 고되게 할 뿐이니 귀(貴)하다 말할 수 없다. 실은 덕을 좋아하는 마음에서 복록은 자연히 이르는 것이니 유호덕은 복의 근본이 되는 것이다. 마지막이 고종명이다. 고(考)는 이룬다(成)는 뜻이니 고종명은 하느님이 나에게 내려주신 명을 바르게 이룬 것이다.

맹자는 고종명한 자를 '정명자(正命者)'라 했고 그렇지 못한 자를 '비정명자(非正命者)'라 했다. 사람 수명이 몇 살인지는 모르지만, 하여간 하늘이 내려주신 명을 바르게 지켜서 객사(客死)하지 않고 자식들이 다 지켜보는 가운데 아무 여한 없이 가는 것이 고종명이리라.

그런데 이 글에서 명심할 것이 있다. 홍범에서는 '오복의 근원이 오사(五事)에 있다' 한다. 오사는 모(貌), 언(言), 시(視), 청(聽), 사(思)다. 오행의 원리로 설명한 것이요, 모두가 눈·귀·입을 통해서 얻어지는 것들인데, 이 모두는 마음을 공경(恭敬)히 해서 펼쳐야 한다고 설명하고 있다. 즉 '용모는 공손해야 하고[貌曰恭], 말은 조리가 있어야 하며[言曰從], 보는 것은 밝아야 하고[視曰明], 듣는 것은 분명해야 하고[聽曰聰], 생각은 지혜로워야 한다[思曰睿]'고 가르치고 있다. 모두가 다 원하는 오복이지만 마음을 맑고 깨끗이 하는 가운데서 누릴 수 있음을 강조한 것이다. 먼저 내 마음 다스릴 생각은 하지 않고 탐욕에만 젖어있는 우리들에게 홍범의 오복은 선약(仙藥)이 될 만한 가르침이라 하겠다.

별전 - 구오복강령, 춘추팔천세

탕湯임금의 상림육사桑林六事

갈라진 논

'농자(農者)는 천하지대본야(天下之大本也)'라 하였다. 농(農)을 파자(破字)하면 굽을 곡(曲)자에 '별 신(辰)'자다. 굽은(曲) 별(辰)이란 뜻이니 다름 아닌 북두칠성의 상이다. 북두칠성은 사시(四時)로 움직이며 28수(宿)를 주재하므로 근본의 뜻을 취한 것이다. 또한 '신(辰)'을 일진(日辰)으로 말할 때는 '진(辰)'이라 읽는다. 이때의 진(辰)은 시절로는 3월이요 진(震)은 용(龍)을 가리키기도 하니 용의 조화로 비를 내리는 의미다.

매년 이맘때면 가뭄으로 고생하고 산불로 곤욕을 치르기도 한다. 자연의 재해에는 어찌할 수 없는 모양이다. 갈수록 더하다 한다. 재해가 심하

다보니 혹 인간의 과욕 때문이 아닐까 하며 자신과 사회를 돌아보기도 한
다. 위정자가 정치를 잘못해서인지 아니면 사회가 못나서 가뭄이 드는 것
인지 별별 생각이 다 난다.

'천인합발(天人合發)'이라는 말이 있다. 천도(天道)와 인사(人事)는 함
께 이루어진다는 뜻이다. 특히『서경(書經)』의 홍범구주(洪範九疇)에서
는 천도가 인사에 연유함을 말하고 있다. 사람들 마음이 순하고 세상이
태평하면 비도 제 때에 내린단다[時雨]. 하늘이 아름다운 징조를 나타내면
휴징(休徵)이라 하고, 세상이 어지러우면 가뭄과 홍수 등 하늘이 재앙을
내린다며 이를 구징(咎徵)이라 했다. 모든 자연 현상을 인사(人事)의 탓으
로 돌린 것이다.

재앙이 있을 때면 사람들은 매사를 삼가했다. 가뭄이 들면 아무리 더워
도 부채질을 하지 않았고, 양반들은 갓[冠]을 쓰는 것조차 꺼려했다. 자신
을 죄인으로 자처하며 도덕적 반성을 통해서 하늘이 노여움을 풀기를 바
랐다.

한편으로는 기우제(祈雨祭)도 지냈다. 가뭄이 극심할 때 서민보다 더
근심한 사람은 인군이었다. 옛날의 인군은 가뭄이 심하면 일상의 반찬 수
도 줄이고, 음악도 연주하지 못하게 하고, 심지어 노좌청정(露坐聽政)도
하였다. 가뭄은 나라의 재앙이며 하늘이 내리시는 꾸짖음[天譴]이라 여겼
고, 자신의 부덕의 소치로 여겼다.

『주역』건괘(蹇卦)에 '반신수덕(反身修德)', 즉 '제 몸에 돌이켜서 덕을
닦는다.'는 글이 있으니 임금만이 아니라 세상을 생각할 줄 아는 선비라면
적어도 매사를 이같이 생각하고 처신했다.

과거 은나라 탕(湯)임금 때에 큰 가뭄이 칠년(七年)이나 계속 되었다.

천문을 담당했던 태사(太史)가 점을 치더니 말하기를 "사람을 희생으로 바쳐서 제사지내야 합니다." 하니 탕(湯)이 말하기를 "내가 비오기를 청(請)하는 것은 백성을 위해서다. 만약에 반드시 사람을 희생으로 바쳐서 기도해야 한다면, 내가 청(請)컨대 희생의 제물이 되리라" 하였다. 드디어 재계(齋戒)하고는 손발톱을 깎고 머리카락을 자르고 몸에 깨끗한 띠 풀[白茅]을 둘러쳐서 몸으로 희생을 삼아 상림(桑林)의 들에서 여섯 가지 일[六事]로서 자책(自責)하며 말하기를 "정사가 절제치 못해서입니까[政不節歟], 백성이 실직해서입니까[民失職歟], 궁실이 화려해서입니까[宮室崇歟], 부녀자들이 청탁이 많아서입니까[女謁盛歟], 뇌물이 행해져서입니까[苞苴行歟], 아첨하는 사람이 많아서입니까[讒夫昌歟]" 하자 말을 마치기 전에 큰 비가 수 천리에 걸쳐 내렸다 한다. 이를 '상림육사(桑林六事)'라 말한다.

자신의 몸을 희생물로 삼아서 비 내리기를 바랐던 탕임금의 덕은 후세의 왕들에게는 귀감(龜鑑)이 되었다. 중국뿐만이 아니라 우리나라의 고려조나 조선조에서도 상림육사(桑林六事)를 본보기로 삼아 기우제를 지내왔다.

함양에 가면 최치원 선생이 조성했다는 '상림'이라는 숲이

탕임금의 상림육사桑林六事

있다. 지금은 한자를 달리 쓰지만 아마 탕임금과 같이 선정하기를 바라는 마음에서 숲을 조성했으리라 짐작된다.

이제 세상은 바뀌어져서 군주사회가 민주사회로 탈바꿈되었다. 참으로 좋은 세상이 되었지만, 그러나 국민이 주인이 되는 사회여서인지는 몰라도 이러한 자연의 재해에 대해 반성하며 근신하고 책임을 지려는 사람은 없는 것 같다.

과거에는 인군뿐만이 아니라 초야에 묻혀 사는 선비들도 세상사를 자신의 짐인 양 스스로 책무를 다하려 했는데 지금 사회에서는 그러한 사람이 과연 몇이나 있을는지…. 만약에 재난이 발생한다면 탕임금의 기도처럼 대신할 사람이 얼마나 있을는지….

근심하는 마음 찌는 듯하지만[憂心如熏], 호천상제(昊天上帝)의 무심하심도 야속하지만, 불평만 늘어놓을 수는 없는 일, 이 땅에 탕임금과 같은 사람이 많이 나올 수 있기를 학역자(學易者)로서 고대하는 바이다.

유주무량불급란 唯酒無量不及亂

술 따르는 모습 그림

옛날 이백(李白)이 달과 얘기하며 술을 마시는데, 홀로앉아 한 말 술에 지은 시가 백편이란다. 도연명도 술병 끌어당기고 취한 채 복희씨적 세상을 즐겼다 한다. 필자는 술 맛을 잘 모르니 다만 취하는 그 속에 별유천지(別有天地)의 황홀함이 있으리라 짐작만 할 뿐이다.

『장자』의 글에도 장주(莊周)가 꿈에 나비가 되었다는 이야기[蝴蝶夢]가 있다. 꿈속에서 나비가 되어 훨훨 날아다니는데 자신이 꿈에 나비가 되었는지 아니면 나비가 꿈에 장주가 되었는지 알 수 없는 일이라 했다. 무위자연의 도를 깨달은 사람으로 물아(物我)의 차별상을 초월함을 나타낸

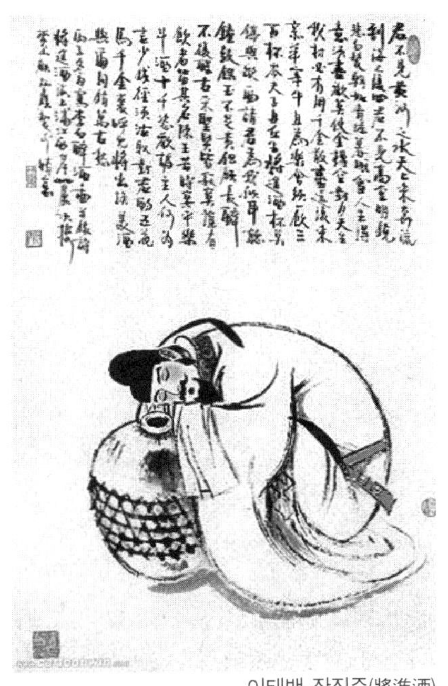

이태백-장진주(將進酒)

글이다. 물론 이 글이 취중음영(醉中吟詠)은 아니지만 어쩌면 사람들이 술을 즐기는 이유는 잠시나마 장자와 같은 초월의 경지를 맛보기 위함일까, 아니면 자신의 현실적 처지를 잊고 싶기 때문일까?

술이 때로는 이롭지만 지나치면 사람을 정신을 흐리게 하므로 광약(狂藥)이라고도 부른다. 주색으로 몸을 망치니 '망신주(亡身酒)'라 하고, 나라를 망치는 일도 있었으므로 '망국주(亡國酒)'라고도 했다.

옛날 황제의 딸 의적(儀狄)이 술을 빚어 우왕(禹王: 하나라왕)에게 올렸더니 우왕이 맛을 보고 '후세에 반드시 이 술로 나라를 망치는 자가 있을 것이라'며 술을 끊고 의적을 멀리하였다. 바로 '망국주'라 생각했기 때문이다.

반면에 술은 적절히 이용하면 묘약(妙藥)이 된다. 『한서·식화지』에 '술(酒)은 하늘이 내려준 아름다운 복록이니 제왕이 술로써 천하를 기르고, 제사로 복을 구하고, 쇠약하고 병든 이를 부양하는 바라, 모든 예가 모인 것이니 술이 아니면 예를 행할 수 없다(天之美祿 帝王所以頤養天下 享祀祈福 扶衰養疾 百禮之會 非酒不行)' 했다.

노인을 봉양하고 제사를 받드는 데에 술 이상 좋은 것이 없고, 기혈을 순환시키고 정을 펴며, 예를 행하는 데에 술은 참으로 필요한 것이다. 설

날에 도소주(屠蘇酒)를 들고 이
명주(耳明酒)를 마시며, 어른께
술로 헌수(獻壽)하는 것도 모두
건강과 장수를 바라는 뜻이다.
이래서 사람들은 술을 '백약지장
(百藥之長)'이라 부르기도 한다.
많이 먹으면 해롭고 적당히 먹으
면 이로운 것이 역시 술이니 본
래 '술 주(酒)'자의 뜻에는 그러한
이치가 담겨 있다.

　주(酒)자를 살펴보면 수(水)+
유(酉)의 합성어니 유(酉)는 팔월을 가리킨다. 팔월은 추분절의 음양이 조
화를 이루는 때다. 팔월에 벼가 익듯이 기장이 익어서 술을 만들 수 있기
때문에 술에 대한 글자로 사용한 것이다. 음양이 합일(合一)해서 농축된
것이 술이니 술 속에 선악(善惡)이 깃들어 있고, 술을 통해서 선악(善惡)
이 나온다. 그래서 사람들은 술을 이용하되 과음(過飮)은 삼갔다. 또한 술
은 음양이 사귀어서 이뤄진 것이므로 인간은 신(神)과 교통하기 위해서
술을 사용했다.

　이를 주역(周易)에서는 수작(酬酌)이라 표현했다. 주인이 손에게 술잔
을 건네는 것을 수(酬)라 하고, 손님이 주인에게 답배하는 것을 작(酌)이
라 한다. 즉 사람과 신[人神]이 응대(應對)함을 주객이 술잔을 주거니 받거
니 함으로 표현한 것이다. 남녀가 정을 통하는 뜻으로 '수작'이라 함도 이
에 근거한다. 세상 모두가 수작을 통해서 뜻을 합하고 복을 구한 것이다.

　　아름다운 사회는 예(禮)로써 이루어지
고, 예는 술로써 가능함을 삼았다. 옛날 사
람들은 주례(酒禮)를 두었고, 주도(酒道)를
지켜왔다. 그런데 과거에 아름다웠던 그
음주문화는 다 어디 갔는지… 옛날 공자께
서 '술은 일정한 양을 두지 않으셨지만 어
지러움에 이르지 않으셨다[唯酒無量不及
亂]'는 『논어』의 구절이 새삼 생각난다.

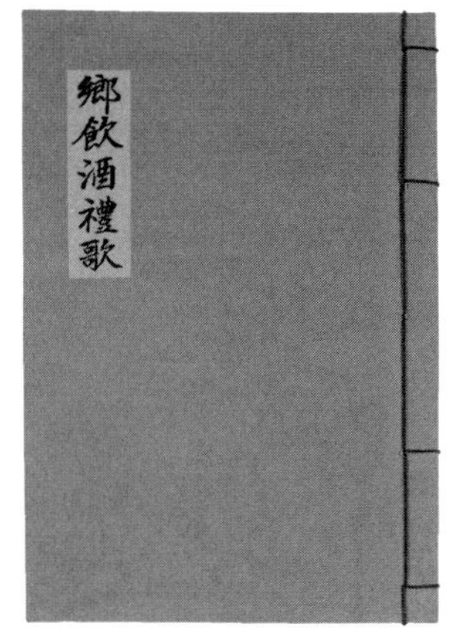

향음주례가

천하위공天下爲公의 대동사상大同思想

도흡대동 道洽大同-하얼삔 공자사당

공자 말씀대로 사람은 사람과 함께 해야지 새나 짐승과 함께 살 수는 없다. 사람과 함께 함을 동인(同人)이라 말하니, 마음을 함께 할 수 있는 모임이어야 하기에, 동인은 동심지인(同心之人)의 약어(略語)라 할 수 있다.

동인사회는 모두가 이익을 얻을 수 있는 사회, 행복할 수 있는 사회, 요즘시대라면 경제적 균형조화를 이룬 사회 등등의 모습일 것이다. 가면 갈

수록 개인의 이익을 추구하고 개성을 강조하고 다원화되는 사회지만 남을 배려하는 데에서 동인은 가능하다. 동인으로 사회가 한 마음을 이루고, 동인을 통해서 대동(大同) 세계가 펼쳐진다.

취미를 함께하는 동호인의 우의를 넘어서, 친족간 혈연의 정을 넘어서 마음을 함께함을 동인이라 한다면, 동인으로 인해서 온 세상이 태평을 구가하고 천지신명도 축복해주는 그런 세계를 대동이라 한다. 대동은 '크게 동인하자'는 뜻이니 주역의 동인(同人)괘와 대유(大有)괘를 합한 말이기도 하다. 그래서 『주역』은 동인 다음에 대유괘를 두었다. 동인 뒤라야 크게 소유한다는 대유가 오기 때문이다.

『서경』의 홍범 글에도 대동을 말하고 있다. 개략하자면, 천도와 인사가 합해져서 비로소 대동이 된다는 것이다. 과거 공자가 그리던 대동의 이상사회, 공자는 대도(大道)가 행해지려면 '천하위공(天下爲公)이어야 한다' 하였고, '천하위공'의 이상사회를 요순(堯舜)시대로 보았다.

요가 아들에게 왕위를 물려주지 않고 덕 있는 순에게 선양(禪讓)했으며, 순도 역시 덕 있는 우(禹)에게 선양했기 때문이다. 그리고 그 이념을 계승한 국가로 하(夏)·은(殷)·주(周) 삼대(三代)를 생각했다.

이 때문에 공자는 삼대와 같은 사회에는 미치지 못하겠지만 삼대에서 행했던 대도를 행할 뜻은 갖고 있노라고 피력했다. 요순은 물론 하·은·주 삼대는 천하를 내 것이 아닌 공공(公共)의 것으로 대하고 다스렸으므로 공자는 이 시대를 이상사회로 생각했던 것이다.

공자는 말하기를 "천하가 공(公)이 된다면 어진 사람과 능력있는 사람을 뽑아 쓸 수 있고, 신의를 강(講)할 수 있고, 화목을 닦을 수 있다. 그러므로 사람들은 자기 어버이만 모시거나 자식만 사랑하지 않고 남도 사랑할 줄 알며, 노인은 안락하게 여생을 보낼 수 있고, 젊은 사람들은 일자리가 있으며, 어린아이들은 잘 길러지고, 불쌍한 사람·과부·고아 그리고 의지할 데 없거나 병든 사람들도 모두 부양을 받을 수 있다. 남자는 직분이 있어 궁핍하지 않고 여자는 시집갈 때를 놓치지 않는다. 재물이 쓸모 없이 땅에 버려지는 것을 싫어하지만, 그 재물을 사장(私藏)하지 않는다. 힘은 자신의 몸을 기르고 세상을 위해 쓰이기 때문에 자기 몸에서 나오지 않는 것을 싫어하지만 또 그 힘을 자신만을 위해 기필하지 않는다. 이 때문에 나쁜 꾀는 생기지 않고 도적떼도 생겨나지 않으므로 대문을 잠그지 않고 살 수 있으니 이를 '대동'이라 말하는 것이다."하였다.

후세의 사상가들은 공자의 대동사상을 추모했고, 역대 왕조도 대동사상을 국가 이념으로 삼았다. 마을도 곳곳마다 대동제(大同祭)란 이름으로 안녕을 기원하고 대동계로서 친목을 도모했다. 각 성씨들도 시조 아래 동종(同宗)을 꾀하며 대동보(大同譜)라는 이름으로 계보를 작성했다.

비록 작은 행사일지라도 모두가 대동을 기치로 내걸고 온 세상이 하나가 되기를 축수(祝手)했다. 해마다 봄이 되면 대학에서는 대동제를 지내며 민주사회의 실현을 한마음으로 염원했고, 노조에서는 대동제를 지내며 노사가 한마음으로 새로운 세상을 이루기를 꿈꿨다.

지금은 비록 내용은 없고 이름만 남았지만… 그러나 무엇을 걱정하랴! '천하위공의 대동사상!' 그릇이 있으면 언젠가 물은 다시 채워지는 법! 나라가 두동강나고 정치인이 반목하고 사회가 양분되고 너와 내가 마음 달리하지만 모두가 대동의 이름을 내걸고, 공공을 위하고, 신의(信義)를 숭상한다면, 머지않은 장래에 그야말로 대문을 잠그지 않고 살 수 있는 대동세계가 이루어지지 않을까?

금성옥진-공묘

　시인(詩人)들은 세상 물정(物情)을 글로 표현하고 감동해서는 소리내어 읊는다. 마음이 외물에 접하면 감동하므로 마음에 깃든 정(情)이 소리로 나타나는 것이다.

　소리를 한자로는 음(音)이라 하는데, 이를 굳이 구분하자면 음(音)과 성(聲)으로 나눌 수 있다. 꾸밈이 없이 자연히 나오는 한 가락 소리를 내는 것은 '성'이요, 궁·상·각·치·우 오음(五音)을 두고 고저(高低)와 청탁(淸濁)을 두는 것은 '음'이다.

　그저 귀가 있으면 들을 수 있는 것이 성(聲)이므로 짐승도 들을 수 있지만 음(音)은 마음이 가지 않으면 알 수 없는 것이다. 이 음에 절도(節度)를 더해서 곡조(曲調)를 이룬 것이 악(樂)이라 하겠다. 악기를 통해서 소리가 나오므로 '풍류 악(樂)'이라 말하고, 소리를 듣다보면 흥에 겨워 춤까지 추니 또한 '즐거울 락(樂)'이라고도 부른다.

사람의 마음에서 자연 감동해서 언어의 소리로 나타나는 것이 '음'이요 관현(管絃) 등 여러 가지 악기로써 곡조를 이룬 것이 '악'이다. 여하튼 음이든 악이든 모두가 사람의 마음에 연유해서 나오기 때문에, 슬픈 마음을 느낀 사람의 말이나 노랫소리는 그 소리가 애절하고, 즐거운 마음을 느낀 사람이 소리를 내면 그 소리가 너그럽고도 한가롭다. 사랑을 느끼는 사람의 소리라면 아마도 화(和)하면서도 부드러울 것이다.

지음(知音)에 대한 고사가 있으니 옛날 춘추시대에 백아(伯牙)가 거문고(琴)를 타자 종자기(鍾子期)가 소리를 듣고 그의 뜻을 잘 알았다 한다. 음(音)을 알고 악(樂)을 아니 그야말로 도(道)를 통한 자라 할 수 있다. 백

백아고금도

아는 물론이고 종자기도 음악에 정통한 자였기 때문에 지음의 경지에 이르렀지만 소리가 선(善)하면 짐승들에게도 그 마음이 전달될까?

초인(楚人) 호파가 슬(瑟)을 타자[瓠巴鼓瑟] 물고기들이 경청했고[流魚出聽], 백아가 금(琴)을 타자[伯牙鼓琴] 여섯 말이 풀을 뜯어 먹으며 우러러 보았다[六馬仰]한다. 이를 덕음(德音)이라 할 수 있으니, 충분히 납득할 수 있는 글이다.

악기를 통해서만이 아니라 선(善)한 말 한 마디에 세상이 살고, 불선(不善)한 말 한 마디에 나라가 망하는 것을 보면 음성(音聲)에도 신묘(神妙)한 기운이 담겨 있음을 알 수 있다.

소리의 효과가 이와 같기에 옛날 성인은 음악으로 세상을 아름답게 만들려 했다. 『주역』 예괘(豫卦)에 '우레가 땅 밖에 나와서 소리치는 상을 보고[雷出地奮] 음악을 지어서 덕을 숭상했다[作樂崇德]'는 글이 있으니, 음악은 우레 소리를 본뜬 것이며 선인들은 음악으로 덕을 높이려 하였다. 봄철의 우레 소리에 만물이 소생하는 것처럼 음악은 사람을 살리는 힘이 있고, 또한 벽사(辟邪)의 뜻이 있으므로 음악은 사람을 선한 곳으로 향하게 한다.

『논어』에 공자께서도 '우레가 치고 매서운 바람이 불면 자다가도 일어나서서 안색을 고치셨다[迅雷烈風 必變]' 한다. 마음에 한 점 부끄러움이 없는 성인도 우렛소리를 통해서 다시 한 번 자신을 반성하는 계기로 삼거늘 하물며 우리같은 범인(凡人)에 있어서랴! 음악의 기능도 벽사의 뜻을 간직하고 사람들의 마음을 선하게 하려는 의도가 담겨 있는 것이다. 대부분 사람들이 벼락 맞은 대추나무(霹棗木)를 호신부로 간직함은 벽조목에 벽사의 기운이 담겨있다고 보기 때문이다.

음악과 함께하는 삶! 생동감이 넘쳐흐르는 음악 세상! 세상을 선하게 만드는 것이 음악보다 더한 것이 없으므로 과거 역대 왕조는 음악을 통치의 수단으로 삼았다. 충성을 강요하는 것보다 사람을 선하게 만드는 것이 더 중요하다고 본 것이다.

그러나 한편으론 음악은 사람을 악하게도 만든다. 음탕하고 문란하게 만들 수 있기 때문에, 선하게 세상을 살려는 사람이라면 음란한 음악은 듣지 말고, 선한 음악으로 마음을 물들여야할 것이다.

사람이 선한지 악한지는 그 사람의 음악을 들어보면 알 수 있고, 세상이 선한지 불선한지는 그 시대에 유행하는 음악을 들어보면 알 수 있으니 지금의 음악은 대부분 사람을 불선(不善)으로 유도(誘導)하고 마음을 탁(濁)하게 만드는 것 같아 참으로 답답할 뿐이다.

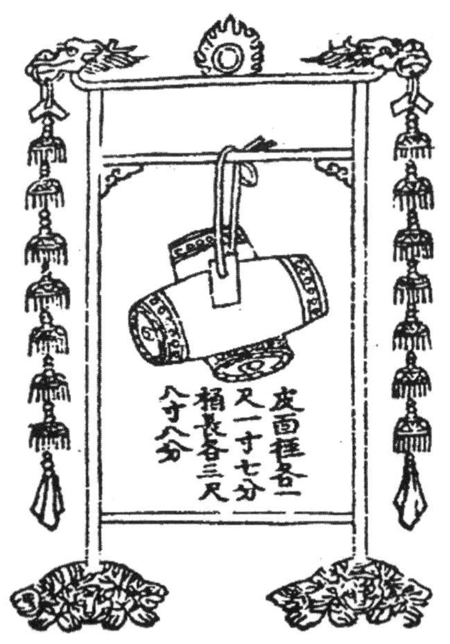

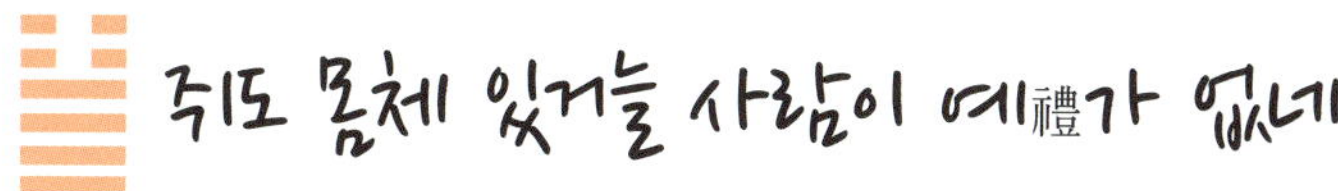# 죄도 몸체 있거늘 사람이 예(禮)가 없네

</p>

孔子問禮於老子

음(音)은 마음에서 나오고 악(樂)은 윤리(倫理)를 통한 것이다. 진정 음악을 아는 자는 예(禮)를 행할 수 있는 자라 하겠으니 옛 선인들은 예와 악을 모두 얻은 자를 '유덕(有德)한 자'라 했다. 그래서 웬만한 선비 집에서는 거문고나 가야금 하나쯤은 방 한쪽 모퉁이에 세워두었다. 예와 악을 함께하려 했던 것이다.

예를 사람들은 쉽게 말하지만 의미는 간단치 않다. 『논어』에서 안자가 공자에게 인(仁)이 무엇이냐고 물었다. 공자는 '자신의 사사로운 마음을 이겨서 예를 회복하는 것이 곧 인이라[克己復禮爲仁]' 하였다. 예가 아

니면 보지도 말고, 듣지도 말고, 말하지도 말고, 움직이지도 말라 했으니 북송의 학자인 정자는 사물(四勿)에 근거해서 사잠(四箴)을 짓기까지 했다.

『주역』의 대장(大壯)괘에서도 '예가 아니면 밟지 말라[非禮弗履]'하였다. 과연 예는 무엇을 의미할까?

예(禮)는 시(示)변에 풍(豊)자를 쓴다. 제기[豆]위에 풍성한 제물을 올려놓고 신[示]에게 제사지내는 뜻에서 시작되었고, 제사에는 의식(儀式)이 수반되므로 격식이나 형식의 뜻을 갖추게 되었다.

그리고 예(禮)는 '몸 체(體)'자와도 서로 통한다. 뼈[骨]로 풍성하게[豊] 이룬 것이 몸이며 뼈마디가 있어 몸이 굴신(屈伸)할 수 있는 것처럼, 예(禮)도 뼈마디[節]와 같이 굴신케 하니 예는 곧 몸을 세우는 근본이 된다. 예절(禮節)이란 말이 바로 이 뜻이니 절(節)은 절제(節制)의 뜻이다. 물건을 대하면서 애오(愛惡)의 정(情)은 항시 생기지만 마음속에서 절제하면 천리(天理)가 깃들고 인륜(人倫)의 도리는 밝아진다. 절제할 줄 아는 마음, 마음속에 경건함을 갖춘 것이 바로 예다.

사람의 성품은 본래 고요함을 좋아한다. 그런데 마음이 외물(外物)에 감동하니 이로 인해 욕심이 생기는 것이다.

노자 『청정경』의 글처럼 정신은 맑음(淸)을 좋아하는데 마음이 흔들어 탁하게 만들고, 마음은 고요함(靜)을 좋아하는데 욕심이 끌어당겨 움직이게 만드는 것이다. 심신(心神)을 청정(淸靜)하게 만들 수 있는 것이 예이므로, 주자는 예를 정의하기를 '절문(節文)'이라 했다. 지나친 자를 절제[節]시키고, 부족한 자를 꾸며서[文] 중(中)으로 나아가게 하는 것이 예라는 것이다.

부모상에 상주(喪主)의 지나친 슬픔을 억제시키는 것이 예라면, 눈물 한 방울도 흘리지 않는 사람을 울게 만드는 것이 예다.

남녀간의 욕정을 혼례라는 의식을 통해서 합하게 하고 부부간의 분별을 두게 한 것도 바로 예다. 모두가 절제하고 분별함을 통해서 가능한 것이니 다시 말하면 중용의 도를 행하는 것이 예가 되는 것이다.

나 홀로 거처할 때도 예는 필요하지만 남과의 사이에서 예는 더욱 필요하다. 음악은 남과 한 마음을 이루게 하는 것이고, 예절은 남과 분별함을 두게 하려는 것이다. 마음을 함께하면 서로 친해지고, 분별함을 두면 서로 공경하게 된다.

모두가 한마음 되어 아름다운 풍속을 이루게 하고 좋은 길로 인도하는 데는 음악보다 더 나은 것이 없고, 너와 나를 구분해서 윗사람을 편안히 하고 아랫사람을 다스리는 데는 예보다 더 나은 것이 없다.

『주역』에 '아비가 아비답고 어미가 어미답고 형이 형답고 아우가 아우답고 지아비가 지아비답고 아내가 아내다워야 가정의 도가 바르게 된다[父父子子兄兄弟弟夫夫婦婦而家道正]'하니 '서로 답게'하는 것이 예다. 이 속에서 가정과 사회와 국가는 질서를 이루고 화락(和樂)한 기운이 싹트게 된다. 예가 있는 곳에 악이 함께한다는 뜻이다.

가정을 평화롭게 만들고 사회를 유지시키며 국가를 안정시킬 수 있는 힘, 그것은 바로 예(禮)로써 가능하기에 선인들은 예와 악을 치국(治國)의 요도(要道)로 삼았다.

『시경』에 '쥐를 보니 몸체가 있거늘 사람이 예가 없도다. 사람이 예가 없다면 어찌 빨리 죽지 않으리요[相鼠有體 人而無禮 人而無禮 胡不遄死]' 하니 이는 당시에 위정자가 예가 없음을 풍자한 시다. 나라를 다스림은 예로써 가능한 법인데, 윗사람이 예를 행하지 않으면서 아랫사람에게 예를 요구한다면 가능이나 하겠는가? 윗사람으로서 무례하다면 이 사람은 분명 세상을 해칠 사람이니 빨리 세상을 하직하라는 말이다.

예악의 창시자 - 주공상

겸손謙遜의 미덕

공자의 선대(先代) 중에 정고보(正考父)란 사람이 있었다. 그는 노(魯)나라에서 3대에 걸쳐 계속 명(命)을 받았으나 교만하지 않고 더욱 더 공손하기만 하였다. 삼명(三命)의 비결이 공손히 함에 있다고 믿었던 그는 집에 있는 솥단지에 후손들에게 전할 경구(警句)를 다음과 같이 새겼다.

"첫 번째 명을 받았을 때는 등을 구부렸고, 두 번째 명을 받았을 때는 허리를 구부렸고, 세 번째 명을 받았을 때는 아예 기어 다니면서 담을 따라 달렸으나 또한 나를 감히 업신여기지 못하였다. 여기에 밥 짓고 죽 쑤어서 입에 풀칠 하였노라[一命而僂 再命而傴 三命而俯 循牆而走 亦莫余敢侮 饘於是 粥於是 以餬其口]"(『공자가어』)

이 글은 공자의 제자인 남궁경숙이 전한 것인데, 정고보가 벼슬이 위중할수록 더욱더 공손하고 겸손하였기 때문에 지위를 유지할 수 있었던 것이고, 결국에는 후손 중에 공자 같은 성인이 나온 것이라며 그의 겸도(謙道)를 찬양했던 것이다.

대개 사람이 재주가 있으면 시기하는 자가 생기기 마련이고 재산이 많으면 도적이 따르는 법이다. 날씨가 따뜻하면 이불 속에 '이'가 생기는 것처럼 자연스러운 이치라 할 수 있으니 지위가 높았던 정고보의 처세는 후세의 귀감이 되기에 충분했던 것이다.

『주역』에 겸괘(謙卦)가 있으니 이 뜻에 부합한다. 겸괘 첫 글에 '겸(謙)은 형통(亨通)하다' 했다. 겸은 상대방을 공경하는 것이며 자신을 낮추는 것이고, 형통하다 함은 막힘이 없이 통해 나간다는 뜻이다. '언(言)' 변에 '겸할 겸(兼)'자를 썼으니 '예'라고 답할 것도 '예 예'라고 거듭하는 모습이 '겸'자의 뜻이라 할 수 있다.

상대방에게 자세를 낮추면 자신이 가볍고 비굴해 보일지 모르지만 그러나 묘한 것이, 자신을 낮출수록 결국 자신을 높이는 결과가 되기도 한다.

아랫사람이 겸손하면 위로 올라갈 수 있는 길이 열리게 되고, 윗사람이 겸손하면 그 덕이 더욱 더 광명(光明)하게 된다. 어디 이 뿐인가! 해도 달도 그리고 세상은 음양(陰陽) 속에 있다 하는데, 음양(陰陽)의 이치도 가득 찬 것은 비우고 비운 곳은 보태준다. 땅위에 흐르는 물도 가득 찬 곳은 피해가고 비워져 있는 곳으로 흐른다. 귀신도 거만한 사람을 해치고 겸손한 사람에게 복을 주며, 사람도 거만한 사람을 싫어하고 겸손한 사람을 좋아한다.

한 번 검토를 써서 네 가지를 얻는 것, 천(天)·지(地)·인(人)·귀신(鬼

神) 모두가 겸손한 사람을 도와준다는 겸괘의 설명이다.

주역 64괘 중에 다른 괘는 흉(凶), 인색(吝嗇) 등 좋지 않은 글자들이 들어 있지만 유독 겸괘(謙卦) 만큼은 모두가 길(吉)하고 이(利)롭다는 글자들로 쓰여져 있다. 이같이 겸도를 쓰면 만사가 모두 형통하다는 것이다.

'미인박명(美人薄命)이요 재사다병(才士多病)이라'는 말도 겸도를 기준해서 살펴보면 대략 그 귀결되는 이치를 짐작할 수가 있다. 그래서 옛 사람들은 태어난 아이가 예쁘면 얼굴에 점을 찍든지 아예 '점순이'로 이름 부르든지 했고, 아이가 똑똑하면 자랑하지 않고 재능을 감출 줄 알았다. 겸도를 쓴 것이다. 그도 그럴 것이, 한 그루의 나무도 때에 맞게 꽃을 피우듯이 너무 이르게 꽃을 피우면 결실이 적은 법이다.

『서경』에 '가득차면 손해를 부르고[滿招損] 겸손하면 이익을 받는다[謙受益]'는 글처럼 옛날의 선비들은 무엇이든지 항상 거만함을 경계했고, 겸손의 미덕을 강조했다.

겸손은 곧 복을 받는 바탕이 되므로 옛 사람들은 겸손을 '도를 행하는 수단'으로 삼았다. 그래서 주역에서는 대유(大有)괘 다음에 겸괘를 둔 것이다. 요즘같은 자기 홍보시대에 겸손의 미덕에 대해서 세상 사람들은 냉소할지 모

유좌도(宥坐圖)

르겠다. 그러나 자고로 '많은 것은 천하고 적은 것은 귀한 법'이다. 모두가 다 자신을 드러내려 하고 공적을 자랑할 때 만약 겸손의 미덕을 보이는 사람이 있다면 사람들은 오히려 그에게 관심을 가질 것이다.

숭례崇禮의 뜻

소실전 숭례문현판

숭례문(崇禮門)이 소실된 지 어느덧 2주년이 지났고, 얼마 전에는 복원을 위한 착공식이 거행되었다 한다. 좀 더 완벽한 모습으로 복원할 계획이라 하니 웅장한 남문(南門) 위에 '숭례문'이라는 큼직한 글자를 쓴 현판이 걸려 있는 모습이 눈앞에 선하다. 숭례문이 소실되었을 때 사람들은 마치 국상을 당한 것처럼 경악했고, 또한 슬픔을 멈추지 못했다. 건물이 무너져 내리고 부서진 '숭례문' 현판을 보면서 이 나라의 예가 무너지는 듯한 절망감을 나타내기도 했다. 나라의 예가 무너졌기 때문에 숭례문이 스스로 분신한 것이라며 한탄하는 사람도 있었다.

예(禮)는 치국의 요도(要道)이므로 예가 무너짐은 망국(亡國)을 의미한다. 예를 숭상하는 것이 결국 아름다운 세상을 만드는 길이라고 보았다. 따라서 조선이 건국하면서 도읍의 남문(南門)을 '숭례'라 현액한 것이다. 그런데 남쪽에 숭례의 문구를 둔 이유가 있다. 남쪽은 화(火)의 밝은 곳이요 시절로는 여름을 상징한다. 숭례의 '예'는 질서를 의미하는데, 초목이 무성한 곳에는 질서가 있어야 하니 질서가 없으면 난립하는 오합지졸에 불과하다.

초목도 질서를 이뤄야 아름다운 모습을 갖추듯이 우리가 살아가는 사회는 더욱 더하다. 공자는 질서를 이룬 사회를 '가회(嘉會)'라 표현하였다. 선한 사람들이 모여 사는 곳! 예가 충만한 사회! 이는 우리사회가 지향하는 이상사회다. 따라서 숭례는 일국의 군왕이 세상을 이끌고 가야할 덕목이다. 치국의 주체는 인군이므로 이는 또한 인군이 몸소 실천해야하는 경구이기도 하다.

맹자는 '군자의 덕은 바람[風]이요, 소인의 덕은 풀[草]과 같다' 하였다. 바람 부는 대로 풀은 뉘어지기 때문에 군자의 향하는 바에 소인은 자연히 따를 수밖에 없다. 그래서 예로부터 치란(治亂)의 관건(關鍵)은 인군에게 매어 있다고 본 것이다. 이 때문에 인군은 언행을 신중히 하고 세상을 바르게 보기를 강조했다. 본래 경복궁을 지을 때 남향으로 지으려 한 것도 인군으로 하여금 남면(南面)케 하기 위한 것이다.

『주역』에 '성인(聖人)은 남면해서 천하의 소리를 들어야 한다[南面而聽天下]' 했다. '남면하라'는 것은 밝은 곳을 향하라는 뜻이다. 밝은 곳을 향해서 천하의 소리를 들으라는 것이다. 인군이 남면해서 몸소 예를 행하면 세상은 자연히 질서가 잡히고 화락한 기운이 동반한다. 그래서 통치의 수단으로 예를 강조한 것이고, 치국의 주체로서 인군에게 숭례(崇禮)의 실천을 명시한 것이다.

그런데 도성의 사대문 중에서 남문의 현판에 유독 세로로 글씨를 썼다. 세로로 글씨를 쓴 이유는 아마도 남방을 화기가 성한 곳이므로 불이 위로 치솟는 모습을 감안했기 때문일 것이다. 혹자는 남쪽의 관악산이 화기(火氣)가 치성하므로 방지를 위한 뜻이라 하지만 단지 비보차원에서였겠는가?

본래 숭례는 『주역』 계사전의 ‘지식은 (덕을) 높이는 것이고 예는 자신을 낮추는 것이다[知崇禮卑]’라는 글에서 따온 것이다.

‘안으로 덕을 쌓고 밖으로 업을 넓히는 것이(崇德廣業) 성인의 역도(易道)인데 ‘숭덕’은 지식으로써 가능하고, ‘광업’은 예로써 이룰 수 있기 때문에 이 같이 표현한 것이요, 위로 솟는 불의 성질을 취해서 세로로 쓴 것이다. 불은 염상(炎上)하므로 숭(崇)자를 올려 쓴 것이고, 예는 자신을 낮추는 속에서 행할 수 있으므로 아래에 쓴 것이다.

불의 성질을 그대로 두면 세상을 불태우지만 잘 다스리면 유용하므로 공자는 화덕(火德)으로 ‘예(禮)’의 글자를 취하였다. 불은 위로 올라가고 예는 자신을 낮추는 상반의 모습인 것 같지만 예는 결국 불의 성질을 이용(利用)한 뜻이라 하겠다. 따라서 불과 같이 밝음을 향하게 해주는 것이 바로 예가 되므로 예를 갖춘 사회를 문명사회라 하는 것이고, 예를 갖춘 사람을 문화인이라 말하는 것이다.

신명(神明)이 무심할까? 지난 번 소실되었을 때만 해도 사람들은 신명이 떠났다고 말했지만 이제 복원한다면 신명이 다시 또 깃들까? 예를 무시하는 이 사회에서 숭례문이 복원된 들 무슨 의미가 있을까마는 그릇을 만들면 모양에 맞게 물은 채워지는 법! 머지않아 남문이 위용을 드러내고 숭례문 현판이 걸리게 된다면 신명은 자연히 깃들 것이고, 언젠가는 이 나라가 다시 예를 숭상할 수 있는 시대가 올 것임을 감히 확신하는 바이다.

천도天道는 장궁張弓과 같다

고구려벽화

『도덕경』에서 말하기를 "하늘의 도는 마치 활시위를 잡아당긴 것과 같다[天之道 其猶張弓乎]"했다. 활시위를 잡아당길 때 가장 중요하게 여기는 것이 평평(平平)히 하는 것인데 평(平)은 무슨 뜻인가? 목표물을 겨냥할 때 과불급(過不及)을 없이 하는 것이다. 중용에서 말하는 중(中)의 의미다. 『주역』의 '한번은 음(陰)이 되고 한번은 양(陽)이 되는 것'을 도(道)라 한다면, '양이 지나쳐서 음이 생하고 음이 지나쳐서 양이 생하는 것' 그렇게 해서 평평해 지는 것을 생각하면 될 것이다.

비록 잠시의 과불급이 있을지는 몰라도 도(道)는 결국 모든 것을 평평

(平平)하게 만들어 버린다. 평평히 하는 것으로 가장 잘 표현한 것이 활시위를 잡아당기는 모습이므로 천도를 장궁(張弓)으로 표현한 것이다. 하늘의 달을 보면 초승달은 채워지고 보름달은 비워진다. 하늘의 도가 평(平)하다는 증거다.

땅의 도 역시 평(平)으로 이루어지는 뜻이다. 『서경』의 '겸손하면 이익을 받고 가득차면 손실을 초래한다[謙受益滿招損]'는 말과 같이, 많으면 덜고 적으면 채워지니 세상사 모두가 결국 평(平)으로 돌아간다. 천도는 스스로 그러하므로 '하늘 궁(穹)'자를 '활 궁(弓)'자로 표기하고 있다.

공자는 하늘을 뜻하는 건괘(乾卦)에서 '자강불식(自彊不息: 마음을 굳세게 해서 쉬지 않고 노력하라는 뜻)'을 강조했다. 강(彊: 옛글자는 弓弓을 합한 모습)자에 궁(弓)을 붙였고, 땅을 뜻하는 곤괘(坤卦)를 '덕합무강(德合无彊: 덕을 합함이 끝없다는 뜻)'으로 설명했으니 역시 강(彊)자 안에 궁(弓)을 붙였다.

유여(有餘)한 자는 덜고 부족한 자는 보태주는 것! 이것이 곧 하늘의 도(道)요, 높은 것은 깎아주고 낮은 것은 채워주는 것! 이것이 땅의 도다.

그런데 사람의 도는 그렇지 않다. 오히려 부족(足)한 사람의 것을 덜어서 유여(有餘)한 사람을 받들게 한다. 그래서 불평(不平)이 생긴다. 불평은 여러 요인에서 생기지만 주로 사심(私心)에서 빚어진다. 천도는 사심이 없으니 결국에 가서는 자연히 평평(平平)해지지만, 그러나 사람은 매사에 욕심으로 달려 나가니 평(平)을 얻지 못하

공예품-궁조마복

고 항상 과불급(過不及)이 있게 된다.

불평이 지나치면 갈등이 생기고 다툼이 있게 됨은 필연의 이치다. 작게는 너와 내가 싸우고, 크게는 나라와 나라 사이에 전쟁이 일어난다.

누구나 다 싫어하면서도, 과욕(過慾)에서 빚어지는 필연적 결과를 알면서도 억제하지 못하는 것이 바로 인사(人事)다. 인사의 불평함으로 인해서 성인은 활을 만들어 천도와 부합하는 길을 보여 준 것이다. 평(平)을 강조한 것이 바로 활일진대, 표적을 따라서 시위를 당겼을 때 지나치게 높으면 억제하고 낮으면 높여서 평평히 해야 함을 가르친 것이다.

공자는 말하기를 "활쏘는 것이 군자와 비슷함이 있다. (활을 쏘아서) 과녁에 적중하지 못하면 자신의 몸에서 돌이켜 구한다[射 有似乎君子하니 失諸正鵠이면 反求諸其身이라]"했다.

활을 쏘는 데에는 먼저 자기 몸부터 바름을 구해야 하니 몸을 바르게 하고 쏘면 백발백중할 것이요, 적중하지 않더라도 자신을 탓하고 남을 원망하지 않았으니 군자는 활쏘기를 통해서 자신의 정신과 자세를 바르게 잡는 도구로 삼았던 것이다.

'쏠 사(射)'자는 '몸 신(身)'변에 '마디 촌(寸)'자를 합했다. 寸은 법도를 뜻하니 법도를 지니는 주체가 자신의 몸에서 이루어지기 때문이다.

'몸 궁(躬)'자 역시 같은 의미다. 자신을 돌이킬 줄 아는 자[反身修德]는 곧 활을 쏠 줄 아는 자요, 고저(高低)와 완급(緩急)을 조절할 수 있는 자는 곧 천도에 부합할 수 있는 자다.

성인(聖人)은 인사(人事)가 천도(天道)와 부합하기를 염원했고, 이 때문에 도(道)가 있고 덕(德)이 있는 자는 항시 평천하(平天下)의 꿈을 꾸고 그러한 세상을 만들기에 노력해왔던 것이다.

세상을 기르는 자, 세상을 변혁시키는 자가 이 시대에 다름 아닌 교육자요, 정치인이라 할진대, 이들이 장궁(張弓)의 이치를 안다면 태평(太平)한 세상은 머지않아 이루어질 것이다.

활쏘기-김홍도그림(국립중앙박물관 소장)

좌양우음 左陽右陰

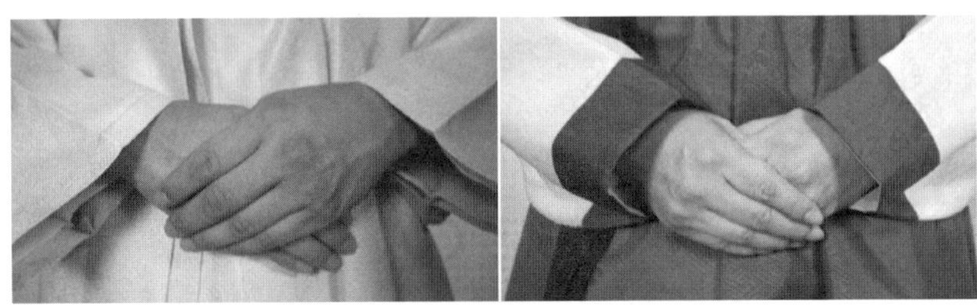

　많은 사람들이 좌우(左右)의 용어를 사용하면서도 뜻은 잘 모르는 것 같다. 먼저 간단히 말하자면 좌는 양(陽)을 뜻하고 우는 음(陰)을 뜻한다. 왜 그런가? 이 궁금증을 풀려면 우선 방위의 기준점을 설정해야 한다.

　동양철학에서는 기준점을 북쪽으로 삼는다. 천문에서는 북극성을 기준하니 모든 별들의 중심이 되므로 북극성이라 한 것이다. '등 배(背)'자 역시 북(北)자를 쓰는데, 등은 인체의 기준이 되기 때문이요 등을 중심으로 오장육부가 매달려 있기 때문이다.

　역시 만유(萬有)의 근본은 나 자신이므로 자신을 북으로 설정하면 앞은 남쪽이 된다. 따라서 좌는 동, 우는 서쪽이 된다. 현재 사용하고 있는 지도

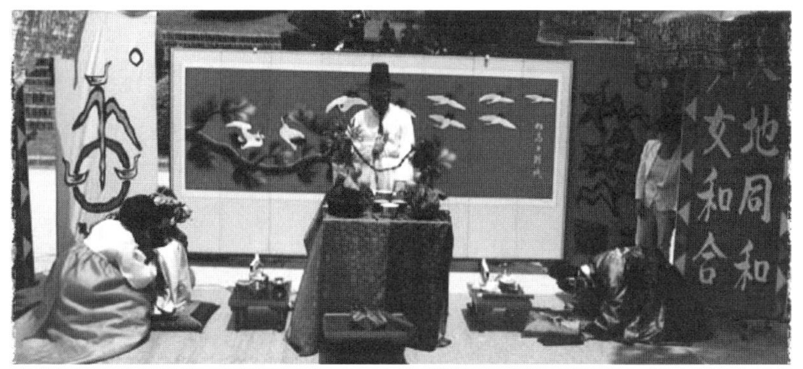

방향과는 반대의 개념이다. 동쪽은 일출(日出)하는 곳으로 양기(陽氣)가 생하고, 서쪽은 일몰(日沒)하는 곳으로 음기(陰氣)가 생하니 이래서 '좌양우음(左陽右陰)'이라 한다.

남녀로 비유하면 남자는 양이고 여자는 음이니 또한 남좌여우(男左女右)다. 어른에게 절할 때 남자는 왼손으로 오른손을 감싸고 여자는 오른손으로 왼손을 감싸는 이유다.

혼례시에 신랑과 신부가 서는 위치에 대해서 의견이 분분한데 어려울 이유가 없다. 혼례에는 주례가 주관하니 주례 중심으로 좌측은 신랑이, 우측은 신부가 위치하면 된다.

근정전앞 품계석-국왕을 기준으로 좌문반 우무반

내친 김에 음양의 의미를 좀 더 설명해야겠다. 좌측 동방은 양기가 생하니 봄에 만물이 생하는 것과 같고, 우측 서방은 음기가 생하니 가을에 만물이 죽는 것과 같다. 그래서 양생음살(陽生陰殺)이라 말하니 좌(左)는 생(生)을 주장하고 우(右)는 살(殺)을 주장한다.

『도덕경』에 '군자가 수신할 때는 좌를 귀하게 여기고, 군사를 쓸 때는 우를 귀하게 여긴다[君子居則貴左 用兵則貴右]' 했다.

군자는 세상을 살리는 사람이기 때문에 인화(仁和)로써 세상을 대하는 것이니 좌를 귀하게 여기는 묘처(妙處)다. 그러나 용병(用兵)은 군자의 도와 상반된다. 용병은 살기(殺氣)로 세상을 대하기 때문에 우(右)를 귀하게 여기는 연유가 된다. 그래서 '길한 일에는 좌를 숭상하고, 흉한 일에는 우를 숭상한다[吉事尙左 凶事尙右]'한 것이다.

국왕이 남면(南面)했을 때 왕을 기준해서, 좌는 문반(文班)이 서열하고, 우는 무반(武班)이 서열하니 바로 숭상하는 바에 따라 늘어선 것이다. 평시(平時)에는 좌(左)를 높이고 전시(戰時)에는 우(右)를 높이는 이치다. 삼정승 중에 우의정보다 좌의정을 더 높이는 이유가 바로 이 때문이다. 따라서 어른을 모실 때 아랫사람이 어른의 좌측에 위치하면 실례가 된다. 좌측이 높은 자리이기 때문이다.

무관(武官)의 예는 물론 이와 반대다. 무관은 살(殺)을 주장하는 자이므로 오른쪽이 높은 자리다. 장군이 서 있을 때 부관은 좌측에 시립하는 것이 예법인 것이다.

생자(生者)와 사자(死者)간에도 예법은 적용된다. 생자는 동쪽[左]이 높은 자리고, 사자는 서쪽[右]이 높다. 동쪽은 양의 생방이고, 서쪽은 음의 살방이기 때문이다. 부모를 합장할 때 아버지 왼쪽에 어머니를 모시게 되

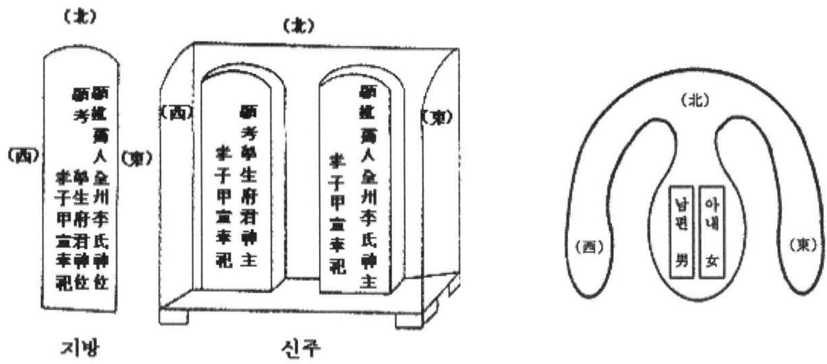

니 이것이 사자를 대하는 예다. 제사에도 신위(神位)를 중심으로 우측[서쪽]이 높은 자리가 된다[以西爲上]. 대추·밤·감·배[棗栗柿梨]의 진설도 서쪽부터 차례하는 것이요 고위(考位)와 비위(妣位)도 이 원칙으로 모시면 된다. 기타 제물을 진설하는 순서도 이렇게 유추하면 쉽게 이해가 될 것이다.

대개 좌우의 개념이 이와 같은데 우리나라 정치사에서 좌우의 대립분쟁은 두고두고 눈살을 찌푸리게 한다. 혹자는 좌단(左袒), 우단(右袒)하면서 한(漢)나라 때에 나온 고사라는 둥, 혹자는 좌익(左翼), 우익(右翼)하면서 프랑스혁명 때에 연유한다는 둥, 말들이 무성하지만 좌우에 대하여 구별은 둘지언정 차별해서는 안 된다.

봄, 여름에는 좌를 숭상하고, 가을, 겨울에는 우를 숭상하니 좌우를 합해서 비로소 한 해의 공(功)이 이루어진다. '하늘에서는 한 마리의 비익조(比翼鳥)가 되고 싶고, 땅에서는 한 그루의 연리지(連理枝)가 되고 싶다'던 백거이(白居易)의 말처럼, 좌우가 함께 해야만 밝은 미래를 기대할 수 있을 것이다.

120살 인생의 절 節

柳德章(조선후기 묵죽화가) - 筒竹

을시구(乙矢口) 절시구(節矢口)! 주로 농부들이 부르던 흥타령인데, 이는 시절(時節)을 두고 하는 말이다. 농삿일은 때를 알아야 하니, 을(乙)은 싹이 돋는 때로 말한 것이고, 절(節) 역시 시절(時節)이니 계절(季節)이니 하는 뜻이며, 시구(矢口)는 지(知)자를 파자한 것이다. 말하자면 '시절을 안다'는 즐거움에서 자아내는 탄사(歎辭)다.

반면에 '철부지(節不知)'란 말도 있다. 시절을 알지 못하는 사람을 지칭한 숙어다. 여름 벌레가 겨울철 얼음을 알지 못하듯이 몇 살 먹지 않은 어린애가 시절을 알지 못하는 것이야 당연하다. 하지만 나이도 먹고 알 만한 사람이 제대로 행동하지 못하는 경우에 자주 쓰이는 용어다.

절(節)은 보통 '시절'의 뜻으로 사용하지만 사실 절(節)은 다양한 뜻을 갖고 있다. 절(節)은 보통 '마디 절'로 훈독(訓讀)하니 대나무의 마디를 말한다. 이에 연유하는 바가 있다. 상고시대의 문자가 있기 이전에 고인(古人)들은 대나무에 칼로 새겨 계약(契約)하거나 대나무를 쪼개서 한 쪽을 상대방에게 주는 신표(信標)로 사용하였다. 후일에 서로 합쳐서 사실여부를 확인한 즉 대나무는 믿음을 상징하는 나무가 된 것이다. 부절(符節)이 이 뜻이다.

주역에 수택절괘(水澤節卦)가 있다. 못 위에 물이 가득 고여 있는 모습이다. 조금만 지나쳐도 넘쳐 흐르므로 절(節)은 절제(節制)의 뜻이 된다. 욕심을 없애는 것이 절제의 뜻이니 절제하면 만사가 형통해진다. 따라서 절은 통(通)하는 뜻도 된다.

대나무 속이 비어져 있음 또한 통한 모습이다. 마디 사이의 단락이 있으므로 절도(節度)의 뜻이 있고, 성질이 견고하므로 절개(節介)의 뜻이 있고, 마디 사이가 이어져 있으므로 인체의 뼈마디를 절(節)로 삼기도 한다.

예절의 예(禮)자가 몸 체(體)자와 뜻을 함께 한다. 뼈마디로 인해서 신체가 굴신(屈伸)함이 바로 예를 행하는 모습이기 때문이다. 이와 같이 절(節)은 막힌 곳은 통하게 하고 통한 곳은 막으니 바로 절기(節氣)의 절이요 음악에서의 절(節)이요 예절의 절이 된다.

절(節)은 마냥 좋은 뜻만 있는 것이 아니다. 분수에 맞게 처해서 절을 행하는 자를 안절(安節)이라 하고, 너무 지나치게 절을 행하는 자를 고절

(苦節)이라 하고, 세상 모든 사람들이 다 즐겁게 행할 수 있는 절(節)을 감절(甘節)이라 한다.

이처럼 절(節)의 뜻이 다양하니 철을 알기가 어디 쉬운 일인가? 『주역』에 절괘(節卦)는 60번째에 나오는 괘인데 천지의 운행수를 60으로써 절을 삼는다. 천간과 지지를 조합해서 60갑자가 이루어진 것이니 갑자, 을축에서부터 시작해서 임술, 계해로 마치는 기간이 60이 된다. 60을 간지(干支)로 꾸몄기 때문에 '60갑자'라 하는데, 60갑자는 결국 오행의 원리에서 나온 것이고, '오행의 꽃을 활짝 피웠다'는 의미에서 '육십화갑자(六十華甲子)'라고도 말한다.

말하자면 천도의 운행은 60을 주기로 돌기 때문에 사람도 60세를 살면 천수(天壽)를 누렸다 하며 잔치도 벌렸었다. 이를 '환갑(還甲)' 혹은 '화갑(華甲)'이라고도 말한다. 화(華)자에 '열 십(十)'자 6개와 '한 일(一)'자가 들어 있으니 그야말로 61, 즉 환갑을 의미하는 글자가 된다.

천지는 법수(法數)대로 흘러가니 무슨 과불급(過不及)이 있을까마는 그래도 천지는 60을 주기로 분합(分合)한다. 인사(人事) 역시 천지자연의 도리를 따라 60을 일절(一節)로 삼은 것이다.

60년 인생을 지나면서 지나쳤으면 억제하고 부족했으면 보충해서 다시 중정(中正)으로 나아가는 것이 절(節)의 의미다. 61은 한자로 육(六)과 일(一)을 합한 '설 립(立)'자가 되기도 하니 60의 천수를 마치고 61에 새롭게 서야 하는 나이다.

60을 지나 환갑이 되는 사람보고 '철들었다'고 말하는 것이 과연 올바른 표현일지는 모르지만 환갑의 의미는 일절(一節)을 마치고 다시 새로운 삶을 살라는 희망의 뜻일 수도 있겠고, 지나왔던 과불급의 인생을 60을 절

(節)로 삼아서 다시 중정(中正)으로 나아가라는 교훈의 뜻일 수도 있겠다.

천지도 절(節)해서 사시를 이루듯[天地節而四時成] 사람 나이 60은 중요한 의미를 갖는다. 과거 수명이 짧았던 시절, '철들자 노망한다'는 옛 속담도 있었지만 이제는 장수시대다. 선천수명은 60세요 후천수명은 120세라 한다. 『동의보감』에서 말하는 120세요, 역에서 말하는 원리다. 현재 개막된 '인생120' 시대는 과거 선천시대에 생각했던 '삶의 가치'를 보다 더 중요하게 여기는 시대가 될 것이다. 비록 60의 나이에 이르렀다 하더라도 이제는 절(節)을 알고 그동안 겪었던 경험을 바탕으로 나머지 60 인생을 설계한다면 분명 120살의 아름다운 종명(終命)을 이룰 것이다.

절拜 속에 담긴 삼재三才사상

절하는 모습

　절이란 상대를 공경하는 마음을 표현하는 것이요, 나 자신을 낮추는 행위예절이다. 예절의 기초가 절하는 것에서부터 시작되는 것을 보면 아마 '절'은 예절의 '절(節)'자에서 취하지 않았나 싶다.

　사람을 대하면서 자연스레 절하는 풍속이 생겼을 것이니 절의 역사는 아마 유구할 것이다. 상고시대부터 우리 민족은 절을 통해서 풍속을 아름답게 만들고 사람들의 마음을 하나로 만들어 왔다.

　『檀君世紀』에도 실려 있지만 단군시대에 절했던 모습이 지금 우리의 절하는 방식과 크게 다르지 않았다. 우선 절을 하려면 손과 발과 머리의 세 곳을 겸용할 줄 알아야 한다. '절 배(拜)'자의 고문이 이 세 부분을 표현하고 있다.

두 손 잡고 무릎 꿇고 머리를 조아려야 하는 일련의 과정을 정중하고도 공경하는 모습으로 갖춰야 하는 것이니, 절하는 법은 양 손을 맞잡는 것에서부터 시작된다. 이를 공수(拱手)라 한다. 공수는 엄지손가락을 교차시키는 가운데 양 손을 합하니 흡사 음양을 감싸고 있는 태극모습이다.

이 때 남자는 왼손으로 오른손을 감싸고 여자는 오른손으로 왼손을 감싼다. 좌는 양을 상징하고 우는 음을 상징하니(左陽右陰) 남자는 양을 주장하고 여자는 음을 주장하기 때문이다. 다만 이러한 예법은 길사(吉事)에 적용하는 것이니 흉사(凶事)에는 이와 반대다. 가령 남자를 중심으로 설명하자면, 상례(喪禮)는 흉사가 되니 문상(問喪)할 적에는 오른손으로 왼손을 감싸야 하고, 어른에게 절할 때나 제사지낼 때에는 길사(吉事)가 되므로 왼손으로 오른손을 감싼다. 제사를 길사라 함은 상례와는 반대로 떠났던 신이 다시 돌아왔기 때문이다.

공수한 손을 위로 올리는 것을 읍(揖)이라 한다. 일반적으로 밖에서 어른을 뵈었을 때 공경을 나타내는 예의표시가 된다. 요즘에 고개만 끄떡하는 일본식 경례법을 행하지만 예전에는 읍(揖)으로 정중하게 인사 올렸던 것이다.

하여간 밖에서 뵙던지 안에서 뵙던지 어른에게 절하려면 먼저 읍한 뒤에 양 손을 바닥에 짚고 무릎을 꿇어야 한다. 왼쪽 다음에 오른쪽 무릎을 가지런히 꿇은 뒤에 엉덩이를 내려 앉힌 다음 이마를 공수한 손등에 댄다. 손등에 이마를 대고 머무는 싯점이 길고 짧음에 따라 큰절과 평절로 나뉜다.

남자의 계수배(稽首拜)와 여자의 숙배(肅拜)가 큰절이 되고, 남자의 돈

수배(頓首拜)와 여자의 평배(平拜)가 평절이 된다. 아랫사람만 절하는 것이 아니다. 친척의 연장존속은 답배(答拜)할 필요가 없지만 기타 윗사람도 반절로 답배해야 함은 물론이다.

여하튼 조아렸던 이마를 뗀 다음에 팔꿈치를 펴고, 오른쪽 무릎을 먼저 세운 뒤에 왼쪽 무릎에 힘을 주며, 일어나서 양 발을 가지런히 모으는 것으로 절은 끝난다.

어른에게 절할 때는 선읍후배(先揖後拜)지만 제사시에는 선배후읍(先拜後揖)이 원칙이다. 양 손을 모으고 읍함은 '마음을 모은다(聚)'는 뜻이니 마음 모아 공수해서(聚心拱手) 하늘을 생각하는 것(念天)이다. 무릎 꿇는 것(跪)은 '순종(順從)'의 뜻이니 기(氣)를 순히 하고 무릎을 합해서(順氣合膝) 땅에 감사하는 것이다. 그리고 이마를 손등에 대는 것(拜)은 '바친다(獻)'는 뜻이니 몸을 바치고 머리를 조아려서(獻身叩頭) 선조에게 보답하는 것이다.

절 하나만으로 조상을 추모함은 물론 부자유친(父子有親)하고 부부유별(夫婦有別)하고 장유유서(長幼有序)할 수 있으니 이 얼마나 아름다운 예법인가! 자연 속의 인간이란 참으로 미미한 존재라 할 수 있지만 옛 사람들은 인간을 소우주로 생각했다. 작은 몸 안에 우주를 담을 수 있다고 보았다. 마찬가지로 절하는 가운데서도 천지인(天地人) 삼재를 표현하고 있으니 공수함으로써 하늘을 담으려 하고, 무릎 꿇으면서 땅을 담으려 하고, 머리를 조아리면서 내 몸의 근원인 조상을 섬기려 한 것이다.

며칠 지나면 설날이다. 과거에는 새옷[歲粧 혹 설빔]으로 갈아 입고서 차례지내기에 앞서 집안 어른에게 '새해 복 많이 받으십시오' 하며 새배를 하고, 어른 역시 여러 가지 덕담을 하며 답배를 하였다. 아름다운 미풍양속이었는데 지금은 아이들이 절을 하면 으레 돈으로 답하는 풍조로 변해버렸으니 아이들은 과연 절하면서 무엇을 생각할까? 아이들을 탓하기에 앞서 돈으로 해결하려는 어른들의 경박한 행동이 개탄스러울 뿐이다.

광개언로廣開言路 종간여류從諫如流

신문고 - 청와대 안에 설치된 大鼓閣

봄이 되면 천기(天氣)가 내려오고 지기(地氣)는 올라간다. 천지음양의 두 기운이 서로 만나서 합하니 『주역』에서는 '천지가 사귀어 엉긴다[天地絪縕]' 하였다. 이로 인해서 만물이 생긴다[萬物化生]. 만물을 낳는 공덕이 있으므로 천지는 '대덕자(大德者)'라 칭송하기도 하고, '천지가 만물을 생하려는 마음[天地生物之心]'이 있다 해서 '어진 자[仁者]'로 말하기도 한다.

천지가 사귀어서 만물이 통(通)하고, 상하(上下)가 사귀어서 뜻을 함께 하는 것, 이것 역시 인(仁)으로 설명할 수 있겠다. 옛날에 정자(程子)는 '인(仁)은 통(通)하는 뜻이요, 군자는 천지만물과 통하여야 한다'고 가르쳤다. 마찬가지로 불통(不通)의 경우라면 불인(不仁)이 되겠다. 한방의학에서는 수족마비를 불인(不仁)이라고 한다.

세상이 통하고 불통하는 이치를 주역에서는 태괘(泰卦)와 비괘(否卦)로 설명하고 있다. 한 번 음이 오면 한 번 양이 오는 법, 한 번 태평하면 한 번 비색한 세상이 온다는 뜻이다.

비괘와 태괘로써 세상사를 바라볼 수 있지만 대부분 학자들은 언로(言路)의 통색(通塞) 여부로써 나라의 흥망성쇠를 진단한다.

율곡은 "언로가 열리고 막히고에 나라의 흥망이 달려있다[言路開塞 興亡所係]"며 소통의 중요성을 강조하였다. 공자는 태괘에서 '윗사람과 아랫사람이 사귀어서 그 뜻을 함께한다[上下交而其志同]'하고, 비괘에서 '상하가 사귀지 못하니 천하가 나라가 없다[上下不交而天下无邦也]'했다. 상하가 사귄다 함은 마음을 함께하는 것이니, 즉 언로(言路)의 통함을 의미하지만 언로(言路)가 막히면 '나라도 없다'는 뜻 깊은 경구(警句)이기도 하다.

과거에는 목숨 걸고 언로를 개진(開陳)한 선비들이 많았다. 그중에서도 고려 때의 우탁(禹倬), 조선의 조헌(趙憲), 최익현(崔益鉉)같은 분들은 '도끼를 짊어지고 대궐 앞에 엎드려 상소[持斧極諫]'를 올린 분으로 유명하다. 이른바 '지부소(持斧疏)'라는 것인데 당시의 전제군주시대에도 이 같은 의인들이 있었기에 세상은 질서를 이룰 수 있었던 것이다.

언로를 잘 이용하신 분은 순임금이다. 『중용』에 '순은 묻기를 좋아하고 천근(淺近)한 말을 살피기 좋아하시되, 좋지 않은 말은 숨겨주고 좋은 말은 칭찬하시며 여러 중론 중에 가장 적절한 말을 잡아서 백성들에게 그 중(中)을 쓰시니 그 때문에 순임금이 되신 것이다[舜 好問而好察邇言 隱

惡而揚善 執其兩端 用其中於民 其所以爲舜乎]하였다. 때문에 공자는 특별히 순임금을 지(知)자 앞에 '큰 대(大)'를 붙여 '대지(大知)하신 분'이라 했다.

또 순임금 때에는 '비방지목(誹謗之木)'이 있었다 한다. 화표목(華表木)이라고도 하는데, 다리 위에 나무를 세워두어 백성들에게 비방할 일이 있으면 나무에 쓰게 해서 반성했다는 고사다. 아마도 정치에 자신이 있었으니 이리 했을 것이다. 모두가 소통을 위해서다.

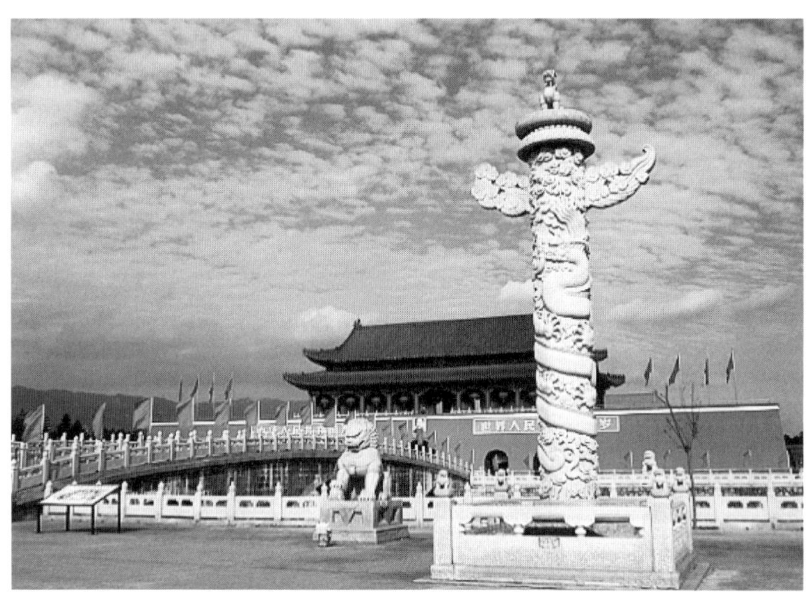

華表-중국 천안문 앞

반대로 언로를 막아서 망한 왕도 있다. 중국 주(周) 여왕(勵王)이 무도해서 포학한 정치를 행하고 국인들이 비방하는 것을 감시하여 죽이니 사람들이 말을 못하고 도로 사이에서 서로 눈빛으로 주고받을 뿐이었다[道路以目]. 왕이 기뻐하며 "내 능히 비방을 그치게 했다"하니 소공(김公)이

"백성의 입을 막는 것은 개천을 막는 것보다 더 어렵다(防民之口 甚於防川). 물이 막혔다가 터지면 사람이 많이 상할 것이다"며 간하였다. 그러나 여왕은 듣지 않았고 이에 국인들은 난을 일으켰고, 여왕은 체(彘)땅으로 도망했다 한다.

마음속으로 비방해도 처벌한다는 진시황의 복비법(腹誹法)이나, 한무제때 입술만 내밀었는데도[反脣] 복비(腹誹)의 죄로 몰고 간 장탕(張湯)의 탄압정책이나, '입은 화를 부르는 문이요[口是禍之門] 혀는 몸을 베는 칼이라[舌是斬身刀]'는 풍도(馮道)의 설시(舌詩)를 인용해서 신언패(愼言牌)를 만든 연산군이나 모두가 언로를 막아서 패망을 당한 역사적 인물들이다.

과거 조선시대의 통치이념은 왕도사상(王道思想)이었다. 절대왕권 시대에 대간(臺諫)이란 직책을 두어서 세상의 돌아가는 모습을 알려고 했던 인군에게 있어서는 '대간에게는 죄를 주지 않는다[臺諫不可罪]'든가 간쟁함에 있어서 '말의 출처를 묻지 않는다[不問言根]'는 이러한 언로의 윤리제도는 나라를 바르게 끌고 갈 수 있는 참으로 중요한 수단이었다.

정조대왕은 "나라에 있어서 언로(言路)는 사람의 몸에 비유하자면 혈맥과 같고, 지도층의 기개는 원기(元氣)와 같다"하였다. 혈맥이 막힘없이 통하고 원기가 충만하면 몸이 편안해지듯이 언로의 통색(通塞) 어부는 나라의 흥망성쇠에 직접 관계된다는 뜻이다.

'언로를 넓게 열고[廣開言路] 간하는 말을 받아들임을 물 흐르듯 하라[從諫如流]'는 옛 치국(治國)의 규범은 왕도정치의 이념을 실현하기 위해서였던 것이다.

흔히 나라에 도가 있다 없다는 언로가 통했느냐 막혔느냐로 판별한다. 대개는 언로의 중요성을 말하고는 있지만, 혹 윗사람이 말 듣기를 좋아한다고는 하지만 언로가 막히고 아랫사람이 바른 말을 못하는 것은 무슨 연유가 있을 것이다. 어진 군주 밑에 충직한 신하가 모이고 포학한 군주 밑에 간신배가 모이는 법이라 하니 언로를 통하게 하고 막게 하는 것은 역시 윗사람 하기에 달려 있는 것이다.

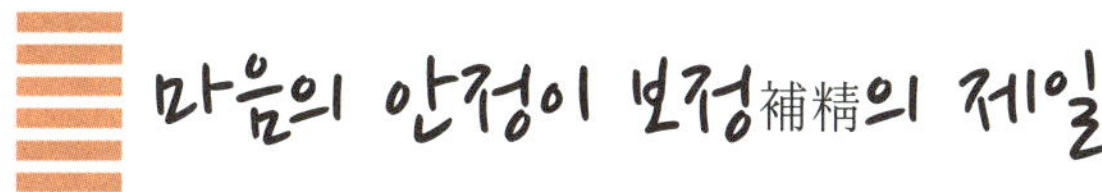

마음의 안정이 보정補精의 제일

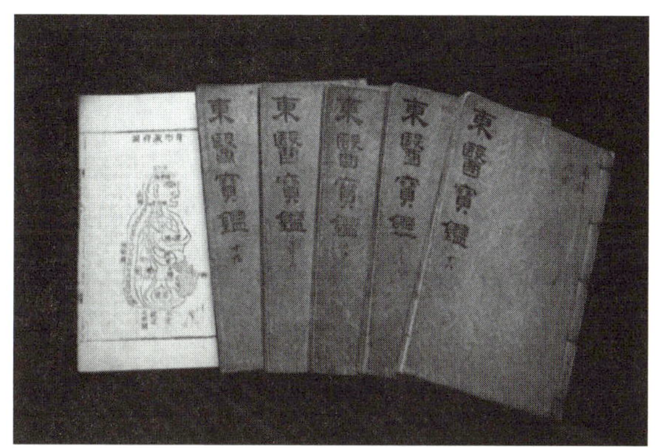

동의보감-경희대학교 소장

사람은 부정모혈(父精母血)과 천지의 좋은 기운이 더해져서 태어난다. 천지신명과 부모의 은덕으로 내 몸이 태어난 바, 이 몸을 이루는 것이 바로 정(精)이라 하겠다. 정으로 사람이 태어나기도 하지만 신체를 유지하는 것 또한 정(精)으로 가능하다. 그런데 정(精)은 대개 곡기(穀氣)에서 생산된다.

코는 기(氣)가 출입하는 곳이요 입은 음식이 들어가는 곳이니 코로 하늘의 오기(五氣)를 취하고 입으로 땅의 오미(五味)를 섭취하면 이것이 진액이 되며 바로 정이 된다.

정은 '쌀 미(米)'변에 '푸를 청(靑)'자를 합성한 글자다. 쌀에는 적황(赤

黃)의 색이 있지만 도정(搗精)하면 새하얀 색에 은미한 청색이 서려 있으니 모두 네 가지 색을 띠고 있다. 쌀은 봄에 심어서 가을에 수확하기 때문에 봄의 청색과 여름의 적색, 늦여름의 황색, 가을의 백색을 담고 있다고 볼 수 있는 바, 정(精)자에 '푸를 청(靑)'자를 쓴 것은 봄철에 처음 심은 근원의 뜻을 취한 것이니 지극히 깨끗하고 아름다운 쌀의 모습을 정(精)으로 묘사한 것이다.

『동의보감』에서 말하기를, '정이 신체 중에 저장되는 것이 보통 1되 6홉이라 한다. 16세 남자가 정액을 내보내기 전의 양은 1되가 되고 가득 차면 3되까지 되지만 손실돼서 적어지면 1되도 못 된다' 한다. 정이 소모되면 기가 약해지고 병이 생기니 말하자면 정을 아끼라는 뜻이다. 인체에 들어 있는 정액의 양을 일률적으로 한정삼을 수는 없지만 '1되 6홉'이라는 표현은 역도(易道)의 수리(數理)에 근거한 말이다.

『참동계』를 보면 수련의 생성과정을 달의 차고 기울어지는 이치로 논하고 있다. 상현과 하현이 합해서 둥근 보름달을 이루듯이 달은 8일 만에 상현이 되고 8일 만에 하현이 된다. 변화의 모습을 가장 잘 볼 수 있는 곳이 달이므로 참동계에서는 수련의 원리를 달의 소식영허로 설명한 것이다.

따라서 2×8=16이요 16량(兩)이 1근(斤) 되는 원리로써 옛 사람들은 16의 수리를 만물이 시작되고 성공을 이루는 척도로 사용하고 있다. 사람도 8량으로 왔다가 8량으로 살고 간다 하여 '인생은 16량'이라는 말을 쓴다. 역시 상현과 하현이 합해서 보름달을 이루는 뜻으로 빗댄 것이다.

정이 충실하면 기가 생하고 기가 장(壯)하면 신을 생하게 해준다. 이름하여 정·기·신(精氣神), 삼보(三寶)라고도 하고 상약삼품(上藥三品)이라고도 한다.

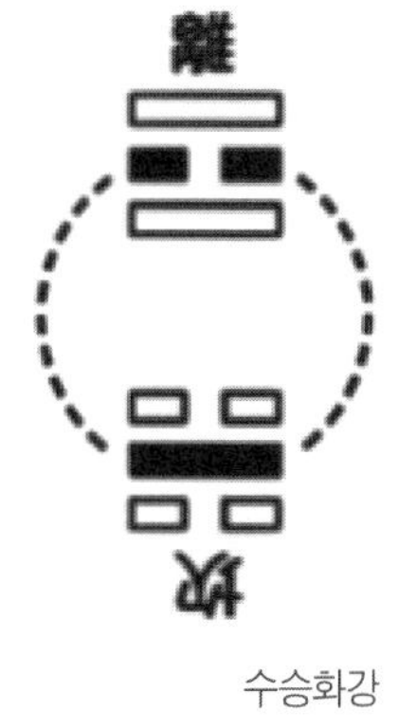

수승화강

기(氣) 역시 곡식(米)이 기운(气)으로 화하는 모습이고, 신(神)자도 '절구통 구(臼)'자에 절구공이(丨)를 합한 것이니 곡물을 도정(搗精)하는 모습이다. 인체의 보배로운 영약으로 세 가지를 거론하고 있지만 삼보는 기실 곡기에서 생산되는 것으로 이리저리 설명한 것뿐이다. 그래서 『동의보감』에 '정은 몸의 근본이 된다[精爲身本].'하였다.

정이 충실하면 골수(骨髓)와 뇌수(腦髓)를 영양하고 신체를 건강하게 해준다.

어린 아이가 뼈가 약하고 근육이 부드러워도 쥐는 힘이 강하고[骨弱筋柔而握固] 음양의 합일을 몰라도 음경이 일어나고[未知牝牡之合而朘作] 종일 소리쳐도 목이 쉬지 않는 것은[終日號而不嗄][도덕경.55장] 정기(精氣)가 지극하기 때문이다.

만약 어린애가 정(精)을 계속 지켜서 16세가 되어서도 양기(陽氣)를 지킨다면 순양(純陽)의 체를 간직할 수 있을 것이다. 불가에서 말하는 금신(金身)의 장육존상(丈六尊像)도 이 뜻과 부합한 것인데 부처의 몸을 하늘과 같은 순양지체로 보았기 때문이다. 사람이 16세 때의 정기를 간직하지 못했다 하더라도 정(精)을 삼가서 지킬 수만 있다면 장생불사의 과(果)를 얻을 수 있을 것이다.

『주역』 건괘(乾卦)에 '위대하다 건이여! 강건하고 중정하고 순수함이 정이로다[大哉라 乾乎여 剛健中正純粹가 精이라]' 했다. 건괘는 64괘중에 처음 나오는 괘다. 건괘에서 정을 말한 뜻은 정은 만사만물을 이루는 근원일뿐만이 아니라 천지자연의 운행도 정(精)으로 인해 이루어짐을 설명한 것이다.

　하여간 사람이 신체의 건강을 유지함에 있어서 가장 귀중하게 여겨야 할 것이 정이다. 정은 5장 6부에 모두 간직되어 있으니 정이 충실하면 5장이 모두 제 몫을 잘 수행하겠지만 정이 부족하면 병이 생기고 심지어 죽기까지 한다. 머리가 핑 돌고 귀에서 소리가 나며 다리가 시큰거리고 정신이 아뜩해지는 것들이 바로 정이 부족한 데서 오는 소치라 하겠다. 그러므로 선인(先人)들은 정을 양생(養生)의 도로 이용하였다. 정이 남의 몸에 들어가면 사람이 생겨나지만, 자기 몸에 간직하면 몸이 든든해지고 불로장생을 한다며 정을 아끼기를 목숨 아끼듯 했다.

　항시 겪어야 하는 삼복의 무더위는 양기가 극하므로 특히 정(精)이 손상된다. 정(精)은 신장(腎臟)을 주관하니 염천 더위에 수화가 상극하기 때문이다. 계절에 맞는 보정(補精) 음식을 섭취하는 것도 중요하지만 무엇보다도 화를 내지 말고 마음을 안정시키는 것이 심화(心火)를 다스리는 것이니 이것이 바로 보정의 제일이라 하겠다.

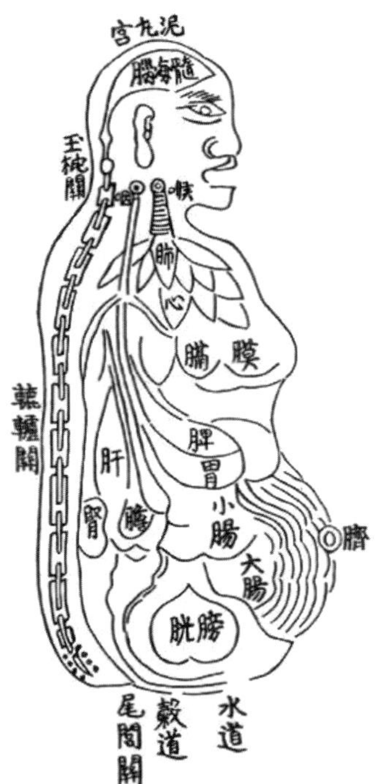

동의보감-신형장부도

거북의 장수 비결

거북구자의 여러체-안양 삼성산(지석영선생의 형이 새겼다 함)

주역에 이괘(頤卦)가 있다. 이(頤)는 좌변의 '아래턱 이'자와 우변의 머리혈(頁)자를 합친 글자다. 머리에 있는 입[口] 모습을 설명한 글자인데, 이괘(頤卦: ䷚)의 괘 형상이 그대로 입모양이다. 위에 있는 간괘(☶)는 그치는 성질이 있고 아래에 있는 진괘(☳)는 움직이는 성질이 있으니, 괘 형상이 입에 그쳐있는 위턱이며 움직이는 아래턱과 같기 때문에 이괘(頤卦)라 한 것이다.

입은 또한 천지를 닮았다. 두 양효가 위와 아래에 있어서 밖은 실(實)하고 안은 허(虛)하다. 가운데 네 음효는 이빨이라 하겠다. 마치 하늘이 위에서 덮고 땅이 아래에서 만물을 실어서[天覆地載] 기르는 것과 같이 입은 기르는[養] 의미가 담겨 있다.

　그래서 '이(頤)'자는 '기를 이'로도 훈독한다. 입은 마음을 기르고 몸을 기르는 역할을 한다. 위턱은 그쳐있고 아래턱이 움직여서 상하의 이빨이 합해서 말도 하고 음식도 씹는다. 적절히 움직여서 심신(心身)을 기른다. 좁게는 내 몸과 마음을 기르지만 넓게는 세상을 기르는 것까지, 하여간 이 괘 속에는 기르는 것에 관한 모든 것을 다 설명하고 있다.

　입을 통해서 언어는 덕을 기르고 음식은 신체를 기르는 바탕이 되지만, 그러나 언어나 음식이 마냥 심신을 기르지는 않는다. 무엇이든지 지나치면 탈이 나는 법이다. 말을 많이 하다보면 실수하게 되고 망신까지 당한다. 윗사람이 말실수하면 크게는 나라까지도 잃을 수 있다. 또 음식에 탐욕을 부리게 되면 부끄러움도 모르고 결국에는 죄까지 낳게 한다.

　그래서 주역 이괘에 '언어를 삼가고 음식을 절제하라[愼言語 節飲食]'했다. 적게 말하고 적게 먹는 가운데 덕을 기르고[養德] 몸을 기르는[養身] 길이 있다는 것이다. '구용지(口容止)'의 경구(警句)처럼 불필요할 때 입을 꾹 다문 모습, 입을 적게 움직이는 것이 곧 바른 것임을 가르친 것이다.

　적게 움직이고 적게 먹는 동물이 거북이라 한다. 욕심이 적다는 상징적 동물이다. 욕심이 적기 때문에 보통 백세 이상을 산단다. 때문에 사람들은 '거북이를 거울삼아라'는 뜻에서 귀감(龜鑑)이라는 표현을 많이 한다.

　거북은 천 살을 먹으면 털이 난단다. 『공양전』에는 천세된 거북은 푸른 수염이 난다고 했고, 『수신기』에는 사람의 말을 능히 알아듣는다 했다. 거북은 장수의 도에 따라 꼬리의 수가 달라지는데, 백년에 일총(一總)씩 나오므로 천년 거북은 '십총귀'가 된단다. 5천세가 된 거북을 신귀(神龜)라 하며 만세를 산 거북을 영귀(靈龜)라고도 부른다.

신구도-오석환민화

영귀는 창랑(滄浪)의 산에서 나서 현명(玄溟)의 바다에서 자란다 한다. 감리(坎離)의 정기(精氣)를 받아 태어났기 때문에 뱀 머리에 자라 몸[蛇首鱉身]이며 사족오조(四足五爪)의 모습을 하고 있다. 영귀가 되면 온 몸에 옥색(玉色)이 서리고 신령해서 인간만사의 길흉존망을 안다.

하나라 우임금때 낙수(洛水)에서 영귀가 나타났는데 그 등에 문양이 새겨져 있었다 하니 '낙서(洛書)'에서 나오는 거북이 바로 영귀의 모습이다. 어쨌거나 이런 정도의 거북은 험악한 세상에는 나올 리 없고, 살기 좋은 세상, 말하자면 황극의 도를 세우고 노인을 우대하는 곳에서만 나타난다고 한다.

그저 이슬이나 먹고 살며 음식을 먹지 않고도 배고파하거나 목말라 하지 않는 동물, 욕심이 없어서 세상만사의 길흉존망을 알기 때문에 사람들은 거북을 점복(占卜)에 이용하였다. 은허(殷墟)에서 발굴되었다는 갑골문이 대개 거북 껍질을 갖고 점친 것이다.

사람은 일생을 살면서 자신의 몸과 마음이 길러지는 바를 살필 줄 알아야 한다. 좀 더 덕이 있고 능력이 있는 사람은 세상을 기르는데도 힘써야 한다. 정치와 교육의 현장도 결국 세상을 기르기 위한 곳이라 하겠는데, 그러나 세상을 기르는 일은 아무나 해서는 안된다. 욕심이 적은 사람이 세상을 다스려야지 욕심이 많으면 안된다.

물론 욕심도 욕심 나름이다. 대개 욕심은 '마음 심'자를 뺀 욕(欲)자와, 심(心)자를 붙인 욕(慾)자를 구별해서 쓴다. 즉 욕(欲)은 세상을 위하는 공심(公心)이요 욕(慾)은 나를 위하는 사심(私心)이니 예로부터 공심이 많은 자를 군자라 했고 사심이 많은 자를 소인이라 했다. 결국 공심으로 나가는 자가 세상을 길러야 하지 사심이 많은 자가 세상을 길러서는 안되는 것이다.

별전 - 신구낙출

봉황 기다리며 대나무 심노라

대나무숲

'저 기수(淇水) 모퉁이를 바라보니[瞻彼淇澳] 푸른 대나무가 무성하구나[菉竹猗猗]. 빛나는 저 군자여[有斐君子]! 칼로 자른 듯 대패로 깎은 듯 송곳으로 쪼은 듯 사포로 문지른 듯하여라[如切如磋如琢如磨]'

이 구절은 『시경』에 나오는 구절로써 위나라 무공(武公)의 덕과 학문을 무성한 대나무로 비유하여 칭송하고 있다. 학문을 연마한다는 절차탁마(切磋琢磨)라는 성어는 여기서 유래하였다.

그런데 대나무는 풀일까 나무일까? 강인하고도 단단한 목질로 보면 나무일 것 같은데 잎 모양이나 자라는 속도를 보면 풀과 같다.

절차탁마도

그래서인지 윤선도의 「오우가(五友歌)」에 다음과 같이 표현했다.

'나무도 아닌 것이 풀도 아닌 것이 곧기는 뉘시기며 속은 어이 비었는다?'

나무인지 풀인지 애매하다는 뜻이다.

『설문해자』에는 '겨울에도 사는 풀[冬生艸也]'이라며 풀로 정의했다. 그러나 죽(竹)자를 '풀 초(艸)'자의 거꾸로 놓은 모습으로 썼다. 풀은 풀인데 자라는 과정을 보니 풀이 아닌 나무더라는 예기다.

대나무도 암컷과 숫컷이 있다. 뿌리로부터 올라와 곁가지가 난 곳까지 마디가 하나면 수컷이고 둘이면 암컷이다. 성품이 곧기 때문에 양일음이(陽一陰二：ー--)의 천지기운을 그대로 담은 것 같다.

옛말에 '정송오죽(正松五竹)'이라 했는데 이는 소나무는 정월에 옮기고 대나무는 오월에 옮긴다는 뜻이다. 대개 대나무 옮겨 심는 날[本命日]을 옛 사람들은 음력 5월 13일로 정하고 함부로 옮겨 심지 않았다. '죽취일(竹醉日)' 혹은 '죽미일(竹迷日)'이라 한 바, 성질 곧고 지조 있는 대나무를 다른 곳으로 옮기면 잘 자라지 못할 것이라는 생각에서 별칭 삼았을 것이다. 이 날은 술 취한 날이므로 어미 대는 새끼 대를 떼어내도 아픈 줄을 모르고 새끼 대도 어미 곁을 떠나는 슬픔을 모를 것이며, 자신이 옮겨간 줄도 모르고 낯선 곳에서도 뿌리를 내릴 것이라는 바람의 뜻이지만 실은 대나무의 품격을 높이려는 배려에서다.

그런데 왜 하필 5월 13일로 정했는지 잘 모르겠다. 다만 『산림경제』
에는 진일(辰日)을 죽취일로 삼으라 하였다. 생각건대 진(辰)은 용을 가리
킨다. 용은 동방 목기(木氣)의 정화(精華)로 생긴 동물이니 비늘달린 동물
종류중의 영장(靈長)물이다.

풀에서 나무로 화한 대나무, 길쭉한 모습의 대나무가 바로 용의 덕과 모
습을 닮았기 때문에 진일로 삼았을 것이다. 그래서 죽취일을 용생일(龍生
日)이라고도 부른다.

흔히 대나무는 꽃이 피면 죽는
단다. 꽃피는 시기는 대개 태어난
지 60년으로 잡는다. 조릿대[笠竹]
는 5년 만에 개화결실한다지만 오
죽(烏竹)이나 반죽(斑竹) 같은 것
은 60년을 주기로 꽃이 핀다. 60은
천도가 순환하는 주기다. 그래서
간지(干支)를 조합해서 만든 것이
60갑자다. 주역에서도 60번째에

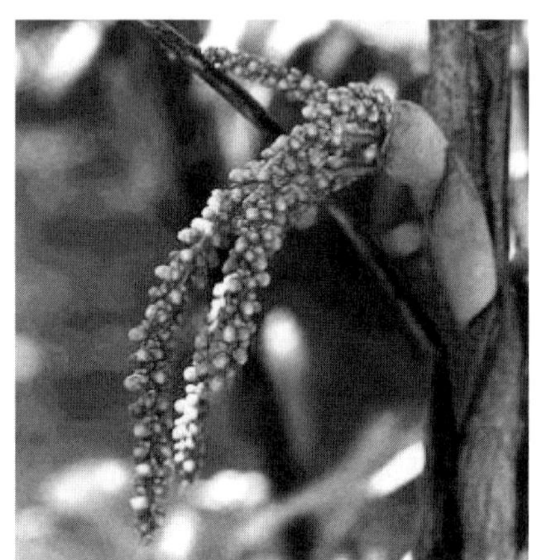

대나무꽃

절괘(節卦)를 놓았다. 천지의 순환과 더불어 여합부절(如合符節)하게 생
을 마감하는 절조있는 나무라는 뜻이다.

옛날 당나라 백거이[樂天]는 『양죽기(養竹記)』에서 대나무의 네 가지
덕을 말했다.

"대나무는 어진 이와 같다. 무엇 때문인가? 대나무 뿌리는 견고하다[竹
本固]. 견고함으로써 덕을 심으니 군자는 뿌리를 보고서 잘 뽑혀지지 않을
것을 생각한다. 대나무 성질은 곧다[竹性直]. 곧음으로써 몸을 세우니 군

자가 그 성질을 보면 중립(中立)해서 기대지 않을 것을 생각하고, 대나무 심지는 비었다[竹心空] 비움으로써 도를 체득하니 군자는 그 심지를 보고서 마음을 비워 받아들일 것을 생각한다. 대나무 마디는 곧다[竹節貞]. 곧음으로써 뜻을 세우니 군자는 그 마디를 보고서 이름과 행실을 다듬어서 평탄함과 험함을 일치할 것을 생각한다"

백락천

산중에 자라는 대나무를 '신우(神祐)대'라고도 부르니 거짓이 없고 믿음이 깃든 나무이므로 사람들은 점치는 도구로 사용하고 부절(符節)로도 사용했으며, 올곧은 나무이므로 여자들은 대나무로 비녀[笄]를 삼기도 했다.

많은 사람들은 집 주위에 대나무를 심어놓고 하루라도 '이분'이 없으면 살맛나지 않는다 해서 '차군(此君)'이라 이름 붙였고, 절도를 갖춘 군자라 해서 '포절군(抱節君)', 속이 비고 둥글다 해서 원통거사(圓通居士), 성품이 곧다 해서 직형(直兄)등 다양한 이름을 붙이며 칭송해왔다.

이같이 덕 있고 믿음있는 나무이기에 봉황은 대나무 열매[竹實]를 먹고 산다 한다. 봉황과 대나무를 말하다

죽실

보니 불현듯 생각나는 분이 있다.

조선조의 정암 조광조선생은 그야말로 대쪽같이 살다 가신 분이다. 도학정치를 펴지 못하고 유배지인 능주에서 38세에 사사되었으니 묘하게도 그곳은 옛 지명이 죽수리(竹樹里)다. 본래 능주는 봉황과 인연이 있음인지 봉황과 관련한 지명이 많은데 그가 이곳에서 죽게 된 것은 많은 생각을 갖게 해준다. 게다가 지란지교(芝蘭之交)였던 학포(學圃) 양팽손(梁彭孫)이 그의 시신을 거두어 가매장 한 곳이 봉황의 자취가 서린 쌍봉사(雙鳳寺) 아래였고, 정암의 제자인 담양의 양산보(梁山甫)는 스승이 죽자 역시 낙향해서 소쇄원 정자를 짓고 '대봉루(待鳳樓)'를 지었으니 기다린다는 봉황은 스승을 추모한 뜻인지 태평성세를 구가하는 뜻인지 알 수 없지만 그는 과연 봉황의 정기를 받고 태어나신 분일까 하는 추측도 해본다.

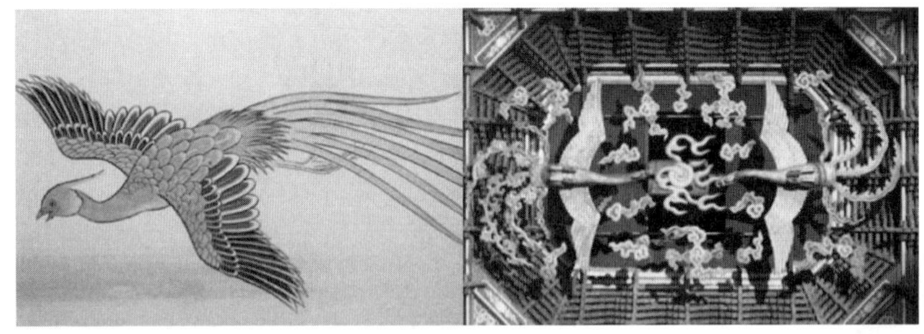

봉황- 인정전보개화장

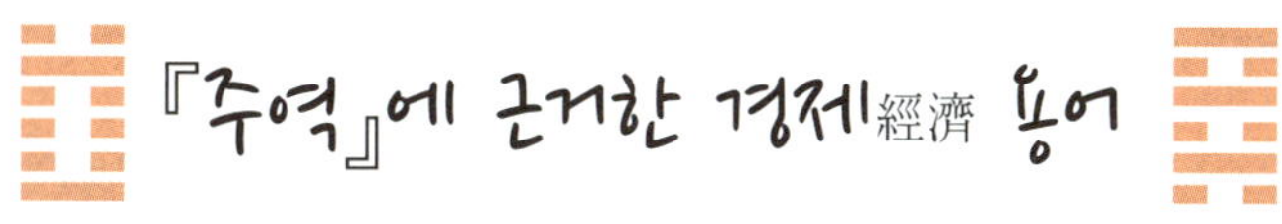

『주역』에 근거한 경제經濟 용어

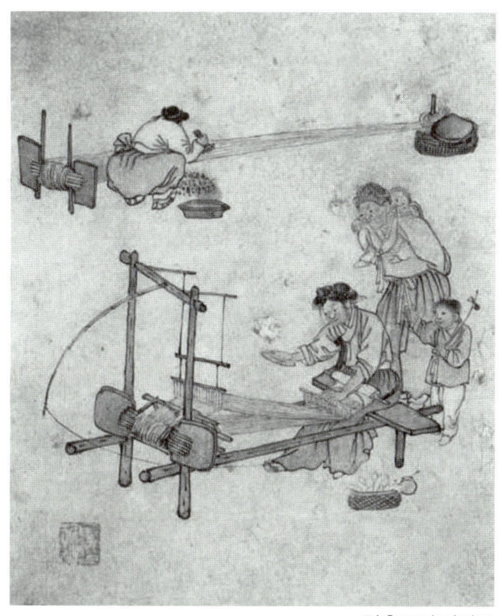

김홍도의 길쌈도

　세상 사람들은 경제 외에는 아무런 관심도 없는 것 같다. 정치인들은 오직 '경제 올인'으로 민심을 선동하고, 시민들 역시 모든 가치를 경제적 잣대로 재려 한다. 모두가 입만 뗐다 하면 경제 운운이다. 이쯤 되면 모두가 일가견(一家見)을 이룬 듯싶은데, 한편으론 과연 관심갖는 만큼이나 경제(經濟)라는 용어의 진정한 의미를 이해하는 사람은 몇이나 될지 궁금하다.

　대개 우리들은 '경제' 하면 금전에 관련한 것이요 성장과 효율성 등을 연상한다. 최소 비용으로 최대 효과를 얻는 것, 사전적 의미로 말하자면 '사람이 생활을 함에 있어서 필요로 하는 재화나 용역을 생산, 분배, 소비하는 모든 활동'의 의미로 어느 정도 이해하겠지만 마음속에는 오로지 돈 버는 것만으로 연결해서 생각하는 것 같다.

그러나 과거에는 경제라는 용어를 조금 달리 사용했다. 지금은 단지 '인간 생활을 위해 재화를 획득하고 이용하는' 정도의 협소한 의미로 전락됐지만 과거에는 그야말로 인간 삶을 편안하고 풍요롭게 해주기 위한 그 자체를 목적으로 삼았다. 단순히 생산하고 무역하고 돈 버는 일을 경제행위로 이해하지는 않았다.

경제는 대개 '경세제민(經世濟民)'의 줄임 말이라 한다. '세상을 경륜하고 백성을 구제한다'는 뜻이다. '경세(經世)'의 뜻을 몇 가지로 정의 내릴 수 있지만 대개 경(經)자를 '경륜(經綸)한다'는 뜻으로 이해하면 무난할 것이다.

'경륜(經綸)'의 글자를 보면 모두 '실 사(糸)'변이 들어 있다. '실을 다스리는 일(治絲之事)'로 비유한 것이다. 세상이 어지러운 모습을 마치 헝크러진 실(亂絲)처럼 보려는 것이다.

한편으로 경륜은 '그물'을 가리키는 글자로 쓰이기도 한다. 경(經)이란 그물의 대강(大綱)을 가리킨 것이니 그 규모를 세우는 것이고, 륜(綸)은 그물의 조목(條目)을 의미하니 규합(糾合)해서 이를 이루는 뜻이라 하겠다. 따라서 경륜은 어떤 목적을 갖고 일을 계획하는 것을 말한다.

조선말 실학자로 이름난 최한기(崔漢綺)가 말한 '사람을 뽑으려면 경륜이 있는 자를 뽑아야 한다[選人而選經綸]'는 뜻이나 홍대용의 『임하경륜(林下經綸)』에서 말하는 경륜의 용어가 바로 이 뜻을 담고 있다. '경륜있는 군자'란 바로 이런 사람이다.

경세(經世)라는 용어는 주역에서 찾을 수 있다. 주역은 전체 64괘 중에서 상경은 30괘, 하경은 34괘다. 상경중 건곤(乾坤)괘 다음에 만물이 처음 생한다는 둔괘(屯卦)에 '경륜(經綸)'의 '경(經)'자가 나온다. 어지러운 세상에 경륜있는 군자가 필요하기 때문이다. 그리고 감리(坎離)괘를 제외한 상경의 마지막 괘인 대

소강절

과(大過)괘에 '돈세무민(遯世无悶: 세상을 숨어도 민망함이 없다는 뜻)'의 '세(世)'자를 붙였다. 말하자면 주역 상경 중에서 둔괘에서부터 대과괘까지는 주로 인사의 도리를 설명하고 있는 바, 세상을 경륜하려는 것이 군자가 반드시 갖춰야 할 덕목이기 때문이다. 소강절선생의 『황극경세서』는 이러한 경세(經世)의 뜻을 서술한 것이다.

'경제'라는 용어를 처음 누가 사용했는지는 모르지만 아마 이 용어 역시 주역에서 근거삼지 않았나 싶다. 동양의 역사가 대부분 주역의 영향을 받아왔고, 역대의 왕조가 주역을 치세(治世)의 수단으로 이용해온 만큼 아마 무리한 주장은 아닐 것이다.

우리나라에도 조선 태조 때, 『경제육전(經濟六典)』이란 책이 있었던 점을 생각하면 성리학을 바탕으로 세운 나라이기에 경제라는 철학적 용어에 충분히 익숙했으리라는 생각이 든다. 이런 점을 감안할 때, '제(濟)'자의 출처 또한 주역의 맨 끝 괘인 기제(旣濟)미제(未濟)의 '제(濟)'자에서 취하였을 것이라고 추측할 수 있다. 따라서 경제는 둔괘(屯卦)에서의 경(經)

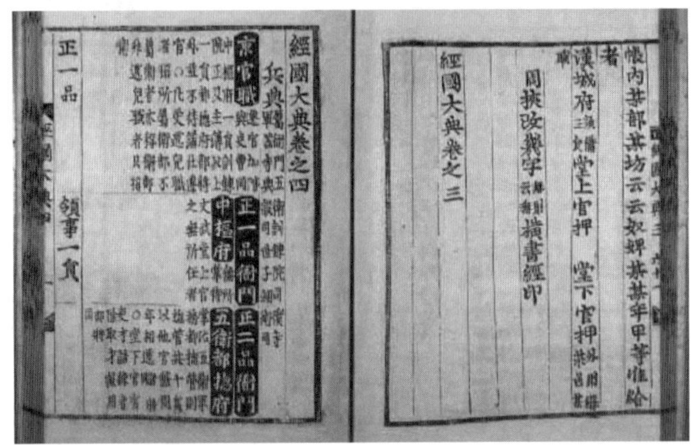

경국대전-경제육전 이후에 편찬

자와 기미제괘에서의 제(濟)자를 취했다고 볼 수 있는데, 주역적 관점에서 '경제'의 뜻을 풀자면, 경(經)은 경위(經緯)를 뜻하는 글자이다.

경(經)은 베틀로 베를 짤 때 쓰는 날실(세로실)을 말하며 위(緯)는 씨실(가로실)을 말한다. 날실과 씨실이 움직여서 의복이 만들어지듯이 군자가 어지러운 세상을 바르게 세우려는 뜻이 담긴 글자다. 즉 '규모를 정하고 계획을 세우는 일'을 경륜이라 한다면 일의 목적을 이루는 것이 제(濟)다. 경제란 인도의 처음 시작부터 끝까지 모두를 포괄하는 뜻이라 하겠다.

재물 이전에 덕이다. 대학에 '덕은 근본이요 재물은 말단이다'하니 세상을 다스리는데 항시 덕을 근본 삼아야 할 것이다. 경제 역시 덕을 바탕 삼아서 '경세제민'해야 할 것이다.

군자유君子儒와 소인유小人儒

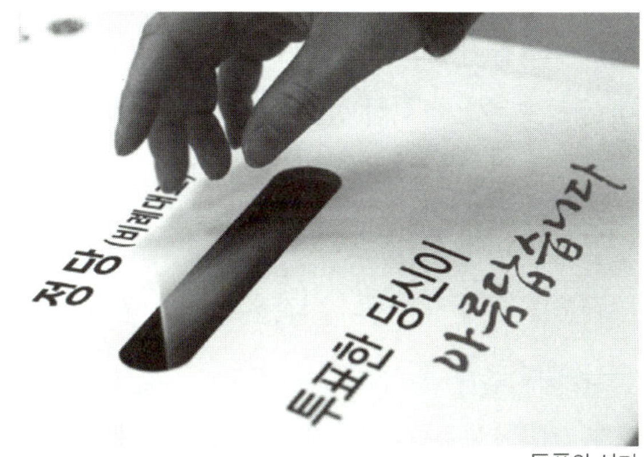

투표와 선거

주역(周易)에 대유괘(大有卦: ䷍)가 있다. '소유한 것이 크다'는 뜻인데, 재물을 많이 갖거나 지식이 많거나 혹은 세상을 크게 다스리는 등등이 대유(大有)의 뜻이라 하겠다. 대유는 크게 형통하지만 꼭 좋은 뜻만은 아니다.

재물이 많으면 도둑이 생기고, 지식이 많으면 시기하는 무리가 생기는 것은 자연의 이치다. 수풀이 우거지다 보면 그 속에 잡초가 끼어들듯이 세상을 대유하다 보면 그 속에는 선과 악이 섞여있기 마련이다. 이불 속이 따뜻하다 보면 자연히 이[虱]가 생기는 이치다.

도적은 외부에도 있지만 내 마음 안에도 있다. 대개 사람은 가진 것이 많으면 교만해지고 게을러지고 나태해진다. 이같이 대유하게 되면 안팎으로 도적이 생기므로 대유괘에서 공자는 '악(惡)을 막고 선(善)을 선양하라[遏惡揚善]'했다. 이래야만 대유가 보존될 수 있기 때문이다.

그런데 대유괘 맨 마지막 효(爻)를 설명하는 자리에 '하늘로부터 도우니 길해서 이롭지 아니함이 없다[自天祐之 吉无不利]'하였다. 양이 극하면 음이 생하고 오르막길이 있으면 내리막길이 있는 법인데, 대유괘의 마지막 자리에 '하늘이 돕는다'하고 길(吉)자와 이(利)자의 좋은 글자는 다 썼으니 이는 무슨 연유일까?

공자는 후세 사람들의 이같은 의심을 풀어주기 위해서 좀 더 상세한 설명을 했다.

"우(祐)는 돕는다[助]는 뜻이다. 하늘이 돕는 자는 순(順)한 사람이요, 사람이 돕는 자는 믿음[信]이 있는 자니 항시 믿음을 밟고 다니고 순함을 생각하며[履信 思乎順] 또 어진 이를 숭상하는지라[尙賢], 이 때문에 '자천우지 길무불리'라 한 것이다"하였다.

진실로 하늘의 도움을 받으려면 순(順)과 신(信)과 상현(尙賢)의 이 세 가지 덕목을 갖춰야 한다는 것이다.

그런데 하늘은 무슨 마음이 있는 것도 아니고 모습을 드러내는 형체가 있는 것도 아니다. 소리도 없고 형상도 없는 하늘이 사람을 어떻게 돕는다는 것일까?

순(順)은 순종(順從)의 뜻이다. 때를 따르고, 세상을 따르고, 사람을 따르는 뜻이다. '순천자(順天者)는 존(存)하고 역천자(逆天者)는 망(亡)이라'는 글 뜻처럼, 순천(順天)은 천리에 부합해서 나가는 자요 역천(逆天)

은 천리와 어긋나게 행동하는 자를 말하니 천도에 부합해 나가는 자를 '순(順)한 사람'이라 말하는 것이다.

신(信)은 실천(實踐)의 뜻이다. 말보다 행실을 중하게 여기는 사람, 부모에게 효도하기로 다짐했으면 효도할 줄 아는 사람, 세상에 공약(公約)한 것이 있으면 공약을 실천할 줄 아는 사람, 그런 사람이 믿음이 있는 사람이요 세상은 그런 사람을 좋아한다. 이 두 가지 덕목은 그야말로 하늘의 도리를 따르고 인사(人事)에 응하는[順天應人] 참으로 좋은 덕목이라 하겠다. '어진 이를 숭상함'은 한편으로는 자신을 낮추고 남을 귀하게 여기는 것이다.

순임금

순임금의 '자신을 낮추고 남을 따른 것[捨己從人]'과 禹임금의 '선한 말을 한 자에게 절한 것[禹拜昌言]'과 주공의 '밥 먹다 뱉은 일이 세 번 있고, 머리감다 움켜지며 손님 맞이한 일이 세 번 있다는 것[三吐三握]' 등이 어진 사람을 숭상한 일들이다. 적어도 이 세 가지를 갖춘 사람이라야 하늘이 도와주고 대유할 수 있다는 것이다.

며칠 후면 국회의원 선거가 있는 날, 누가 하늘의 도움을 받고 대유할 수 있을지 궁금하다.

夏禹氏

공자가 자하에게 다음과 같이 말했다. "너는 군자유(君子儒)가 되고 소인유(小人儒)는 되지 말아라." 유(儒)는 학자를 지

周公旦

칭한다. 아마 당시의 학자간에도 군자와 소인이 있었던 모양인데 대개 위(位)가 있는 사람이면 유자(儒者)로 불렀다. 군자와 소인을 구분하는 기준이 모호하지만 대개 의(義)와 이(利) 사이에서 구분을 짓는다면 무리되지는 않을 것이다.

소인유는 대개 이해(利害)에 밝은 자다. 재물을 증식시키고 사의(私意)로써 공리(公理)를 없애려 하고 자기 편의에 맞게 움직이는 자, 말하자면 천리(天理)를 해치는 자다. 반면에 군자유는 의리(義理)에 밝은 자로써 소인유의 반대로 생각하면 될 것이다.

지금 말하자면 소위 세상에 능력 있다는 사람들이 모두 출사표를 던지며 대유의 뜻을 품고 있다. 그들의 그간의 행동거지를 살펴보면 물론 군자유도 있겠으나 소인유도 많이 있을 것이다. 오래간만에 찾아오는 국민주권일, 면면히 훑어보고 이해에 얽매이지 말고 군자유를 뽑는 하루가 되었으면 한다.

군자는 붕(朋)을 말하고 소인은 당(黨)을 말한다

안철수와 박원순

맹자가 양(梁)나라 양왕(襄王)을 만났을 때다. 양왕이 느닷없이 묻기를 "천하가 어디에서 정해질까요?" 천하의 열국이 나누어서 다투고 있으니 어찌하면 안정(安定)함을 얻을 수 있겠냐는 질문이다. 이에 맹자는 "하나에서 정해질 것입니다."하였다. 천하를 통일하는 자가 안정시킬 것이라는 뜻이다.

그러자 양왕은 "누가 능히 하나로 할 수 있습니까?"고 물었다. 열국의 형세가 비슷하고 힘이 같은데 누가 통일하겠냐는 것이다. 맹자는 "사람 죽이기를 즐기지 아니하는 자가 하나로 할 수 있을 것입니다."라 대답했다. 덕이 있는 자라야만이 통일할 수 있으리라는 뜻이다.

　그러자 양왕이 "누가 능히 함께하겠습니까?" 이에 맹자가 다음과 같이 답했다. "(만약 인군이 덕이 있다면) 천하가 귀의하지 아니할 자 없을지니 왕은 저 곡식의 싹을 아십니까? 7, 8월 사이에 가뭄이 들면 곡식의 싹이 시들다가 하늘이 유연히 구름을 지어서 성대히 비를 내리면 곡식의 싹은 발연히 일어날 것이니 곡식의 싹이 자람이 이와 같다면 누가 능히 곡식의 싹이 자람을 막을 수 있으리요. 이제 저 천하의 사람을 기르는 재[人牧: 인군] 살인을 즐기지 않는 자 없으니 만약 살인을 즐기지 않는 자 있다면 천하의 사람들은 모두 목을 빼고 바라볼 것입니다. 진실로 이와 같이 한다면 백성들 귀의함이 물이 아래로 내려가는 것과 같을지니 그 성대한 형세를 누가 능히 막을 수 있으리요"

　얼마 전에 몰고 왔던 '안철수바람'을 느끼면서 문득 맹자의 이 글이 떠올랐다. 서울시장출마를 고려한다는 그의 한마디에 지지율은 순식간에 50%를 넘어섰고, 그를 대항할 정당 정치인들이 없는 것을 보면서 만감이 교차했다. 그동안 도덕이나 윤리와 담을 쌓은 기성 정치인들에게 통쾌한 일격을 가한 것 같아서 답답했던 마음이 뚫린 것 같아 한 때나마 후련하기만 했다. '아직도 도덕의 가치가 이 사회에 남아 있고 인정이 살아있구나', '사람들이 도덕과 인의에 갈증을 느끼고 있구나' 하는 생각도 들었다. 그리고도 한 점의 이해타산 없이 진퇴(進退)를 시의적절(時宜適切)하게 하는 그의 모습을 보고 찬양의 박수를 보내고 싶었다.

　과연 정당정치는 민주사회에 필요한 것일까? 혹자는 과거 왕정시대의 필요수단이었고, 민주시대에는 절대악이라고 혹평하기도 한다. 이러한 평도 일리는 있다. 하지만 이는 어디까지나 사람의 탓이지 제도의 문제로 귀결지어서는 안될 것 같다.

요즘엔 당(黨)이란 용어를 즐겨 쓰지만 과거에는 당의 의미를 좋지 않은 뜻으로 해석했다. 대개 붕당(朋黨)이란 용어는 있지만 상고시대에는 붕당이란 결합된 용어는 없었던 것 같고, 다만 『홍범구주』에 붕(朋)과 당(黨)이란 글자가 나온다. 홍범은 인사 즉 정치의 도리를 오행학적으로 설명한 책이다. 홍범에서 붕당(朋黨)의 근거하는 바를 찾을 수 있는데, 그런데 '붕'과 '당'의 글자가 갖는 의미는 다르다. '붕'은 두 개의 '달 월(月)'자를 썼다. 한 스승 밑에서 같은 도를 공부하는 동문수학하는 무리를 말한다.

이에 비해서 '당'은 이해관계를 중심으로 모인 집단을 가리킨다. 좀 더 심하게 말하자면 '숭상할 상(尙)'자에 '검을 흑(黑)'자로서 흑을 숭상하는 무리를 말한다. 즉 군자의 무리를 붕(朋)이라 하고, 소인의 무리를 당(黨)이라 말하는 바, 바로 이런 의미의 당이라는 용어를 써서 그런지 오늘날의 정당의 모습이 꼭 이와 같다.

구양수 '붕당론'

구양수는 '소인(小人)은 무붕(無朋)이요, 군자(君子)는 유붕(有朋)이라' 하였다. 소인들은 붕당을 만들 수 없고 군자만이 붕당을 만들 수 있다는 말이다. 이는 달리 말한 것이 아니다. 소인은 이해(利害)에 밝고 군자는 의리(義理)에 밝다. 이익을 찾아서 모인 집단은 이해가 상충하면 모임이 깨지고 말지만 의리로 모인 집단은 이해가 상충되더라도 도를 함께하기 때문에 더욱 견고해진다. 결국 선과 악은 사람으로 인해서 나오는 것이지 제도나 도구 자체에 선악이 있지 않음을 말하려는 것이다.

세상이 온통 흑색일 때 백색이 눈에 띄듯이, 세상 모두가 이해에 집착하고 있을 때 어진 덕을 지닌 자가 나타난다면 사람들의 시선이 그에게 쏠릴 것임은 당연하지 않겠는가? '안철수바람'을 몸으로 느끼면서 한편으론 정당정치의 무너지는 모습을 보는 것 같아서 씁쓸(?)하기만 하다.

영조가 세운 탕평비

회사후소繪事後素

공자의 공수(拱手)한 모습

사회가 풍요롭다보니 요즘에는 문화에 대한 관심이 높다. 당연한 결과다. 과거 먹고 살기 바빴을 때는 물질적 충족만이 주된 관심사였으나 이제는 외적 물질보다는 내적 정신생활의 가치를 더욱 중요하게 여기는 시대가 된 것이다. 의식주에도 문화를 생각하고, 정치·경제·사회 등등에도 문화를 강조한다.

많은 사람들이 문화라는 말을 자주 사용하지만, 문화에 대한 정의를 말하라면 고개를 갸우뚱한다. 문화에 대한 많은 학자들의 다양한 정의가 있지만 기실 어원(語源)은 『주역』 비괘(賁卦)에서 나온다.

비괘(賁卦)는 산을 형상한 간괘(艮卦: ☶)와 불을 형상한 이괘(離卦: ☲)

를 합한 괘다. 읽기를 '산화비(山火賁)'라 한다. 산 아래에 불을 밝힌 모습이다.

산은 온갖 동식물이 모여 사는 곳이다. 불을 밝혀서 산 위를 비추니 모두가 빛을 받아서 밝게 사는 모습이다. 그래서 괘명(卦名)인 비(賁)는 '밝게 꾸민다[裝飾]'는 뜻을 갖고 있다. 불은 따뜻한 성질이 있고, 그래서 문명함을 상징하니 불로 인해서 만물이 길러지고 문명함으로 사람들이 밝게 살 수 있는 것이다.

사람 사는 이치로 예를 들면, 사람은 본래 바탕이 그 자체로도 아름답지만 여기에 학문을 더하고 육예(六藝: 禮·樂·射·御·書·數), 즉 예술(藝術)로 치장해서 인생의 길을 가는 사람, 이런 사람이 '밝게 사는 사람'이 되겠다.

그런데 밝음을 뜻하는 글자가 '문(文)'자다. 비괘(賁卦) 속에 천문(天文), 인문(人文), 문명(文明), 문화(文化) 등의 용어가 들어있으니, 문(文)은 바로 문채(文彩)의 빛나는 뜻이요, 비(賁)의 꾸미는 뜻을 갖고 있다. 문(文)을 파자하면 '머리 두(亠)'와 음양이 섞여진 모습의 '사귈 예(乂)'자로 합성한 글자다.

선인들은 천지만물을 음양이 서로 섞여 있는 것으로 보았다. 일음일양(一陰一陽)을 도(道)라 하니 저 보이지 않는 천지자연의 도(道)를 밖으로 밝게 드러낸 것이 '글월문(文)'이다. 말하자면 글은 도를 밝힌 것이요, 도를 담은 그릇으로 이해하면 되겠다.

그렇다면 하늘의 모습을 꾸민 것이 천문(天文)이고 사람을 꾸민 것이 인문(人文)이 되니 옛날 성현들은 인문을 잘 살펴서 예절과 풍속으로 교화(敎化)를 펼쳤던 것이다.

옛말에 '근본이 없으면 설 수 없고[無本不立] 꾸밈이 없으면 행할 수 없다[無文不行]'했다. 사람이 사람을 대하는 데는 꾸밈이 있어야 한다. 가령 외출시 옷차림을 단정히 하는 것도 꾸미는 일인데 이 꾸밈이 다름 아닌 인문이며 예(禮)를 행하는 것이다.

주역을 보면 황제요순시대에 상의와 하의를 나누어 입도록 하였다 한다. 하늘이 위에 있고 땅이 아래에 있는 것처럼 의복을 입는 법을 통해서 은연중에 사람들이 상하의 구별을 알게 하기 위함이었으니, 이와 같이 시초에 의복을 제정한 목적은 사람들로 하여금 예의질서를 이루게 하기 위한 성인의 염원에서 이루어진 것이다.

부모자식 간에도 부부 간에도 상하피차 간에도 상대가 있으면 응대(應對)와 진퇴(進退), 굴신(屈伸)의 모습을 꾸며야 하는데 이 사이에 반드시 갖춰야 하는 것이 바로 예절(禮節)이다.

『주역』에서는 예절을 갖춘 뜻으로 '문명(文明)'을 말하고, 문명한 곳에서 거처함을 인문(人文)으로 보았다. 밝게 사는 사람을 문명인(文明人)이라 하고 밝게 변화한 사람을 문화인(文化人)으로 정의하고 있다. 물질적 풍요를 잣대로 삼지 않고 정신적 충만함을 기준 삼았다.

윤리와 도덕이 충만한 곳! 아름
다운 풍속을 이룬 곳! 성인은 인
문을 살펴서 천하에 교화(敎化)를
이룬다 했으니 이것이 바로 문화
(文化)다. 말하자면 문화는 인문
의 풍요로움이요 그 결과라 할 수
있겠다.

문예(文藝)니 예술(藝術)이니 하
는 것은 비유하자면 나무의 지엽

신윤복의 미인도

(枝葉)과 같은 것이고, 인문(人文)이 줄기와 같은 것이라면 문화는 무성한
나무라 할 수 있겠다.

다만 간과하지 말아야할 것이 있다. 한 그루의 무성한 나무가 되기 위해
서는 뿌리가 튼튼해야 하듯이 문화가 번창하려면 사람들의 정신이 건강해
야 한다. 예(禮)는 단지 겉을 꾸미는 것이요 정신을 키우는 것이 아니다.

『논어』에서 자하가 묻기를 "교묘한 웃음이 입매가 예쁘며 아름다운 눈
이 선명하구나! 본바탕으로 채색을 삼는다[巧笑倩兮 美目盼兮 素以爲絢
兮]하니 무슨 말입니까?" 공자가 "그림 그리는 일은 바탕을 마련하는 것 보
다 뒤에 하는 것이다[繪事後素]"하였다.

여인의 아름다운 자태가 곧 단장하는 뜻이냐는 물음에 공자는 바탕을
먼저 마련하고 난 뒤에 그림을 그리는 것이라 했으니, 아름다운 자질을 갖
춘 뒤에 문식(文飾)을 더해야 한다는 뜻이요 덕을 기초해서 아름다움은
드러난다는 뜻이다.

색칠하며 그림 그리는 일[繪事]을 문화(文化)로 비유하면 바탕[素]은 정

신적 자질을 갖추는 것이다. 뿌리가 썩으면 나무가 무성할 수 없듯이 정신이 부패한 그 위에 문화적 색채를 가한 들 무슨 의미가 있겠는가? 뿌리를 깊이 내리면 줄기와 가지와 잎사귀는 자연히 무성해지는 법! 정신이 건전하면 인문은 밝아지고 예술은 무성해질 것이니 문화의 극치는 근본을 북돋는 데에서 가능한 것이다.

利

일벌백계—罰百戒의 지진地震 교훈

일본의 지진발생으로 인한 해일

한치 앞도 내다볼 수 없는 우리에게는 조심하면서[懼] 사는 것이 최선의 방법일 것이다. 『주역』 '계사전'을 보면 '조심하는 마음을 갖고 일을 마치고 일을 시작하면 구하는 것이 허물이 없으리라[懼以終始면 其要无咎리라]'하였고, 이것이 '역도(易道)'라 하였다. 매사에 조심하고 삼가면 길(吉)하고, 만사를 소홀히 하면 흉(凶)하다는 뜻이다. 그리 보면 미래는 정해져 있는 것이 아닌 모양이다. 주역에 '무구(无咎)'라는 글자가 99번 나온다. 주역 사상을 나타내는 핵심적인 용어요 인사의 도리를 강조한 단어라 할 수 있으니, 역시 세상사는 천도와 인사가 톱니바퀴처럼 맞물려 이루어짐을 표현한 것이다.

이웃나라 일본이 지진(地震)의 재앙에 직면해 있다. 건물이 무너지고 시커먼 바닷물이 지역을 휩쓸고 원전이 폭발하는 장면을 지켜보면서 지진이 이토록 무서운 것인가를 실감하였다. 과거에는 먼 나라 이야기처럼 대수롭지 않게 생각했었는데 이제는 내 옆에서 일어난 일처럼 섬뜩한 느낌마저 들었다.

관동대지진으로 한국인이 참살되었던 과거의 역사가 잠시 떠오르기도 했지만 그것은 잠시뿐, 이제는 이웃집에서 당한 재난이요 한편으론 애련(哀憐)의 감정도 솟구쳤다. 지금은 지구촌이 한 가족이로구나 하는 생각이 들었다. 그러다가 문득 생각해 보았다. 일본의 지진을 우리는 어떤 교훈으로 받아들여야 할까? 주역 글로 어떻게 풀 수 있을까?

지진이란 학술적으로 설명하자면, 지구 내부의 에너지가 밖으로 나와 땅이 갈라지고 흔들리는 현상이란다. 괘로 표현하자면 진괘(震卦 : ☳)라 할 수 있다. 양효가 아래에서 움직이고 있으니, 땅 속에서 양기가 발동하므로 한자로 '지진(地震)'이라 말하는 것이다.

진(震)은 우레[雷]의 상인데 하늘에서 우레가 움직이면 '천동(天動)'의 소리를 내고, 땅에서 움직이면 지동(地動)의 살기(殺氣)를 발한다. 중뢰진괘(重雷震卦:☳☳)에서 이를 설명하고 있다.

그런데 진괘에 다음과 같은 글이 있다. '우레가 백리를 놀라게 하는데 제주(祭主)는 죽지 않을 것이다[震驚百里 不喪匕鬯]'하였다.

공자는 설명하기를, '진경백리'는 '멀리 있는 자는 놀라게 하고 가까이 있는 자는 두렵게 하려는 뜻이다'하였고, '우레가 출(出)함에 종묘사직을 지켜서 제주(祭主)가 될 수 있으리라'했다. 단전(彖傳)에 나온다.

마치 비사(秘辭)와 같은 이 글은 지금의 상황과 그대로 부합된다. 일본으로부터 가까이 있는 나라는 우리요 기타국은 먼 나라가 되는 셈이다. '두려워하라[懼]'는 즉 정신을 흐트리지 말하는 경계사다. 제주(祭主)는 정신을 모으는 자요 내 뿌리를 계승하려는 자다. 정신을 모으고 뿌리를 내린 자는 죽지 않을 것이라는 뜻이다.

또 쓰이기를 '우레가 오는 것이 위태롭다. 크게 재물을 잃고 구릉(九陵)에 오르리라'했다.

지진으로 인해 재물은 잃었지만 우선 살아야겠기에 높은 언덕으로 피난하라는 뜻인데, 구릉(九陵)은 무슨 뜻일까? 미언대의(微言大意)를 알 수 없지만 대개 능(陵)은 산(山)이요 간방(艮方)의 우리나라를 지칭한 것이라 볼 수 있다. 출(出)자 역시 '상제가 진방에서 나온다[帝出乎震]'는 뜻을 갖지만 '출(出)'은 산이 중첩한 형태로 간방인 우리나라를 암시한 비사라 하겠다.

진(震)은 동방을 가리키고 오행으로는 목(木)인데 이 진(震)이 뿌리를 내린 곳이 간방(艮方)이다. 목(木)변에 간(艮)자를 붙여서 '뿌리 근(根)'자로 부르는 이유는 문왕팔괘를 살펴보면 알 수 있다.

종묘사직을 간직한 곳, 조상을 섬기는 곳, 간방의 이 땅은 어쩌면 신이 내린 피난처요 세상을 살릴 곳인지 모르겠다.

예전부터 지각자들은 '진(震)이냐 무망(无妄)이냐'면서 장차 다가올 겁난을 우려하였다. 간단히 말하자면 '진'은 지진을 가리키고 '무망'은 질병을 의미한다. 지진이 아니면 질병으로 재앙이 닥친다는 것이다. 불과 몇 달 전만 하더라도 가축 전염병으로 온 나라가 떠들썩하더니 이제는 이웃나라 지진으로 두려움에 떨고 있다. 질병은 그렇다 치고, 지진 역시 재앙의 징조를 보이는 것이니 심지어는 '백조일손(百祖一孫)'의 말까지 전하고 있다.

참으로 두려운 말들이지만… 그런 가운데에서도 주역에서는 우레가 진동함을 오히려 '형통하다' 하였다. '지진이 발동해서 오는 때에 조심하고 삼가면[震來虩虩], 지진이 지나간 뒤에 즐거움이 찾아온다[笑言啞啞]'는 것이다. 아마도 작은 벌로써 크게 보존시키려는 일벌백계의 가르침을 우리에게 전한 것인지도 모르겠다.

맹사성고택 세덕사 내부

뿌리없는 나무 없듯이 사람에게도 근원이 있다. 근원이 있기 때문에 자신이 존재하는 것이다. 영생(永生)이 별스런 말일까? 내가 자식을 두고 자식이 대대로 후손을 둔다면 내 몸은 없어지더라도 정신은 영생하는 것이니 영생은 육신으로 가능한 것이 아니요 정신으로 영생을 할 수 있는 것이다.

마찬가지로 내가 지금 존재한다는 것은 곧 조상의 정신이 나에게 이어졌다는 증거다. 나를 통해서 조상은 영생하고 있는 것이다. 비유하자면 나무의 기(氣)가 열매에 전해지는 것과 같다. 열매가 없어지지 않으면 이 살아있는 나무가 혹 시들거나 훼손된다 해도 나무의 기는 다시 생장할 수 있기 때문이다.

그러나 자칫 간과하기 쉬운 것이 있다. 기(氣)는 마음을 따라서 출입한다. 『주역』 건괘(乾卦)에 '같은 소리는 서로 응하고[同聲相應] 같은 기는 서로 구한다[同氣相求]'했다. 조상의 기는 자손의 신체 위에 있지만 서로 응하고 서로 구하는 것은 내 마음으로 함께할 수 있으니, 내가 정성스런 마음으로 응해야 조상의 기가 나와 함께할 수 있지 내 마음이 응하지 않으면 조상의 기는 나와 함께할 수 없는 것이다.

『중용』에 신(神)에 대해 다음과 같이 말하였다.

'대저 은미한 귀신이 밖으로 나타나는 것이니 정성의 가릴 수 없음이 이와 같구나![夫微之顯이니 誠之不可掩이 如此夫인져].'

즉 귀신이란 정성여하에 따라서 출몰한다는 것을 말한 것이다.

율곡도 말하기를 "자손의 기가 부모의 유체(遺體)이므로 지성으로 제사를 지낸다면 조고(祖考)의 혼령이 감동해서 흠향할 것이다. … 꽃으로 비유하면 삼동(三冬)에 사람이 흙집[土室]을 지어 사면을 막아서 따뜻한 기[氤氳之氣]를 나오게 하면 꽃은 자연히 필 것이니 지성으로 조고(祖考)의 령(靈)을 모은다면 무엇이 이것과 다르리요?"하였다.

제사는 이런 연유로 지내게 되었다. 제사를 지냄에 요즘에는 대개 지방(紙榜)으로 신위(神位)를 마련하지만 과거에는 신주(神主)로 조상을 모셨고, 더 이전에는 시동(尸童)을 세웠다. 말하자면 할아버지 제사에 신주처럼 세운 손자를 시동이라 한다. 손자는 바로 할아버지의 유체가 되고 할아버지는 손자를 통해서 흩어졌던 기가 다시 모이기 때문이다. 옛사람들의 제사에 대한 인식은 참으로 이같이 엄숙했다.

제사는 과거에는 사당을 지어서 받들었다. 사당을 뜻하는 묘(廟)자는 엄호(广)변에 '아침 조(朝)'자를 썼다. 해와 달이 만나는 때가 아침이니 조상과 후손이 만나는 곳이 사당임을 묘사한 글자다. 그런데 묘(廟)는 '모습 모(貌)'자로 뜻을 새겼다. 고인의 모습을 마음속으로 그리라는 것이다. 마치 살아 계신 것처럼 추모하라는 뜻이다. 정성으로 추모하는 가운데라야 조상의 정신이 계승되기 때문이다.

제사를 지냄에 있어 정성을 갖는 일이 중요하므로, 공자는 '죽은 사람 섬기기를 산사람 섬기듯[事死如事生 事亡如事存] 하라'고 강조하였다.

공연히 섬기려는 것이 아니다. 제사는 내가 태어났음을 보답하기 위한 것이기도 하다. 사람이라면 누구나 자신의 근본을 생각해야하고 자신을 있게 한 근원된 이에게 보답의 예를 갖춰야 한다. 우리가 음식을 대할 때 태초에 이 음식을 만든 근원된 이에게 감사의 기도를 올리듯이 이 몸의 근원인 조상을 추모하는 것은 당연한 일이다.

더욱이 제사는 '생전에 미치지 못했던 봉양을 추모하고, 그 미진했던 효를 계승하는 것[追其不及之養而繼其未盡之孝也]'이라 했다. 이를 줄여서 그냥 '추양계효(追養繼孝)'라고도 말한다.

며칠 후면 추석이다. 추석은 단지 절사(節祀)요 제사가 아니다. 제사는 삼헌(三獻)의 예가 있고 축문(祝文)을 사용하지만 절사에는 축문은 없고 한 잔만 올린다[無祝單盞]. 제사가 아니므로 제수(祭需)는 간소할 수밖에 없다. 있으면 있는 대로 없으면 없는 대로 그저 송편 등 때에 맞는 음식을 올리면[獻以時食] 된다. 조상을 추모함에 있어 중요한 것은 정성이지 제물에 있지 않기 때문이다. 정성이 있는 곳에 조상의 기가 이르는 것이니, 이 가운데 수복(受福)의 상서로움이 자연히 깃들 것임은 말할 필요가 없다.

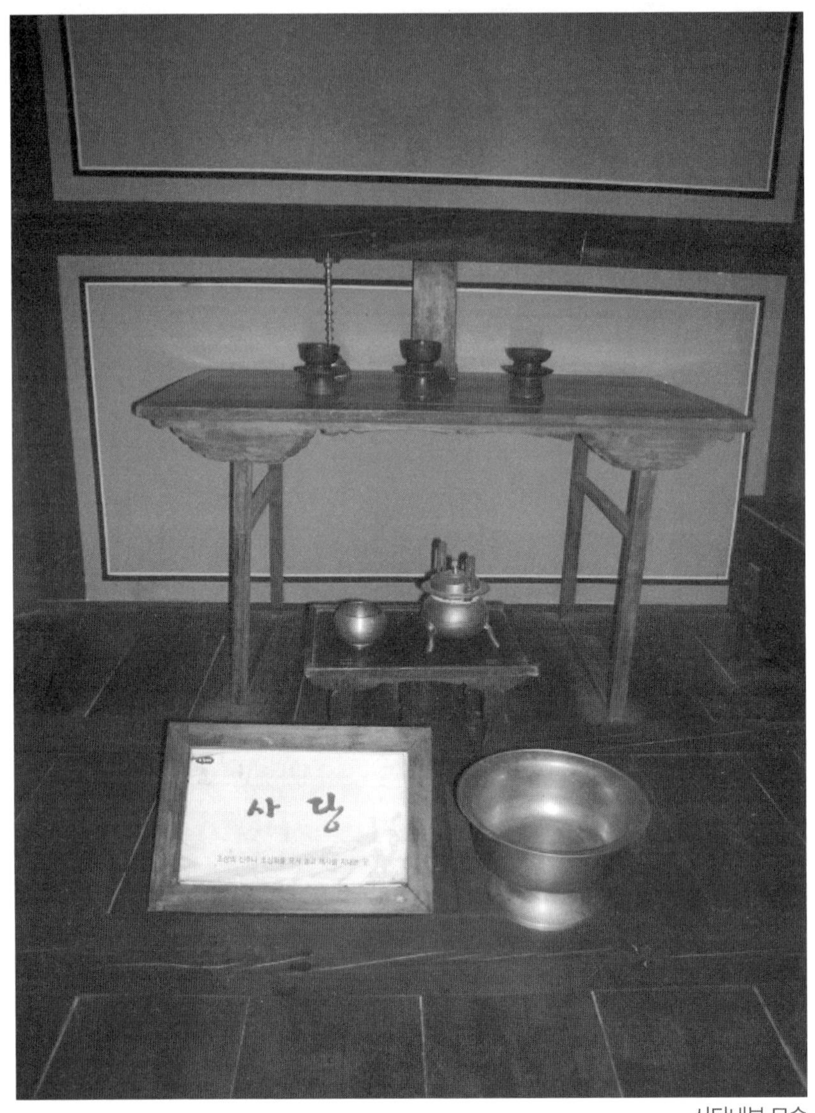

사당내부 모습

상례喪禮는 은혜를 갚는 의식

환절기라 그런지 절기가 바뀔 때쯤 되면 많은 사람들이 상(喪)을 당한다. 필자도 최근에 가까우신 분의 상을 당했다. 졸연(卒然)한 상사(喪事)에 가족들은 비통한 마음이겠지만 슬픔만으로 고인을 보내는 것은 상중의 예가 아니다.

장례(葬禮)를 마치고 우제(虞祭)를 지내고 탈상(脫喪)에 이르기까지 상례의 초종(初終)절차를 소홀함이 없이 조심하고 삼가서 고인을 보내야 할 것이다. 인생에서 가장 중요한 일은 태어남과 죽음을 맞이하는 일이다. 이 중 상사(喪事)는 무겁고도 준엄할 수밖에 없기 때문에 각별한 조심을 요구했다. 이래서 나온 것이 상례(喪禮)다.

상(喪)이란 '돌아가셨다'는 뜻이다. 다만 효자의 마음에 차마 '죽었다[死]'는 말은 하지 못하고 단지 '잃어버렸다[喪]'는 뜻으로 '상'이라 불렀다.

요즘에는 염습(殮襲)을 대개 돌아가신 다음날 하지만 과거에는 3일 동안 그냥 정침(正寢)에 모셔뒀다가 4일 되는 날에 가서야 비로소 염습하고 성복(成服)하였다. 그만큼 돌아가신 일에 대해서 인정하지 못하고 혹여 돌아오실까 고대하며 가능한 날짜를 늘렸던 것이다.

상례를 행하는 이유는 무엇일까? 자식으로서 은혜를 밝히는 것이다. 나를 낳고 길러주신 은혜를 말로 형용할 수 없으므로 옛 사람들은 단지 '호천망극(昊天罔極)'이라 하였고, 크게 천지에 빗대서 '하늘이 덮고 땅이 실은 정[天覆地載之情]'이라 말하였다.

평생 부모를 모시고 싶지만 이별할 수밖에 없는 것은 천리(天理)다. 비통한 마음 평생 잊을 수 없지만, 그런데 과거에는 상기(喪期)를 3년으로 정했다. 1년을 기한으로 천지는 변하므로 상례는 이를 기준삼은 것이며, 3년을 더한 것은 두텁게 보내려는 정으로 곱절을 채운 뜻이니 2년을 넘긴 25개월로 3년 상을 정한 것이다.

『논어』에서 재아(宰我)가 공자께 물었다. "삼년상은 기한이 너무 오래인 것 같습니다. 군자가 삼년이나 예를 지키지 못하면 예가 망쳐질 것이고, 삼년을 음악을 행하지 못하면 음악이 반드시 무너질 것입니다. 묵은 곡식이 없어지고 햇곡식이 이미 올라오며, 불씨 만드는

삼년시묘

나무도 [절기따라] 불을 바꾸니 [상례는] 1년이면 될 것 같습니다" 그러자 공자가 "쌀밥 먹고 비단옷 입는 것이 너에게는 편안하냐? 네가 편안하면 그리해라. 군자가 거상(居喪)할 때 맛있는 것을 먹어도 달지 않고, 음악을 들어도 즐겁지 않고, 거처해도 편하지 않기 때문에 그리하지 않는 것이니 지금 네가 편안하다면 그리해라" 재아가 밖으로 나가자 "재아가 어질지 못하구나. 자식이 태어난 지 3년이 지난 뒤에 부모 품을 벗어난다. 삼년상은 천하가 모두 행하는 상이니 재아는 그 부모에게 3년의 사랑이 있었는가?"

대개 천지 사이에 태어난 자로서 지각이 있는 동물이라면 동류(同類)를 사랑하지 않는 자 없다. 어떤 새나 짐승들은 그 무리나 짝을 잃었을 때, 달을 넘기거나 철을 넘기고도 반드시 돌아와서 한 바퀴 돌며, 그 고향을 지날 때면 반드시 빙빙 돌고 울부짖으며 발을 동동 구르다가 비로소 떠나간다 한다. 제비나 참새들도 잠시 동안이라도 지저귀며 울고 슬퍼한 뒤에야 떠나간다는데 사람이 이보다 못해서야 되겠는가? 아침에 죽었는데 저녁에 잊어버리는 자가 있다든가 삼우제(三虞祭)를 끝으로 상기(喪期)를 마치는 것으로 생각하는 사람이 있다면 이런 사람은 금수보다도 못한 사람일 것이다.

보통 부모의 상사를 당한 것을 정우(丁憂), 혹 정간(丁艱)이라 하니 정(丁)은 '이룰 성(成)'자를 뜻한다. 『주역』 고괘(蠱卦)에서 근거한 것이라 볼 수 있으니 지면에서 세세히 설명할 수는 없고, 다만 '아버지의 변고(變蠱)를 자식이 계승해서 이루어 나가는 뜻이라 하겠다. 왕릉 앞의 정자각(丁字閣)이 이러한 예다.

사람은 태어나는 자리도 선하게 태어나야 하지만 돌아가는 그 자리도 선하게 가야 한다. 선시(善始)·선종(善終)이라 할까 그래서 군자는 시종(始終)을 귀(貴)로 삼는다. 하지만 태어나는 자리는 부모가 잘 만들어 줘야 할 것이고, 가야하는 그 자리는 자식이 두터운 정으로 보내야 할 것이다.

또 사람은 갔지만 그렇다고 아주 간 것도 아니다. 자식이 있고 후손이 있으니 나의 정신은 후손에게 이어지는 것이다. 한 그루 나무의 열매가 열었을 때, 비록 그 나무가 죽었다 할지라도 씨앗이 있으면 그와 똑같은 나무가 생하는 이치다.

흔히 사람들은 사후의 세계, 혹은 내세가 있다고 하지만 굳이 생각할 필요는 없다. 자식이 바르게 살고 유복하게 살 수만 있다면 그것이 바로 고인이 가는 길이요 영생의 길이다. 가신 분 천도하겠다고 후손들은 염원하지만 염원한다고 될 일인가? 그저 자손인 내가 선을 행하고 복덕을 베푼다면 고인의 극락왕생은 바로 그 가운데에서 이루어질 것이다.

기혼자의 전통상복   미혼자의 전통상복

팔자八字는 칠자七字로 고쳐라

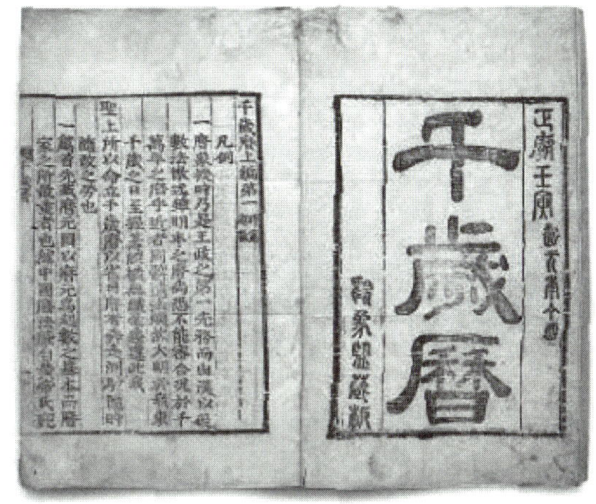

천세력

　　예로부터 '팔자(八字)를 칠자(七字)로 고쳐라'는 말이 있다. 팔자는 사주
팔자(四柱八字)를 말한다. 사주(四柱)는 사람이 태어난 연월일시가 마치
네 개의 기둥[柱]처럼 박혀 움직일 수 없다 해서 붙여진 것이고, 팔자(八
字)는 각 기둥 마다 간지(干支)가 두 글자씩 들어가기 때문에 팔자(八字)
라 한 것이다. 태어날 때 주어진 사주팔자를 갖고 정해진 운명처럼 사람
들은 받아들여 왔다.

　　그런데 이 팔자를 칠자로 고치라는 것이다. 운명은 정해져 있다 했건만
고치라는 것은 웬 말이며 칠자(七字)는 또 무슨 뜻인가?

결론부터 말하자면 칠(七)은 경(庚)자를 가리킨다. 자전(字典)에서는 '일곱째 천간 경'이라 쓰여 있다. 십간(十干: 갑을병정무기경신임계) 중의 하나이며 갑(甲)에서부터 세어서 일곱 번째에 위치한 것이 경자(庚字)이기 때문이다.

십간의 글자들이 모두 심오한 뜻이 있지만 특히 경(庚)자는 비밀스런 내용을 많이 담고 있다. 경(庚)자는 시대가 흘러 자획(字劃)이 많이 변천되었지만 자원(字源)은 천간[干]을 양 손으로 잡고 있는 모습이다.

십간의 첫 머리로 쓰이는 갑(甲)은 밭 속에 있는 씨앗이 뿌리는 내렸지만 아직 껍질을 뒤집어 쓴 모습으로 동방 목(木)으로서 선천의 시작을 이루며 만사만물의 시초를 의미한다. 그러나 세상만사는 처음 시작할 때는  깨끗하지만 시간이 흐르면 부패하는 법! 갑목(甲木)도 역시 때가 지나면 부패하므로 혁신(革新)해야 함은 정해진 이치[定理]다.

부패한 갑목을 새로 고치는 것이 바로 경(庚)이다. 때문에 경자는 '고칠 경(更)'자와 뜻이 통한다. 그래서 '갑을 경으로 고친다'고 하지만 본질을 변화시키는 것은 아니다. 고칠 것[革]은 고치고 계승할 것[因]은 계승해서 인혁(因革)의 적절함을 추구하는 것이 경(庚)자의 뜻이다.

또한 갑목을 고쳐서 다시 시작함이 경이므로 시작(始作)을 삼는다는 점에서 갑과 경을 같은 뜻으로도 본다. 나이가 같은 동갑(同甲)내기를 동경(同庚)이라 부르는 것도 이 같은 이유에서다.

경은 이외에 더욱 깊은 뜻을 간직하고 있다. 경은 방위로는 서방(西方)이고, 오행으로는 금(金)이고, 계절로는 가을을 의미한다. 한 그루의 나무, 한 사람의 일생뿐만이 아니라 이 세상의 순환하는 모습도 일년(一年)

사계절로 비유할 수 있다. 십간(十干)도 마찬가지다.

봄과 여름을 선천(先天)이라 하고 가을 겨울을 후천(後天)이라 하니 선천은 생장(生長)을 주장하고 후천은 결실을 주장한다. 봄은 선천의 시작이므로 갑(甲)은 선천의 시작이 되고, 가을은 후천의 시작이므로 경(庚)은 후천의 시작이 된다.

사람들은 이제 후천시대가 되었다고 말하고 있다. 경(庚)이 주장하는 시대가 왔다는 것이다. 후천시대는 천명에 순응함 보다는 인간의 노력이 더욱 요구되는 시대다. 인간의 노력여하에 따라서 미래사는 아름다워질 수도 있고 추해질 수도 있다는 것이다.

사람의 일생이 살아가면서 얻어지는 길흉을 어찌 여덟 글자 속에서 다 설명할 수 있으랴! 팔자 속에 인생사가 전부 들어 있으려니 오해해서도 안 되고, 미래사가 정해졌거니 생각해서 의지해서도 안 된다. 그렇다고 필자가 사주의 용격(用格)을 부인하는 것은 아니고, 다만 사주 유신(唯神)의 지나친 맹신을 경계시키려는 것이다.

중용에 '명이란 항상하지 않는다[惟命不于常]'했다. 천명은 정해져 있는 것이 아니란 뜻이다. '큰 덕을 쌓는 자는 반드시 명을 받는다[大德者 必受命]'했다. 노력하는 자에게 천명이 온다는 것이다. 역대의 성현 모두가 천도의 숙명(宿命)을 노래하지 않고 인사의 노력을 강조한 것이다.

또한 경은 오행으로는 금(金)이 된다. 경금(庚金)은 선천의 갑형(甲型)을 후천의 을형(乙型)으로 종혁(從革)하라는 비결의 뜻을 간직하고 있다. 선천의 갑목은 불에 타면 없어지지만 후천의 경금은 불에도 타지 않고 영생불멸할 수 있다.

언제부터 전해져온 속담인지는 모르지만 '팔자를 칠자로 고쳐라'는 말

은 '갑을 경으로 고치라'는 뜻이다. '팔자를 칠자로 고치든지 무슨 수를 내
야겠다'는 말, 대개는 사주팔자도 고칠 수 있다는 단순한 말도 되지만 크
게는 선천에 갑(甲)꼴의 운세로 태어난 팔자를 후천에는 칠자의 경금으로
고쳐서 새 시대를 위한 종자(種子)로 남으라는 비결의 말인 것이다.

중추가절仲秋佳節 한가위

『천자문』에 '추수동장(秋收冬藏)'이란 구절이 있다. 초목이 시들어가는 서글픈 시절이기도 하지만 한편으론 수확의 기쁨을 누리는 때가 추석이다. 1년 농사를 기원하는 명절이 정월 대보름이라면, 추석은 농사를 마치고 수확의 기쁨을 생각하며 풍악을 울리고 신에 대한 감사 제사를 드리기 위한 명절이다.

들녘이 황금빛으로 출렁이는 때이므로 '벼 화(禾)' 변에 '불 화(火)'자를 쓰고, 한 해의 저물어가는 때이므로 '저녁 석(夕)'자를 썼다. 추석을 다른 말로 '한가위'라고도 부르는데, '한'이라는 말은 '크다'는 뜻이며, '가위'라는 말은 '가운데'라는 뜻의 옛말이다. 15일 보름이 달 가운데 있는 날이기 때문이다. 따라서 추석은 가을철 중간 달에 해당하므로 중추절(仲秋節) 혹 중추가절(仲秋佳節)이라 부르기도 한다.

풍성한 가을 들녘을 바라보면 왠지 마음이 푸근해진다. 새 곡식은 이미 익었고 가을 농작물을 추수할 때가 멀지 않았기 때문이다. 아무리 궁벽한 집안도 추석날에는 쌀로 술을 빚고 닭도 잡아먹는다. 차롓상에 오르는 안주나 과일도 분수에 넘치게 가득 차게 된다. 마음이 벌써 보름달 닮아서 풍요로워진 것이다.

우리 민족은 오랜 옛날부터 달을 사랑했고 달을 숭배했다. 계명동덕(繼明同德)하기를 달을 향해 기도했고, 시화년풍(時和年豊)하고 국태민안(國泰民安)하기를 달을 우러러 보며 천만축수(千萬祝手)했다. 달은 우리에게 생명을 부여하였고 우리의 삶을 일깨워왔으므로, 사람들은 달 모양의 떡을 만들어 '달떡'이라 부르며 달을 위했다.

이 달떡이 바로 차롓상에 시식(時食)으로 올리게 되는 송편이다. 중국에서는 만월을 상징하는 둥근달 모양의 월병(月餠)을 만들지만, 우리는 송편이라 하여 반월형의 떡을 빚는다. 찬 달은 기울어지고 기운 달은 다시 가득 차는 법, 수확의 풍요를 생각하며 하늘에 떠 있는 보름달과 같이 더도 덜도 말고 한가위 같기를 바라는 마음에서 초승달 모양의 송편을 만든 것이다.

추석절의 차례는 제사가 아니다. 우리가 흔히 말하는 제사라는 것은 축문을 읽고 삼헌(三獻)의 예를 갖춘 의례를 말하는 것인데, 차례는 무축단잔(無祝單盞)의 간단한 의례를 말한다. 차례라는 말이 『주자가례』에 보이는 것으로 보아 아마도 고려 말기에서부터 사용되지 않았나 싶다. 차례는 간단한 예를 행하는 것이므로 망참(望參), 절참(節參), 절사(節祀) 등으

로 부르기도 한다.

이제 며칠 후면 추석절 민족 대이동이 시작된다. 도대체 무슨 연유로 극심한 교통체증도 감수해가며 귀향길에 오르는 것일까? 아마도 우리들의 귀소(歸巢) 본능(本能) 때문이리라. 조상을 추모하는 차례를 중심으로, 부모님을 찾아뵙고, 친척, 고향 친구들을 만나면서 얽히고 설켰던 사회생활 속에서 벗어나 잠시라도 마음의 휴식처로 삼기 위함일 것이다.

민속은 한 민족의 과거 생활을 보여주는 삶의 양식이라 말하지만 이는 단지 전통문화만을 의미하지는 않는다. 우리들의 삶을 윤택하게 하는 문화의 한 부분이 되며, 미래의 새로운 전통을 만들어 갈 수 있는 원동력이 되기도 한다. 그러나 문화의 전승은 사람을 통해서 이어진다. 마치 섶으로써 불을 전하듯(以薪傳火) 문화의 전통은 계승하는 속에서 생명력을 갖게 되고 발전할 수 있는 것이다.

시대가 시대이니만큼 지금은 전통문화가 거의 단절되다시피 했지만, 다가오는 추석명절에는 한번쯤 전통의 의미를 다시 생각할 수 있는 계기를 마련해야겠다. 전통을 되새기는 마음으로 추석명절을 지낸다면 좀 더 가정의 화목을 돈독히 할 수 있음은 물론 사회를 윤택하게 하는 데에도 큰 역할을 할 수 있을 것이다.

무엇이든지 알아야만 뜻이 성실해지는 법이다. 추석의 의미를 알고 난 뒤, 차례를 지내고 성묘도 하며 친척들 이웃들과 마주 대한다면, 모처럼 맞이하는 추석명절은 보다 의미있고 보람있는 시간이 될 것이다.

세일사 歲一祀

안동김씨 재실

『시경』에 '밤이 새도록 자지 않고 두 분 부모를 생각한다[明發不寐 有懷二人]'는 글이 있다. 자식의 부모를 그리는 애절한 정을 표현한 것이다.

부모가 돌아가시면 자식은 종신(終身)토록 제사를 지낸다. 이 제삿날을 기일(忌日)이라 한다. '꺼릴 기(忌)'자로 표현한 이유는 이 날이 흉한 날이어서가 아니다. 오직 부모만을 추모하고 일체의 다른 일을 꺼리라는 뜻이다.

살아 계실 적에 봉양하는 것은 물론이려니와 돌아가셨을 때도 추모의 정을 끊지 않는 것이 자식으로서의 도리다. 돌아가신 분을 추모하는 정(情)은 부모뿐이 아니라 시조(始祖)까지 이어진다. 고조(高祖)인 4대까지는 '봉사친(奉祀親)'이라 해서 돌아가신 날로 방안에서 기제(忌祭)를 지내고, 5대조부터 시조까지는 '친진조(親盡祖)'라 해서 조상 묘소에 가서 제사 지낸다. 묘소에 가서 제사를 지내므로 묘제(墓祭)라고도 한다. 그러나 일일이 성묘할 수 없으므로 재실(齋室)을 지어 그곳서 제사를 지내고 있다.

요즈음에는 기제를 폐하고 대신 묘제로 돌리는 집안이 많이 늘고 있다. 긍정적으로 생각해볼 수 있겠으나 한편으로는 조상을 추모하는 정이 갈수록 약해지는 것만 같아 씁쓰름하기만 하다.

이 묘제는 본래 없던 제도다. 고례(古禮)에서 제사라 하면 상제(喪祭) 외에 사시제(四時祭)가 있었는데 사시제가 없어지고 묘제가 생기면서 시제(時祭)를 대신하게 되었다.

그래서 묘제를 지금은 '시제' 혹은 '시사(時祀)'로 속칭하고 있는데, 일년에 한 번 지내므로 엄격히 말하면 세일사(歲一祀)라 불러야 할 것이다. 생각건대 묘제는 성묘가 발전된 것이며 기일과 관계없이 적당한 길일(吉日)을 택해서 지낸다. 보통은 해당 월 상정일(上丁日)을 택한다. 묘제는 대체로 춘추(春秋)로 두 번을 지내거나 택해서 한 번을 지내거나 하였는데 춘향(春享)은 바쁜 농사철 관계로 거의 없어지고 추향(秋享)으로 정착되었다. 그러나 이 또한 연원하는 바가 있다.

『주역』 곤괘(坤卦)의 글에 '서리를 밟으면 굳은 얼음이 이른다[履霜堅氷至]'했다. 서리는 절기로서 9월 중기(中氣)가 된다. 서리를 밟으면서 10월에 이르니 곤괘는 바로 10월 괘다. 10월은 초목이 모두 귀근(歸根)하는 때다. 초목도 귀근하는데 사람이 근본을 생각하지 않을까? 서리를 밟으면서 효자의 마음속에는 처량한 마음이 깃든다. 추워서가 아니라 만물이 영락하는 모습을 보고 돌아가신 조상을 연상하기 때문이다. 그래서 모두가 묘소를 찾아가 제사를 지내는 것이다.

효자가 조상을 생각함이 어찌 가을뿐이랴! 봄에는 비와 이슬이 내려 땅을 적시고 초목이 싹튼다. 이를 밟고서 효자는 반드시 두려워하고 삼가는 마음이 깃든다. 초목의 소생함이 마치 조상을 다시 뵙는 것과 같으므로 감격한 것이다. 그래서 봄에도 제사를 지낸다. 봄 제사에는 즐거운 마음으로 신령을 맞이하고 가을제사에는 슬픈 마음으로 신령을 전송하므로, 봄 제사에는 음악이 있고 가을제사에는 음악이 없다는 것이다.

대개 먼 조상까지 추모하는 것을 '추원(追遠)'이라 말한다. 추모라 함은 조상의 은혜와 덕을 기리는 것이다. 『예기』에 '돌아가신 분 섬기기를 살아계신 분 섬기듯 하라[事亡如事存]'는 글은 정성으로 제사를 받들라는 뜻이다. 정성들여 추모하는 것이 자손의 도리가 되는 것이다. "뿌리 없는 나무가 어디 있으며 조상 없는 자손이 어디 있는가?" 근본 없는 나무가 자랄 수 없듯이, 천리(天理)가 엄연히 존재한다면 조상을 잊고 살아가는 자가 잘 될 리가 있겠는가? 천부당만부당한 말이다.

한 그루의 나무로 비유컨대 땅 속에 묻힌 뿌리는 조상이요, 땅 위의 줄기와 지엽은 자손이라 할 수 있다. 나와 조상은 별개의 독립체가 아니라 한 그루의 나무와 같이 서로 연결되어 있다. 뿌리를 북돋으면 지엽은 저절로 무성하겠지만 뿌리를 자르면 이 나무는 서서히 고사할 것이다. 오늘날 전통을 단절하고 조상을 잊고 살아가는 사람들에게 음력 10월의 세일사 행사는 한 방울의 생명수라 할 것이다.

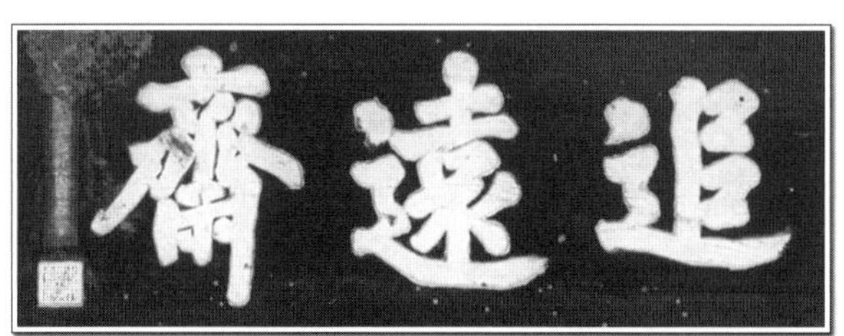

서리 밟으면 굳은 얼음 이른다

　　효는 덕의 근본이요 천리(天理)다. 조선시대만 해도 불효를 저지르면 향약의 규제를 들추기 전에 문중에서 들고 일어나 벌을 주었다. 예컨대, 작은 불효는 걸량(乞諒)이라고 하여 용서를 비는 것으로 그쳤으나 잘못이 중할 때는 사당 앞에 사흘 동안 세워두기도 했고(立庭), 조상의 무덤 앞에서 종아리를 때리거나(祖上鞭), 족보에서 아예 빼버리기까지(黜譜) 하였다.

　　자기 부모를 사랑하지 않으면서 남을 사랑하는 자를 패덕(悖德)이라 했고, 자기 부모를 공경하지 않으면서 남을 공경하는 자를 패례(悖禮)라 말했다. 말하자면 패륜자(悖倫者)다.

조상의 음덕과 부모의 은덕으로 내 한 몸 태어났고, 이 몸 또한 자식 있고 후손이 계승하는 한 나의 정신은 영원히 이어지는 것이니 영생(永生)이 별것인가? 자식이 있고 후손이 계승한다면 그것이 나의 영생인 것이다.

과거와 현재와 미래가 나뉘지 않았듯이 부모와 나와 자식은 독립적 개체가 아니요 종속적 관계다. 그야말로 동기지간(同氣之間)이요 일체(一體)다. 나를 중심으로 대(代)를 이어 맺혀지는 관계는 천성(天性)이며 모두가 인연(因緣)으로 맺어진 것이다. 끊으려 해도 끊을 수 없는 관계 속에서 자식이 효(孝)를 행해야 하는 것은 천륜(天倫)이요 당연한 것이지만 인연의 귀결점은 항시 좋게 이루어지는 것만은 아니다. 잘못 맺게 되면 큰 악(惡)으로 결과가 이루어질 수도 있다.

옛 글에서 말하는 바와 같이 효순자(孝順者)는 효자를 얻을 것이고, 패륜자(悖倫者)는 불효자를 얻을 것이니 누구를 탓하겠는가? 낙숫물 떨어지는 모습을 보면 그 이치를 알 것이라 하였다.

『주역』 곤괘(坤卦) 초효(初爻)에 '서리를 밟으면 굳은 얼음이 이른다[履霜堅氷至]'하였다.

여름철의 무성한 초목이 가을되면서 낙엽지기 시작하는 것은 서늘한 음기(陰氣)로 인해서이다. 양기는 만물을 살리지만 음기는 만물을 죽이므로 서리가 내리면 초목은 시든다. 처서(處暑)가 지나면서부터 음기는 이슬[露]이 되고 서리[霜]가 되고 결국 굳은 얼음[氷]에 이른다. 이슬[露]은 '비 우(雨)'변에 '길 로(路)'자를 썼으니 길 위

삼강행실도

에 물기가 촉촉이 적셔지는 뜻이고, 서리[霜]라는 글자에 '볼 상(相)'자를 쓴 것은 음기가 비로소 백색(白色)으로 엉긴 모습을 보게 됨[相]을 취한 것이다. 음기는 만물을 죽이는 것이요 초목 위에 하얀 서리가 덮여 있는 모습을 연상해서 초상에 하얀 소복을 입는 것이니 그래서 허신은 『설문해자』에서 '상(霜)은 상(喪)이라'하였다.

'이상(履霜)'의 구절을 두고 공자는 설명을 덧붙였다. '선을 쌓은 집안에 남은 경사가 있고(積善之家 必有餘慶) 불선을 쌓은 집안에 남은 재앙이 있다(積不善之家 必有餘殃)' 진리의 어긋남은 추호도 없으나 '서리 밟으면 굳은 얼음이 이른다'는 말처럼, 선악의 결과는 점차 쌓아서(積) 이루어지는 것이다. 이 구절에서 선(善)이란 천도를 계승하는 뜻이요 여(餘)는 자손(子孫)에게 미치는 것이다.

적선-선조어필

'선업(善業)엔 선과(善果)요 악업(惡業)에는 악과(惡果)라' 했듯이 조상의 음덕으로 내가 복을 받고 나의 적덕(積德)이 후손에게 미치는 것은 필연이다. 세상일은 연고 없이 갑자기 닥쳐오는 것이 아니고 연결고리가 이어져 있는 것처럼 원인이 쌓이고 쌓여서 결과가 이루어지는 것이다.

'서리를 밟으면 굳은 얼음이 이른다'는 단순한 사실은 다 알지만 내 마음 속에 바르지 못한 한 생각이 싹텄을 때 이것이 장차 큰 화를 불러일으킬 줄은 알지 못한다. 신하가 인군을 죽이고(臣弑其君), 자식이 아비를 죽이는(子弑其父) 천인공노(天人共怒)할 패륜(悖倫)이 하루아침 하룻저녁의 불화로 이루어진 것이 아니다.

어느 날 부부 사이에 사소한 말다툼이 생기기 시작할 때, 자식이 아비의 말을 듣지 않기 시작할 때 이것이 바로 서리를 밟는 때다. 갈등의 조짐이 보이기 시작할 때 이를 바로잡지 못하면 결국에는 상대를 죽이기까지에 이른다. 부자간에도 그러한데 하물며 타인에 있어서랴! 이것이 바로 굳은 얼음에 이르는 것이다.

세상이 어찌어찌 하다 보니 자식이 부모를 죽이는 극악무도한 사건이 벌어져도 사람들은 사회만 탓하지 자신은 반성을 안 하는 것 같다.

그것은 남의 일이요 혹여 내 집에서 일어나랴! 오직 돈 버는 것만이 지상의 목표이기에, 자식에게 조차도 '훌륭한 사람, 도덕군자가 돼야 한다'는 가르침보다는 '부자가 되라'를 강요하는 가정과 사회! 이러한 생각이 계속 일관된다면, 저 일이 지금은 내 일이 아니지만 머지않아 내 집안에서도 반드시 벌어지고 말 것임을 각골명심해야 할 것이다.

별전-忠孝傳家詩書敎子

칠성七星의 정기精氣 타고난 백호白虎

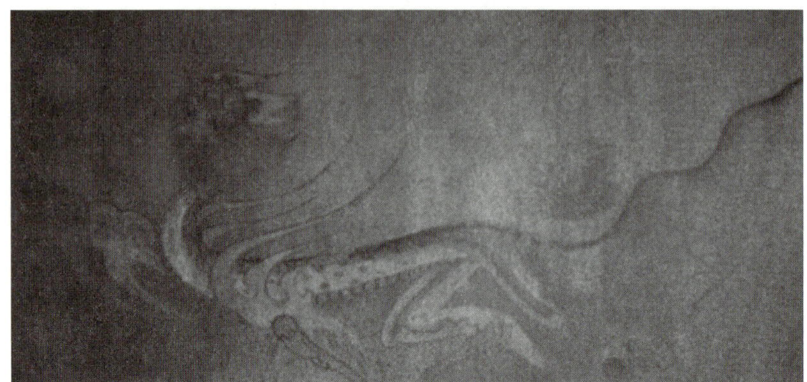

백호도-고구려고분사신도(강서대묘)

2010년은 경인(庚寅)년! 범의 해다. 범이 갖는 위명(威名) 때문인지 더욱더 올해의 운세를 궁금해 하는 사람들이 많다. 아마도 간지(干支)를 사용하는 민족들의 풍속이리라.

혹자는 범을 호랑이라고 부르는데, 호랑(虎狼)은 '이리 닮은 범'이란 뜻이니 범의 덕을 숭상한다면 가급적 사용하지 않는 것이 옳을 듯싶다. 범은 인(仁)과 의(義)를 겸비한 동물이지 이리처럼 잔혹하거나 음흉하지 않기 때문이다. 범을 숭배한 민족은 많지만 우리민족처럼 지극히 신성시한 나라는 별로 없을 것이다. 아마도 우리나라는 산이 많고 산에는 백수(百獸)의 왕인 범이 살기에 숭배했는지 모른다.

『주역』에서는 간괘(艮卦)를 동북(東北)방에 두고 산을 상징하는데 간괘(艮卦)의 상으로 또한 범[虎]자를 취하고 있다. 범은 산에 살기 때문이다.

간방은 지리적으로 우리나라를 가리킨다. 과거 천하의 중심지였다는 낙양(洛陽)을 중심으로 패철을 놓고 보면 동북 간방에 우리나라가 닿는다. 간방은 곧 인방(寅方)과 동궁(同宮)이므로 간괘로 우리나라를 붙이고 이해한다면, 산과 범과 우리나라는 불가분의 관계가 있다.

격암 남사고나 고산자 김정호는 우리의 국토가 범을 닮았다며

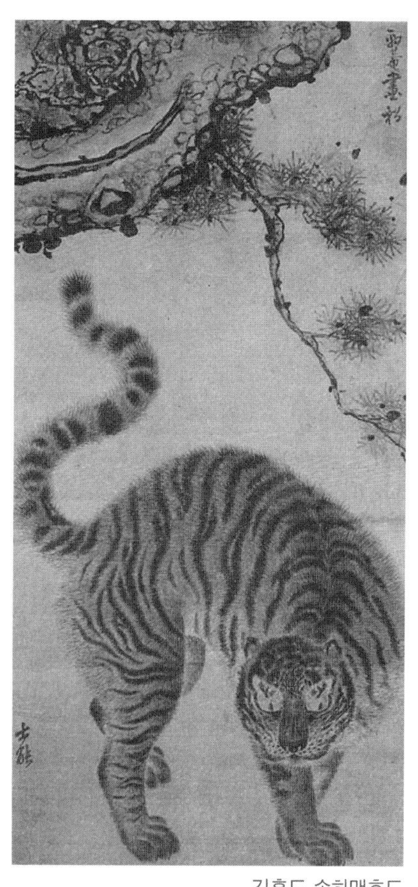

김홍도-송하맹호도

백두산은 범이 앞발로 연해주를 할퀴는 형상이라 했다. 영일만의 튀어나온 곳을 호미곶(虎尾串)이라 한다. 최남선 선생의 말대로 '조선은 호담국(虎談國)'이라 할 만큼 우리민족이 범을 신성시 여겨 온 것을 당연하게 받아들였다.

혹자는 북두칠성의 정기가 흩어져서 범이 되었다 하고, 그래서 산군(山君)이라 해서 산신령으로 받들어 모시는가 하면, 사신도(四神圖) 속에서도 백호(白虎)는 서방을 다스리는 신수(神獸)로서 호신(護身). 호국(護國)

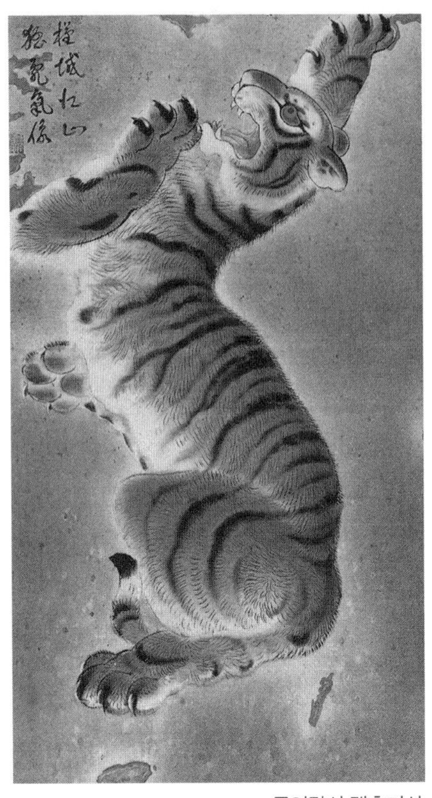

근역강산 맹호기상

적 의미로 신성시하고 있다.

범은 백수(百獸)의 왕이요, 지지(地支)로서 인(寅: 범)은 동방이며 절기(節氣)의 으뜸이 된다. 새해인 봄의 첫 달이 되기 때문이다. 그래서 인군(人君)을 상징하기도 한다.

조선왕조실록에 사인검(四寅劍)을 제작한 기록이 있는데 사인검(四寅劍)은 인년 인월 인일 인시에 제작한 것으로 군왕이 소장하는 것이고, 삼인검은 나라에서 사대부 집안에 하사하였다. 연월일시 모두 인(寅)을 택한 이유는 인(寅)은 양(陽)이 충만한 화국(火局: 寅午戌)의 장생지지(長生之地)이며, 범은 산중(山中)의 왕으로 벽사(辟邪)의 뜻이 담겨있기 때문이다. 언뜻 평범해 보이지만 이 칼에 일월성신(日月星辰)의 정기를 부여하면 벽사나 수신은 물론 신(神)도 부릴 수 있는 비상한 칼이 된다.

『주역』에서 용(龍)과 호(虎)는 천자(天子)를 상징한다. 주역은 상경(上經)과 하경(下經)이 있는데, 상경은 용으로 하경은 범으로 천자를 설명하고 있다. 용은 호생(好生)의 덕을 상징하고 범은 숙살(肅殺)의 위엄을 상징하고 있으니 용덕은 선천의 봄에 나타나고 범의 위용은 후천의 가을에

충만하다. 사신도(四神圖)에 그려진 '동방청룡'과 '서방백호'는 이런 의미를 둔 것이다.

그렇다면 인(寅)은 동방에 위치하는데 사신도에서 백호를 서방에 둔 이유는 무엇인가? 범은 동방의 양기가 충만한 동물이므로 태어나기를 소양수인 7개월에 응한다. 그러나 또한 금정(金精)이 있으므로 서방의 살륙(殺戮)의 위엄이 있다. 즉 동방의 인(仁)과 서방의 의(義)를 겸했으므로 호피(虎皮)에 음양의 얼룩무늬가 있는 것이다.

7월의 입추가 되면 범은 털갈이를 한다. 이를 호변(虎變)이라 한다. 범의 소리가 계곡을 울리고 숙살(肅殺) 바람이 불어온다. '호변'을 주역에서는 천자(天子)가 변화하는 뜻으로 해석한다. 천자, 즉 윗사람이 변화해야 세상이 변한다는 것이다.

경인(庚寅)년을 지지로 굳이 풀이하자면 경(庚)은 금(金)이요 인(寅)은 화국(火局)의 장생지지다. 경금은 불속에 들어가야만 형체를 바꿀 수 있으니, 올 해는 뜨거운 불에 달궈져 경금(庚金)이 변혁하는 해라 할 수 있다.

경인년 운세는 이러하건만 세상사는 운수(運數)만으로 이루어지는 것이 아니요, 사람의 노력이 그 때에 부합해야 이루어지는 것이다.

『주역』 건괘(乾卦)에 '구름은 용을 따르고 바람은 범을 따른다[雲從龍風從虎]'했다. 용과 범은 성인이요, 구름과 바람은 현인의 상징이니 성인이 출세함에 현인이 보필한다는 뜻이다. 그야말로 대인(大人)이 호변(虎

變)하듯이 윗사람이 변하면 아랫사람은 자연히 따라 변하고 세상 또한 변할 것이다. 예로부터 세상이 어질지 않으면 용이 숨고, 의리를 상실하면 백호가 출현하지 않는다 했다. 과연 백호의 수리(數理)가 세상에 응할까 궁금하다.

하필왈리何必曰利잇고

맹자상

맹자가 양혜왕을 뵈었다.

왕이 말하기를 "노인께서 천리를 멀리 여기지 않고 오셨으니 또한 장차 우리나라를 이롭게[利] 할 바가 있겠습니까?" 그러자 맹자가 "왕은 하필 이(利)를 말씀하십니까[何必曰利]? 인의(仁義)가 있을 뿐입니다. 왕께서 어찌하면 내 나라[吾國]를 이롭게 할까 말씀하시면, 대부는 어찌하면 내 집[吾家]을 이롭게 할까 말하며, 사(士)와 서민(庶民)들은 어찌하면 내 몸[吾身]을 이롭게 할까 해서, 윗사람과 아랫사람이 서로 利를 취한다면 나라가 위태로울 것입니다.

만승(萬乘)의 나라[천자]에 그 인군을 시해하는 자는 반드시 천승(千乘)

의 집[제후]일 것이요 천승의 나라에 그 인군을 시해하는 자는 반드시 백승(百乘)의 집[대부]일 것이니, 만승이 천승을 취하며 천승이 백승을 취함이 많지 않은 것은 아니지만 만약에 義를 뒤로 하고 利를 먼저 내세운다면 그 인군을 시해하고 다 빼앗지 않고서는 만족해하지 않을 것입니다. 어진데 그 어버이를 버리는 자 있지 않으며, 의로운데 그 인군을 뒤로 하는 자 있지 않습니다. 왕은 역시 인의를 말씀하실 따름이니 하필 利를 말씀하십니까?"

맹자는 양혜왕의 말 중에 이(利)라는 한 글자로 꼬집어서, 윗사람은 그저 인의(仁義)를 말해야지 절대로 이(利)를 말해서는 안된다고 일침을 놓은 것이다.

맹자의 이 한마디 말은 후세의 학자들에게 중요한 가르침이 되었다. 대개 맹자가 말한 인의(仁義)는 천리(天理)로서 공(公)을 말하고, 이(利)는 인욕(人慾)으로써 사(私)를 말한다. 義를 따르면 너와 나 모두가 이(利)롭지만, 이(利)만 집착하면 결국 자신을 해치고 세상을 해치는 꼴이 된다. 의(義)와 이(利)를 상반적으로 본 것이다.

『사기(史記)』를 지은 사마천도 이 구절에 이를 때마다 잠시 책을 덮지 않을 수 없었다고 할 만큼 진실로 이(利)는 난(亂)의 시초가 된다 할 것이다.

그런데 利는 지나친 욕심 때문에 그런 것이지 본래는 좋은 뜻이다. 하늘이 만물을 생함도 결국 利다. 사람 사는 사회도 利를 추구하는 가운데에서 이루어진다.

주역은 건괘(乾卦)를 원(元), 형(亨), 이(利), 정(貞)이라 했는데, 모두가 利를 표현한 뜻으로 볼 수 있다. 봄에 만물이 소생하니 즉 利를 시작하는 것이요, 여름에 만물이 형통하니 利를 기르는 것이요, 가을에 성숙하고 수확하니 利를 이루는 것이요, 겨울에 만물이 땅속으로 들어가니 利를 지키는 것이다.

인간의 생활 역시 모두 利를 추구하는 데에서 비롯되므로 주역에서 利를 강조하는 것이다. 그런데 참 묘하다. 利 때문에 사람은 생(生)하고 利 때문에 사람은 망하게 되는데, 자신만을 위해서 이를 추구하면 결국 불리하게 되고, 세상과 함께 利를 추구하면 결국 이롭게 되니 말이다. 그래서 세상이 모두 이로울 수 있는 길로 공자는 의(義)를 제시했다.

공자는 건괘(乾卦)의 利자를 義로써 설명하였는데, 義를 기초삼아서 利를 추구해야만 모두가 이로울 수 있다는 은근한 가르침을 편 것이다.

그렇다면 義는 무슨 뜻인가? '마땅할 의(宜)'자와 같다. 맹자는 '수오지심(羞惡之心)'을 義의 단서라 했다. 내가 잘못했으면 부끄러워[羞]할 줄 알고 남이 잘못했으면 미워[惡]할 줄 아는 마음, 자신만이 아니라 남도 마땅하게 대할 줄 아는 마음이 의로운 마음이라는 것이다.

각각 분수에 맞게 처신하고 분수에 맞게 상대를 대할 때 그런 사람을 의로운 사람이라 하고 사회가 의로움으로 충만할 때 그런 사회를 정의로운 사회라 하니, 진실로 義는 아름다운 사회를 이룰 수 있는 덕목이요 관문(關門)이라 할 것이다.

그러나 이 같은 글을 쓰다 보면 간간히 탄식하지 않을 수 없다. 세상이 온통 이익만을 추구하는 시대, 정치인은 말할 것도 없고 소위 지식인이라 자처하는 사람들 조차도 義는 아예 안중에도 없고 오로지 이해에 얽매어 좌지우지하는 세태 속에서, 이 같은 글이 무슨 소용이 있을까? 세인들은 냉소하지 않을는지…. 가끔은 의심이 된다.

별전- 인의예지

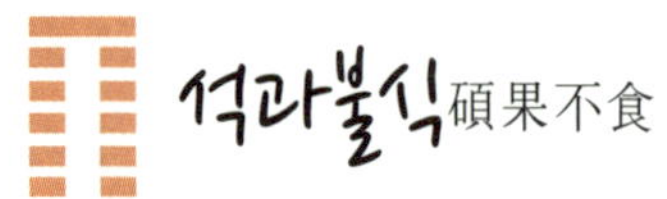

석과불식 碩果不食

까치밥-석과불식

　세상이 모두 이해(利害)에 집착하고 의리(義理)를 무시하고 있다. 이해에 밝은 자를 소인이라 하고 의리에 밝은 자를 군자라 하니, 지금은 말하자면 소인이 득세(得勢)하고 군자가 드문 세상이라고나 할까?

　이런 세상을 괘로 표시하자면 무슨 괘가 적절할까? 모든 괘로도 설명이 가능하겠지만 우선 떠오르는 괘가 박괘(剝卦:☶☷)다. 박괘는 다섯 음이 아래에 있고 하나의 양이 위에 거처하고 있다. 음이 많고 양이 홀로 있으니 외로운 모습이다.

　박(剝)은 박락(剝落)의 뜻이다. '근본 록(录)'자에 칼 도(刀)를 합하였다.

칼로 다 깎아 버리고 근본만 남겨놓은 모습이다. 본래가 양으로 가득 찬 건괘(乾卦: ☰ ☰)에서 온 것인데 악한 음이 생겨서 선한 양을 깎아 먹고 양 하나만 남겨놓은 모습이다. 양심 하나만 남겨놓았을 뿐이지 욕심으로 가득 차 있다는 뜻이다.

그런데 괘상(卦象)이 산[☶]이 위에 있고 땅[☷]이 아래에 있다. 땅 위에 산이 홀로 솟아 있는데 주변이 지탱해 주지 않으니 자꾸만 깎아 내리는 모습이다. 괘상이 이러하니 산이 깎이지 않으려면 아래를 두텁게 해야 한다. 그래야만 작게는 집안이 편해지고 크게는 사회가 안정할 수 있다.

『서경』에 '백성은 오직 나라의 근본이니 근본이 견고해야 나라가 평안하리라[民惟邦本 本固邦寧]'하였다. 역시 같은 맥락이다.

여름에 무성하던 나무가 가을 음기(陰氣)로 낙엽지고 박락(剝落)하기 때문에 서리가 내리는 음력 9월을 박월(剝月)이라고도 말한다. 음이 많고 양이 외로운 시절이니 소인배가 득세하고 군자 홀로 외로운 때다. 이 같은 때에 군자가 세상에 나가는 것은 불리(不利)하다. 세상에 나간들 뜻을 펼칠 수 없기 때문이다.

자벌레가 몸을 구부리는 것은 장차 몸을 펴기 위함이요, 가을에 뱀이 땅속에 칩거함도 몸을 보호하기 위함이요 봄에 다시 활동하기 위해서다. 소식(消息)하고 영허(盈虛)함이 천도의 순환하는 이치인 만큼 때를 따라서 움직이라는 것이 박괘에서의 설명이다.

박괘는 음효 위에 양효 하나가 있다. 나뭇가지 위에 과일이 달려 있는 상이다. 박괘 끝 구절에 '큰 과일은 먹지 말라[碩果不食]'했으니, 시골 나무 위에 달려 있는 한 개의 감을 '까치밥'이라 하여 먹지 않고 남겨놓은 것이 이유가 있다.

과일 속 씨앗[仁]은 천지(天地)가 생생(生生)하는 마음이 담겨 있다. 과일을 먹지 않으면 땅에 떨어져 썩을 것이고, 그 씨앗은 때가 되면 싹(仁) 틔우고 온 세상 봄을 이룰 것이다.

하늘은 만물을 다 죽이지 않는 법이다[天無盡殺之理]. 음양은 항상 공존하는 법, 인사(人事)가 천도와 다르지 않다. 씨앗이 다시 발아(發芽)하듯, 하나 남은 양심을 잃지 않고 간직해두면 반드시 천리를 회복할 날이 올 것이다. 세상이 소인배로 가득하고 군자를 찾아보기 힘든 이때 혹여 군자인 자가 있어서 그를 존숭한다면 머지않은 장래에 그는 세상을 밝히고 바르게 인도하는 자가 될 것이다.

먹지 않은 이 '석과(碩果)'가 세상을 살릴 수 있는 귀한 물건이 되는데, 박괘는 또한 석과를 수레[輿]로도 비유했다. 수레는 물건을 싣기 위한 것이다. 세상 만물을 실은 것이 땅이므로 땅을 '수레 여(輿)'자를 써서 여지(輿地)라고도 하고 감여(堪輿)라고도 한다. 땅이 백성의 상징이라면 수레 역시 백성을 상징한다. 따라서 '군자가 수레를 타는 것'은 백성이 군자를 받드는 뜻이다. 세상이 박(剝)한 때에 지식인이라면 수레를 얻어 도를 행해야 할 것이고, 세상을 구제해야 할 것이다.

옛날 공자는 수레를 타고 천하를 주유했다. 수레는 제자인 남궁경숙이 마련해준 것이다. 공자는 그 때문에 도(道)가 더 넓게 행해졌다고 말했다.

공자의 제자인 자로가 이웃나라에서 벼슬하게 되어 공자에게 하직인사를 올렸다. 그러자 공자가 "내가 너에게 선물을 줘야겠는데 수레(車)를 줄까? 아니면 한 마디 말을 해줄까?"하니 자로는 한마디 말씀 듣기를 청했다. 수레는 자신이 감당하기엔 과중했으므로 사양했으리라.

당송팔대가의 한사람인 소순(蘇洵)에게 소식(蘇軾: 호 동파)과 소철(蘇

轍) 두 아들이 있으니 이름자에 모두 '수레 거(車)'자를 썼다. 군자로서 세상을 위하는 사람이 되라는 뜻이다. 오늘날 과연 수레 위에 탈 사람이 누구일는지 자못 궁금하기만 하다.

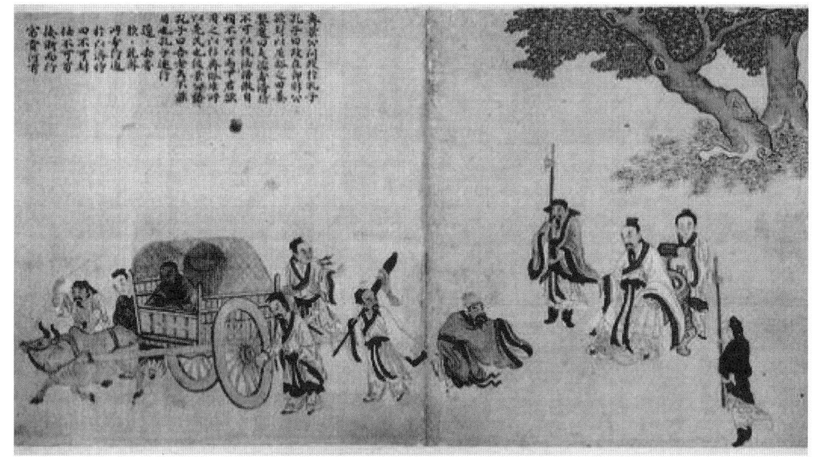

공자의 철환천하

삼복三伏과 경금庚金

개암사 산신각 - 오선위기(五仙圍碁)

7월은 음력으로 6월이다. 절기로는 소서(小暑), 대서(大暑)이며, 여름의 끝 계절이므로 계하(季夏)라 하는데 대개 장마와 더불어 오기 때문에 후 텁지근해서 불쾌감이 동반되기도 한다. 한편으론 혹독한 더위라는 뜻에 서 염천(炎天), 혹염(酷炎) 등으로 부르고, 사람을 여위게 하므로 수열(瘦熱)로도 부른다. 또 이때는 삼복(三伏) 기간이므로 복월(伏月)이라고도 부른다.

복날의 더위는 사람들이 기피하지만 농사에는 더없이 필요하다. 복중(伏中)에는 벼가 매일 한 살씩 먹는다 할 정도로 키가 쑥쑥 자란다. 벼는

줄기마다 마디가 셋 있는데 복날마다 한 마디씩 생기며 그것이 벼의 나이를 나타낸다는 것이다. 마디가 셋이 되어야 비로소 이삭이 나오게 된다.

아무튼 이때쯤 되면 사람들은 산이나 바다로 피서(避暑)갈 계획을 세우고, 더위에 지친 나머지 원기회복을 위해서 보양(保養)식품을 찾게 된다. 지금은 그러한 풍조가 많이 사라졌지만 농촌에서는 납량(納涼)으로 천렵(川獵)도 즐겼다. 삼복의 복(伏)자가 '개 견(犬)'자가 있어서인지 몰라도 복중에는 개들의 수난시기다. 사실 관련이 없는데도 말이다.

복날을 혹자는 '서기제복(暑氣制伏)'의 뜻으로 풀이하고 있지만, 복(伏)의 의미는 '복종시킨다'는 제복(制伏)의 뜻이 아니라 '숨는다'는 은복(隱伏)의 뜻이어야 한다. 다름 아닌 땅 속에 '경금'을 숨긴다는 뜻이다.

책력을 보면, 복일(伏日)을 초복(初伏), 중복(中伏), 말복(末伏)의 삼복(三伏)으로 나누었다. 초복에서 말복까지가 복중(伏中)이다. 복일은 하지(夏至) 후 세 번째 돌아오는 경일(庚日)을 초복으로 시작해서 10일 뒤인 다음 경일을 중복, 입추(立秋) 후 첫 경일을 말복일로 정하였다. 중복과 말복 사이는 말복이 입추를 반드시 지나야 하므로 20일이 경과하는 경우가 있다. 이때를 월복(越伏)이라 한다.

하여간 삼복은 경(庚)과 관련이 있으므로 '삼경(三庚)'이라고도 말한다. 그런데 삼복일을 경일로 정한 데에는 깊은 뜻이 있다. 경은 오행으로 금(金)이요 가을을 가리킨다. 큰 틀에서는 후천의 시작을 의미한다. 여름은 염천의 불(火)로 만물을 기르고 가을은 서늘한 금으로 만물이 결실을 이루는데, 하지 후부터 음기(陰氣)가 생하기 시작해서 입추가 지나 금기(金氣)로 만물이 열매를 맺게 된다.

가을철 수확의 즐거움은 금이 아니고서는 바랄 수가 없다. 하지만 금

(金)은 자체로는 쓸 수 없고, 용광로의 뜨거운 불 속에 들어가야만 용도에 맞게 쓸 수 있다. 불 속에서 달궈져야 경금을 갑(甲)꼴, 을(乙)꼴로 임의대로 만들어 쓸 수 있는 것이다. 이와 같이 금화(金火)가 사귀는 것을 금화교역(金火交易)이라 하고, 이러한 금의 성질을 종혁(從革)이라고 말한다.

사계절이 모두 혁신(革新)의 의미를 갖지만 특히 여름에서 가을로 넘어가는 그 사이는 금화(金火) 상극(相剋)으로 대변혁의 시기가 된다. 이때에 염천 더위 속에서 금은 한껏 달궈져야 한다. 하지 후 삼복에 이를 때까지 금을 성급하게 사용해서는 안 된다. 한 번 숨고 또 숨고 마지막 세 번까지 인내하면서 땅 속에 숨겼다가 입추 후에 꺼내서 쓰라는 뜻이다. 그래야만 가을철 수확의 즐거움을 누릴 수 있다는 것이다.

알든 모르든 사람들이 피서(避暑)하고 보신(保身)하려는 것은 장차 경금(庚金)을 쓰기 위함이다. 이것이 바로 상극을 상생으로 연결시켜 주는 비법(秘法)이며 옛날 선현들이 삼복제를 정한 비결(秘訣)인 셈이다. 작게는 삼복을 통해서 여름에서 가을로 무사히 넘어가는 원리를 설명한 것이지만, 크게는 선천에서 후천으로 넘어가는 이치를 밝힌 것이다.

음력과 양력의 겸용

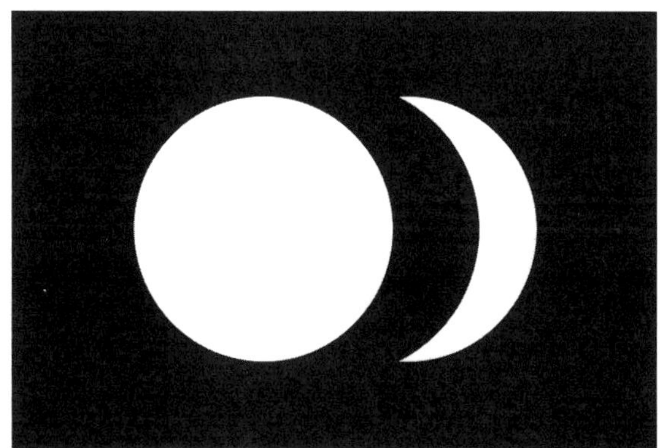

해와 달

그저 흘러가는 것이 세월이니 천도(天道)의 운행은 본말(本末)이나 시종(始終)이 없다. 그래서 하늘을 둥글게(○) 그리고, 둘이 아닌 하나라는 뜻으로 '한 일(一)'에 '큰 대(大)'자를 써서 천(天)자로 표시했다. 공자는 건괘(乾卦)의 덕(德)을 보고 "위대하도다 건(乾)이여[大哉 乾乎]"하며 찬양하였다. 하늘의 덕은 말로 표현할 수 없고 글로 형용할 수 없기 때문에 그냥 '대(大)'라고만 부른 것이다. 하늘[天]을 '큰 대(大)'자로 표현한 이유다.

하늘의 사시(四時)는 돌고 돌아 시작도 없고 끝도 없지만 사람 사는 사회에서는 종시(終始)를 중요하게 여긴다.

옛 고사에서 '주공(周公)은 가만히 앉아서 새벽을 기다렸고[坐以待旦],

공자(孔子)는 밤새도록 잠자지 않았다[終夜不寢]한다. 새로운 시대를 열은 주공은 새벽에 일어나서 새 날에 일할 것을 생각한 것이고, 도를 펴지 못한 공자는 한밤중에 앉아서 하루를 반성하고 내일을 기약한 것이다.

한 해의 마지막 날인 섣달 그믐밤을 제석(除夕)이라 하니 1년 동안 묵은 때를 깨끗이 제거하라는 의미에서 '제(除)'자를 붙였다. 등잔불을 바라보며 밤을 지새웠으니[守夜] 공자의 '종야불침(終夜不寢)'이 이 뜻과 유사할 것이다. 그리고 깨끗한 마음으로 새해를 맞이했다. '영신(迎新)' 혹은 '아신(迓新)'이라고도 말하니 다름 아닌 주공의 '좌이대단(坐以待旦)'의 의미로 이해하면 될 것이다.

성인의 미언대의(微言大義)를 전단(專斷)하려는 것은 아니고 다만 격에 붙이자면 그렇다는 뜻이다.

종시를 알고 사시의 운행질서를 알기 위해서 만든 것이 달력이다. 설들이 구구하지만 과거 역을 만든 사람을 복희씨라 하니, 복희씨가 일월성신(日月星辰)의 운행을 살피고 백성들에게 때를 알려주기 위해서 역(曆)을 만들었다 한다. 역(曆)을 제정함은 천시(天時)를 알게 하고 인사(人事)를 바르게 하기 위함이었다. 군이 천도를 알려는 이유는 세상사는 천도와 인사가 맞물려서 함께 나아가는 바, 알지 않으면 바르게 할 수 없기 때문이다.

천도는 하나이지만 인간세상은 종시를 나누듯이, 세상은 하나라지만 세상이 넓다 보니 사람들은 동양과 서양을 구분하고 있다. 대개 우리네는 동양인이고, 저쪽 사람들은 서양인이다. 풍토와 오랜 관습의 차이가 생기다 보니 저절로 구분이 된 것이다. 방위만이 아니라 시간도 마찬가지다.

우주는 유원(悠遠)하지만 과거, 현재, 미래의 시간이 없을 수 없다. 그래서 과거는 물론 미래까지 시간의 역사를 기록한 것이니 이것이 역(曆)이다. 다만 옛날의 자취를 기록한 뜻으로 역사(歷史)라는 역(歷)자로 쓰고, 미래의 자취를 기록한 뜻으로 책력(册曆)의 역(曆)자를 쓰지만 역(曆)과 역(歷)은 본래는 통용하는 글자다.

역(曆)중에는 천세력(千歲曆), 백중력(百中曆) 등 여러 가지가 있지만 1년의 자취를 기록한 것이 달력이다. 1년 중에 달이 지구를 12바퀴를 돌기 때문에 달력이 생긴 것인데, 12개월의 달력에는 음력(陰曆)과 양력(陽曆)이 있다. 음력은 달의 차고 기우는 모습으로 법칙을 삼고, 양력은 태양의 출입으로 기준을 삼는다. 과거 동서양이 서로 교통왕래하지 않았던 시절에 동양 사람들은 주로 음력을 사용하고, 서양 사람들은 주로 양력을 사용하였다.

그런데 일반적으로 동방은 양방이고 서방은 음방인 바, 동양인은 음력을 쓰고 서양인이 양력을 쓰는 이유는 무엇일까? 무릇 물리(物理)가 양(陽)을 체(體)로 삼는 자는 음(陰)을 사용하고 음(陰)을 체로 삼는 자는 양을 사용하는 법이다. 물과 불의 예로 들면, 물은 본래 양체지만 음으로 이루어지고 불은 본래 음체지만 양으로 이루어진다.

민력-임진년

남녀의 경우도 마찬가지다. 남자의 신체가 음도로 변화하고 여자가 양도로 변화함도 이 같은 원리다. 동양인이 음력을 사용하고, 서양인이 양력을 사용하는 이치니 이는 인위적이라기보다는 자연의 이치요 무슨 우열이 있는 것이 아니다.

이제 세상은 후천이 되었고, 동서가 서로 교통하는 시대가 되었다. 만법(萬法)이 귀일(歸一)하듯이 동서가 하나가 되고 모든 나라가 일가족이 되는 시대다. 본래가 천지는 일리(一理)요, 음양도 일기(一氣)니 음양간의 관계는 잠시도 떨어질 수 없는 것이다. 그래서인지 우리나라도 양력 설날과 음력 설날을 함께 쓰고 있다. 다만 시대가 서구화가 되어 양력만을 사용하고 음력을 점차 폐기하고 있으니 이는 올바른 문화유전이 아니다.

양력만 알고 음력을 모르면 때의 변화를 알 수 없고, 음력만 알고 양력을 모르면 이 또한 음력의 이치를 밝힐 수 없다. 그래서 옛날부터 1년에 12달을 둔 것도 태양력 사용에 음력을 감안한 것이요 태음력 사용에 24절기를 둔 것도 양력을 고려한 것이다. 이 양자를 합할 줄 알아야 진정한 문화창달이 이루어질 것이고, 인도(人道)는 바르게 서게 될 것이다.

양부일구

스티브잡스의 불효지죄不孝之罪

스티브잡스

애플의 최고경영자(CEO) 스티브잡스, 디지털시대의 지구촌이라 그런지 한 사람의 죽음에 세계는 애도의 물결로 범람하고 있다. 화면을 통해 그의 죽음을 지켜보면서 그의 죽음이 허무하지만은 않구나 하는 생각이 들었다. '인생은 부평초'요, '초로(草露)와 같은 인생'이라고 말하지만, 그에게는 적절치 않은 표현이요, 한편으론 영생의 의미를 이같은 삶으로도 표현할 수 있겠구나 라는 생각도 들었다. 육신은 사라졌지만 그의 이름은 영원히 살아남기 때문이다.

그가 창안했다는 애플의 로고도 참으로 흥미롭다. 사과 한 입 베어 문 잡스의 모습은 옛날 이브가 따서 먹었다는 그 사과를 연상케 한다. 다만

에덴동산에 있었던 사과는 금단의 열매였지만 잡스가 먹은 사과는 축복의 과일이라 하겠다. 어쩌면 잡스가 먹은 사과는 뉴턴이 보았다는 그 사과일 것이다. 시대에 따라서 사과의 가치를 이렇게 달리 보기도 하지만, 이브가 사과를 먹은 뒤 인류의 운명이 바뀐 것처럼, 잡스는 사과를 먹은 뒤 컴퓨터로 인류의 문명을 바꿨으니 사과는 선악의 상징물이 아니라 혁신(革新)을 의미하는 과일인 것 같다. 잡스를 '혁신의 아이콘'이라 별명을 붙인 것을 보면 참으로 적절한 표현이라는 생각이 들었다.

하여간 지금 세계는 그를 격찬하고 있지만 '세상에는 완전한 복이 없다[世無完福]'고나 할까? 뭐 하나 부러울 것이 없을 것 같은 그도 암으로 단명한 것을 보면, 조물주는 어느 한 인간에게만 만복을 다 주지는 않는 것 같다. 또 태어나자마자 부모에게 버림받고 남의 집에 입양됐으니 그의 삶이 행복했다고는 보기 어려울 것이다. 과격하면서도 날카로운 그의 성격은 이런 과정 속에서 형성되었을 것이다. 어쨌거나 다만 한 가지 아쉬운 면은 부모는 비록 자식을 버렸지만 이런 부모까지도 용서할 수 있는 잡스였다면 얼마나 좋았을까 하는 생각이 들었다. 잡스가 제[彼] 같은 정도의 사람이기에 하는 말이다.

부자지간(父子之間)은 천성지친(天性之親)이다. 물론 어려서부터 길러주고 사랑으로 가르치는 것이 아비의 도리요, 아비를 받들면서 뒤를 잇고 효도로 봉양하는 것은 자식의 도리다. 부모자식간이 모두 이래야 되겠지만 완전함을 바랄 수는 없고, 자식의 못난 경우도 여기서 일일이 말할 수는 없고, 다만 부모가 못났다고 해서 혈연의 정까지 끊으려는 것은 인간의 도리가 아니다. 끊으려 해서 끊어지는 것도 아니지만 내가 선(善)을 추구하는 사람이라면 그렇게 해서야 되겠는가?

여기에 『공자가어』에서 나오는 일화를 소개해야겠다. 증자가 외를 심다가 잘못해서 그 뿌리를 끊어 버렸다. 아버지가 노해서 큰 장대로 그 등을 쳤다. 증자가 땅에 엎드려서 맞다가 인사불성이 되었고 잠시 후에 깨어났다. 하지만 아무렇지 않은 듯이 일어나 아버지 앞으로 다가가서 말하기를 "아까 제가 아버지께 죄를 지었을 때 아버지가 힘을 써서 저를 훈계하셨는데 혹 병환이 있지 않으시겠습니까?"하며 물러나 방에 들어가서 거문고를 끌어당기고 노래를 불렀다. 자신의 몸이 건강함을 아버지로 하여금 알게 한 것이다.

공자가 이를 들으시고 노해서 제자들에게 말씀하시기를 "삼(參: 증자의 이름)이 오더라도 받아들이지 말라"하였다. 증자는 스스로 죄가 없다 생각하고 공자를 뵙기를 청했다. 공자가 제자들에게 "너희는 듣지 못했느냐? 옛날 고수(瞽叟)의 아들이 순(舜)이라는 사실을. 고수가 순을 심부름시킬 적에는 그 곁에 항상 있었지만 순을 잡아서 죽이려 할 때에는 뜻을 이룰 수가 없었다. 작은 매로 때리면 그대로 맞고 있다가 큰 매로 때리면 도주하곤 했다. 그래서 고수는 '아비가 아니라는 죄[不父之罪]'를 범하지 않았고, 순은 지극한 효[蒸蒸之孝]를 잃지 않았다. 그런데 삼은 아비를 섬기는데 아비의 폭노(暴怒)에도 몸을 맡기고 죽음에 이르고도 피하지 않았으니 만약 몸이 죽어서

증자(종성공)

아비를 불의에 빠뜨렸다면 이보다 더 큰 불효가 어디 있겠느냐?" 증자가
이를 듣고 "제 죄가 큽니다"며 공자에게 나아가 사과했다.

잡스의 아비가 아이를 버린 것은 분명 '불부지죄'를 범한 것이지만 잡스
가 좀 더 나은 사람이라면 아비의 무도한 죄를 구제해줬어야 했다. 이제
잡스는 아비를 끝내 용납하지 않았으니 아비는 영원히 '불부지죄'를 면할
수 없게 됐고, 잡스 역시 자식으로서 효도하지 못했다는 '불효지죄'를 면
할 수 없게 된 셈이다.

순임금의 효감동천(孝感動天)

시제時祭날 정일丁日로 잡는 이유

묘제

    만물의 근원은 하늘이고 내 몸의 근원은 조상이다. 식물도 뿌리를 내린 뒤에 살아가듯이 근본을 없이하고 성장할 수 있는 이치는 없다. 그래서 과거 나라에서는 교사(郊社)의 예(禮)로써 천지신명을 찾았고, 조상을 추모함으로써 나의 뿌리를 두텁게 잇기를 바랐던 것이다.

    제사를 지내며 음복례(飮福禮)를 행하듯이 숭조(崇祖)의 정신이 그대로 수복(受福)으로 이어진다고는 하지만 본래 제사란 조상을 추모하고 그 정신을 계승하기 위해서이지 구복(求福)을 목적으로 하지 않았다. 추원보본(追遠報本)의 뜻이요, 내 덕을 두텁게 하기 위해서이다. 우리가 음식을 대할 때 태초에 이 음식을 만든 근원된 이에게 감사의 기도를 올리듯이 이 몸의 근원인 조상을 추모하는 것은 당연한 일이라 하겠다. 이래서 생긴 것이 시제(時祭)다.

『공양전』에 '봄제사는 사(祠)라 하고, 여름제사는 약(礿)이라 하고, 가을제사는 상(嘗)이라 하고, 겨울제사는 증(烝)이라'하였다. 1년에 4번을 지내기 때문에 이름이 각각 붙은 것이다. 『주역』에서는 '원형이정(元亨利貞)'으로 표현하는데, 1년에 사시(四時)가 있으니 사시제(四時祭)는 천도를 본받아 취한 것이다.

그러나 시제는 과거 사당이 있었던 1년에 4번 지냈을 때의 일이고 지금은 대개 1년에 한 번 지낸다. 따라서 시제라는 표현은 적절치 않고 '세일사(歲一祀)'라는 용어가 옳을 것이다.

세일사는 대개 5대조 이상의 조상에게 지낸다. 4대조인 고조까지는 기제(忌祭)를 지내므로 대상이 되지 않는다. 세일사는 추수가 끝난 뒤 음력 10월 중에 하루를 정해서 지낸다. 음력 10월은 서리가 내린 뒤다. 괘로 표현하자면 곤괘(坤卦: ☷ ☷)인데, 초목이 귀근하고 동물도 땅 속으로 파고드는 때다.

곤괘 초효에 '서리를 밟으면 굳은 얼음이 이른다[履霜 堅氷至]'하니 어떤 문중은 이 글을 취해서 재실 이름을 '이상루(履霜樓)'로 삼기도 했다. 한갓 미물도 근원을 추구하는 시절인데 사람이 이때를 당해서 조상을 추모하는 것은 당연하지 않은가. 한 걸음 더 나아가 사람들은 제사를 통해서 근본을 잊지 않으려 했고[不忘本], 근본에 보답하려는[報本] 마음을 갖는 것이 인간의 도리라 여겼다. 세일사는 1년 중 중요한 행사이므로 과거에는 산통을 들고 점을 쳐서 택일하기도 했다.

그러나 대개는 정일(丁日)이나 해일(亥日)로 잡는다. 해(亥)는 12지지의 맨끝자리에 위치한 것이므로 성사(成事)의 의미로 택일함은 이해가 되지만 정일(丁日)로 택일함은 무슨 뜻일까? 이는 주역에서 근거한다.

아비의 정신을 자식이 계승하는 내용을 담은 괘가 고괘(蠱卦: ☶ ☴)다. 글 중에 '갑 이전 삼일[先甲三日]과 갑 이후 삼일[後甲三日]'이 있는데, 갑(甲)은 일의 발생을 의미한다. '갑 이전 삼일'은 신일(辛日)이니 십간(十干)의 순서를 거꾸로 따져보면 알 수 있다.

신(辛)은 곧 신(新)의 뜻이니, 즉 일(甲)이 생겨난 그 근원을 생각하라는 것이다. '갑 뒤 삼일'은 정일(丁日)이니 정(丁)은 정녕(丁寧)의 뜻이다. 일을 이루려면 결과처를 헤아려야 하는 것이니 甲일 이후 3일 뒤인 정일에 와서 일을 마치므로 정(丁)을 택한 것이다.

정자각 丁字閣-단종릉

옛 글을 보면 '천제(天祭)는 신일(辛日)을 택하고, 사직단 제사는 갑일(甲日)을 택하고, 종묘등 사당 제사는 정일(丁日)을 택한다'했다. '선갑후갑'의 원리를 취한 것이다. 왕릉에 있는 재실을 '정자각(丁字閣)'이라 하니 역시 같은 원리다.

선갑삼일에서 후갑삼일까지 셈하면 신(辛)에서 정(丁)까지가 7일간이 된다. 정일에 행사를 마치는 것으로 감안한다면, 제사를 지냄에 앞서서 반드시 재계(齋戒)하는 기간을 두었으니 재계기간을 7일로 잡은 것이 바로 '선갑후갑'의 원리에서 취한 것이다.

보통 기제(忌祭)는 3일로 재계하지만 시제는 7일로 잡는다. 재계란 몸과 마음을 깨끗이 하는 것이다. 목욕재계한 후 옷을 갈아입고, 음주(飮酒)는 어지러운데까지 이르러서는 안되고[飮酒不得至亂], 고기와 오신채(五辛菜)를 먹지 말고[食肉不得茹葷], 문병이나 문상하지 말고, 음악을 듣지 말고[不弔喪不聽樂] 등등 무릇 흉하고 불결한 것을 꺼려야 한다. 제사를 기제(忌祭)라고도 말하는데 '꺼릴 기(忌)'자를 쓰는 이유는 오직 돌아가신 분만 추모하고 기타 다른 것은 모두 꺼리라[忌]는 뜻이다. 처음부터 끝까지 정성을 드리라는 경계사다.

『사자소학』에 '먼 조상을 추모하고 근본에 보답하려면[追遠報本] 제사를 반드시 정성스럽게 지내라[祭祀必誠], 선조가 계시지 않았다면[非有先祖] 내 몸이 어찌 생겼으랴![我身曷生]'라 하였고, 또한 '신도(神道)는 비례불향(非禮弗享)'이라 했다. 예를 갖추지 않고 정성을 드리지 않고 제사를 지낸다면 그 제사는 지내나마나한 제사가 될 것이다.

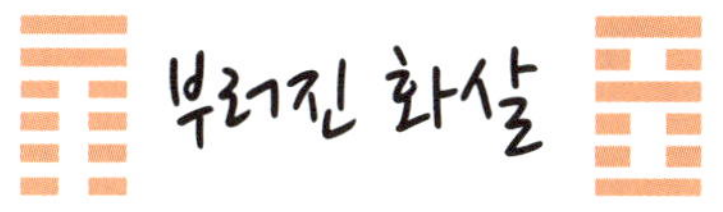

부러진 화살

저울 - 법원의 형평성을 상징

"군자의 덕은 바람이요 소인의 덕은 풀이라. 바람 부는 대로 풀들이 엎드린다."『맹자』에 나오는 말이다. 소인은 그저 군자 하는 대로 따르고 닮아간다는 뜻인데, 정치의 중요성을 말하는 것이기도 하고, 한편으론 군자의 도덕성을 강조하는 글이라 하겠다.

바람은 만물을 살리는 덕이 있다. 때문에 대개 글자 옆에 풍(風)자를 붙여서 풍덕(風德), 풍체(風體), 풍속(風俗) 등으로 용어(用語)를 삼는다. 주역 관괘(觀卦: ䷓)도 땅 위에 바람 부는[風行地上] 상을 보여주고 있다. 덕 있는 정치인으로서 세상을 바라보는 관(觀), 정교(政敎)의 미풍(美風)

이 담겨있는 괘다. 훌륭한 덕으로 세상에 임했을 때, 사람들은 그를 우러러 본다. 『시경(時經)』의 '백성들이 모두 그대를 바라본다[民具爾瞻]'는 뜻이다. 그래서 관(觀)자는 두 가지 뜻이 있다. 나 자신을 바라보는 관(觀)이 있고 세상을 바라보는 관이 있다. 또는 위정자가 위에서 세상을 바라보는 관(觀)이 있고, 백성이 아래에서 위정자를 쳐다보는 관(觀)이 있다.

교화(敎化)란 '가르쳐서 변화시킨다'는 뜻이다. 가르치는 것이 마치 땅 위에 바람 불듯이 곳곳에 스며들도록 하는 것이다. 그런데 이와 비슷한 관화(觀化)라는 용어가 있으니, 관화는 교화하되 한 걸음 더 나아가 세상 사람들이 자신도 모르게 변화되는 것을 말한다.

하여간 교화든 관화든 화풍(和風)으로 세상이 변화된다면 얼마나 좋을까마는 세상은 미풍만으로는 함께할 수 없는 모양이다. 지도자가 덕이 있는데도 세상이 따르지 않는 것은 아마 세상이 탐욕과 사심(邪心)으로 만연해서일 것이다. 욕심이 모두 죄일 수 없지만 지나침으로 인해서 죄가 되는 것이다.

욕심으로는 여러 가지가 있으나 그 중에 식욕(食慾)이 가장 대표적이다. 음식은 잘 섭취하면 몸을 기르는 보약이 되지만 탐욕으로 음식을 대하면 죄를 부른다. 욕심이 지나친 자, 그런 자는 정교(政敎)로는 함께 할 수 없다.

그래서 주역에서는 관괘 다음에 서합(噬嗑)괘를 두었다. 서합괘의 서(噬)는 '씹는다', 합(嗑)은 '합한다' 즉 '씹어서 합한다'는 뜻으로 입을 형용한 괘다. 입은 몸과 마음을 길러주는 역할을 한다. 음식물을 씹고 소화시켜서 몸을 기르고 적절한 언어를 구사함으로써 마음을 닦기도 한다.

이 같은 뜻을 지닌 한자 중에 '기를 이(頤)'자가 있다. 좌변이 '신하 신

(臣)’자와 비슷하지만 신(臣)자는 아니고 ‘아래턱 이’자로 부르니 옛 사람들은 입을 심신(心身)을 기르는 기관으로 생각한 것이다. 중국 북경에 있는 이화원(頤和園)이 이런 뜻을 담고 있다.

다만 입이 있다고 무조건 길한 것만은 아니다. 때로는 몸과 마음을 해치기 때문에 도적으로 비유하기도 한다. 그래서 주역에서는 ‘언어를 삼가고[愼言語] 음식을 절제하라[節飮食]’하였다. 탐욕보다는 삼가고 절제하는 가운데 자신을 기르는 도가 있음을 가르친 것이다. 물론 덕 있고 능력 있는 사람의 입은 자신만이 아니라 세상을 기르기도 한다.

그런데 서합은 ‘입 속에 물건이 들어 있는[頤中有物]’ 입 안에 음식물이 들어있는 상이다. 또는 양 턱 사이에서 이간질하는 그 무엇이 있는 모습이다. 예를 들면 의심하고 시기질투하고 탐욕을 부리는 등등이다. 부자, 부부, 피차, 상하가 합일치 못함은 이런 요소가 있기 때문이다. 따라서 이를 잘 씹어서 위턱과 아래턱이 하나로 합하도록 하는 것이다. 이물질을 제거하고 크게는 세상을 한 가족, 한 마음으로 이끌려는 것이 서합괘의 요지다.

그래서 필요한 것이 교육이요 정치다. 안으로 도덕성을 심어주고 자율(自律)을 가르치는 것이 교육의 일이라면, 밖으로 질서를 이루고 대동의 세계를 이루려는 것이 정치의 일이다. 필요하다면 형벌을 써서라도 세상을 합심하려는 것이 정치다. 이 서합괘를 요즘 부서로 말하자면 사법부에 해당할 것이다. 형벌을 밝히고 법을 정해서[明罰勅法] 세상 사람들이 함께 하기를 요구하는 것이 사법부의 소관이리라.

서합괘를 보면, 송사(訟事)를 듣는 자리에 ‘금시(金矢)를 얻어서 조심하고 삼가면 길(吉)하다’했다. 판결하는 자리에서 ‘쇠’와 ‘화살’은 어떤 의미일까?

『주례(周禮)』에도 '30근의 쇠붙이와 화살 한 묶음[鈞金束矢]을 예치한
뒤에 송사를 듣는다'했다. 쇠는 강(剛)함을 상징하고 화살은 곧으니 정
직(正直)을 상징한다. 균금(鈞金)은 30근의 쇠붙이를 말한다. 무게 단위
로 1근(斤)은 16량(兩)이요 1량은 24수(銖)이니 말하자면 균금은 24×16×
30=11,520의 수가 나온다. 흔히 말하는 '만물'이라는 표현은 11,520의 책
수를 대강한 수다.

하늘을 가리키는 균천(均天)이란 용어도 '만물을 담은 하늘'의 의미니 송
사에서 예치한 30근은 만물가지수에 대한 상징적 의미이다.

속시(束矢)는 100묶음의 화살로 극수를 의미한다. 즉 모든 만물에 대해
서 모든 수를 적용함에 강직(剛直)한 의지를 갖고 송사에 임하겠다는 상
징적 표현이다. 적어도 이 같은 의지를 보여야 송사하는 자들이 신뢰할

영화 부러진 화살 포스터

것이다.

2012년 '부러진 화살'이라는 영화가 한참 흥행했었다. 과거에 있었던 '석궁사건'을 토대로 제작한 것이라 하는데, 내용의 여하보다는 화살을 소재로 한 점이 필자에게는 더욱 관심이 갔다. 하필 석궁[화살]으로 사건이 비화되었을까? 사법의 상징인 '화살'이 부러진 모습을 나름대로 연상하면서 참 묘하다는 생각이 들었다.

정치란 '신의'를 바탕으로 행할 수 있는 것이고, 강직한 덕으로 사법부의 권위가 세워지는 법인데, 어쩌다 이해(利害)의 소용돌이에 휘말려 화살이 부러지고 서합(噬嗑)하지를 못했을까? 죄인을 서합하기 이전에 사법부와 민심과의 벌어진 간극을 먼저 서합해야 할 것이다.

통곡痛哭 통곡痛哭 사후심死後心이라

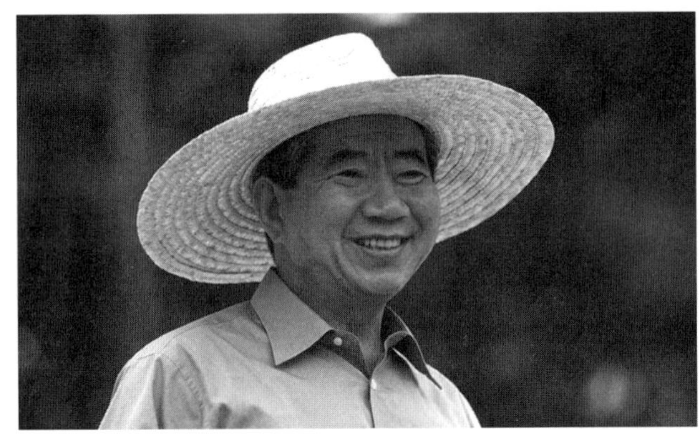

노무현 전 대통령

"구름 잔뜩 찌든 산 창창(蒼蒼)하기만 한데 푸르른 강물은 말없이 흐르네."

인생을 누가 초로(草露)와 같다 했는가? 과연 아침 풀잎에 맺힌 이슬처럼 잠깐 반짝였다가 가는 그런 덧없는 삶일까? 서산대사는 입적 전에 '생야일편부운기(生也一片浮雲起: 삶은 한 조각 뜬구름이 일어남이요) 사야일편부운멸(死也一片浮雲滅: 죽음은 한 조각 뜬구름이 사라짐이다)'이라는 게송을 남겼다. 85세를 살다간 그의 마음속에는 인생을 뜬 구름으로 본 것이다. 많은 시인묵객들은 자연을 벗삼고 노래하며 인생의 허무를 그렸다. 대저 생(生)과 사(死)는 하나요 지혜총명(智慧聰明)과 치농고아(痴

聾痼啞)가 다를 바 없다는 것을…

옛날에 석가(釋迦) 탄생시 사방(四方)으로 일곱 걸음 걷고, 한 손은 하늘을 가리키고 한 손은 땅을 가리키며 '천상천하유아독존(天上天下唯我獨尊)'이라는 사자후(獅子吼)를 발했다. 그런데 이 법문을 놓고 운문(雲門)이 왈 "내가 그 당시에 보았다면 몽둥이로 타살해서 구자(狗子)에게 먹이겠다" 했다.

말하자면 오고 가는 것이 그렇고 그런데 뭐 그리 표시를 내냐는 것이다. 후인(後人)이 평하기를, 운문이 비로소 불은(佛恩)을 알고 불은을 갚았다 했다. 말하자면 불지(佛旨)를 바르게 전했다는 것이다.

노자가 죽어 많은 사람들이 슬퍼하자 진실(秦失)이란 자가 왈 "노자가 도 있는 사람인줄 알았더니 이제 보니 아니다" 했다.

도가 있는 자라면 오고 가는 것을 순(順)히 해서 슬픔과 즐거움이 들어올 수 없을진대, 노소(老少)가 통곡하는 것을 보니 이는 천리를 어기고 진실을 배반했다[遁天倍情]는 것이다.

대저 사람이 이 세상에 태어남도 때를 따라 나온 것이요, 저 세상으로 가는 것도 때가 있으니 오고 가는 것을 순(順)히 따라야 함은 당연한 것이다. 대도(大道)의 입장에서 보면 인간의 삶이란 무상(無常)하고 참으로 허망(虛妄)할지는 모르겠다. 그러나 상대적 관점에서 생각해볼 필요가 있다. 인생은 무상하지만 무상하기에 더욱 소중한 것이다.

이태백이 『桃李園序』에서 '천지는 만물이 머무는 여관이요[天地者萬物之逆旅], 일월은 백대의 과객[光陰者百代之過客]'이라며 인생을 노래했다. '짧은 인생 속에 즐거움이 얼마 없으므로 고인(古人)들이 촛불 밝히며 밤놀이 하는 것은 참으로 까닭이 있다' 했다. 부생(浮生)의 꿈같은 인생이지만 사는 동안 밤을 새서라도 즐거움을 누리고 소중하게 보내자는 것이다.

참으로 소중한 생일진대, 그런데 애절하게도 생을 과감히 버리고 가신 분이 계셨으니… 사타구니 밑을 기어가며 후일을 기약했던 한신(韓信)처럼, 똥 맛을 보아가며[嘗糞] 아첨으로 연명했던 구천(句踐)처럼, 일왈수(一日壽)라 했지 않은가?

아무리 괴로워도 우선 살고 봤어야 했던 것을, '삶과 죽음이 모두 자연의 한 조각'이라는 고인(故人)의 유언을, 통분과 원한을 잊겠다는 뜻으로 이해하지만, 생사(生死)의 길을 순(順)하게 걸어갔어야 했던 것을 어찌 이렇게 거슬려(逆) 가셨는지, 서방 정토는 마음속에 있건만 어찌 그리 멀다 하며 바삐도 가셨는지… 참으로 애절하기만 하다.

그러나 한편으론 이해도 된다. 생각해보면 일찍 돌아가고 안 가고는 중요하지 않다. 비굴하게 백년을 살기보다는 하루를 살더라도 뜻있게 사는 것이 어쩌면 더 나은 선택의 길인지도 모른다. 소인은 육신으로 영생을 바라지만 군자는 이름으로 영생을 꾀하기 때문이다.

공자도 '조문도(朝聞道)면 석사가의(夕死可矣)라'했지 않은가? 산이 높고 낮은 지는 올라간 뒤에 알 수 있고, 물이 깊고 얕은 지는 재본 뒤에 알 수 있듯이, 그 분이 어떤 방식으로 가셨던 많은 사람들이 애도의 물결 속에 추모의 열기 더해만 가니 통곡(痛哭), 통곡(痛哭), 사후심(死後心)이라.

국화

화합 和合과 용서 容恕

김대중 전 대통령

『논어』에 나오는 이야기다. 어떤 사람이 공자에게 "덕으로 원한을 갚는 것[以德報怨]은 어떻습니까?"하고 물었다. 말하자면 원수를 사랑함이 어떠냐는 질문이다. 그러자 공자가 "그렇다면 덕으로 대하는 사람에게는 무엇으로 갚겠느냐? 정직으로써 원한을 갚고[以直報怨], 덕으로써 덕을 갚아야 하느니라[以德報德]"하였다. 즉 원한이 있는 자에게 이미 덕으로 보답한다면 남이 나에게 덕으로 대하는 자에게는 장차 무엇으로써 갚겠냐면서 '이직보원(以直報怨)'과 '이덕보덕(以德報德)'을 말씀한 것이다.

그런데 정직으로 원한을 보답하라는 말이 의미심장하다. 글자는 간결을하지만 뜻이 곡절이 있다. 정직은 그야말로 거짓없이 사심(私心)없이 대하라는 뜻으로 원한으로 여기는 자에게 애증(愛憎)을 초월해서 대하는 것이 정직의 뜻이다. 덕으로 갚으라는 말은 반드시 덕으로 보답해서 은덕을 잊지 말라는 뜻이다.

생각건대, 덕으로 보답하라는 말은 수긍할 수 있다. 하지만 나에게 원한이 서려있는 자에게 원수로 여기지 않고 정직으로 대하라는 말은 후덕한 사람이 아니고서는 참으로 행하기 어려운 일이다.

정직이라는 교훈과 유사한 덕목이 있으니 용서(容恕)라는 단어다. 용서라는 말은 남을 감쌀 줄 알고 남의 입장에서 동정함을 말한다. '용'은 용납(容納)의 뜻이니 남의 잘못도 받아들인다는 뜻이고, '서'는 '같을 여(如)'자에 '마음 심(心)'자의 합성어니 네 마음과 내 마음이 같다는 뜻이다. 내 마음을 잣대로 상대방의 마음을 헤아리는 것이다. 공자가 말씀한 "내가 원하지 않는 바를[己所不欲] 남에게 베풀지 말라[勿施於人]"는 글이 서(恕)의 한 단면을 드러낸 것이다.

맹자는 "용서하기를 힘써서 행하면[强恕而行] 인을 구함이[求仁] 이보다 더 가까운 것이 없다[莫近焉]"하였다.

그런데 남을 용서할 수 있는 도량은 결국 자신의 정직한 마음에서 비롯된다. 유가(儒家)에서는 이를 충(忠)과 서(恕)로 표현하고 있다. 『중용』에 '충과 서는 도에서 떨어짐이 멀지 않다[忠恕違道不遠]'했다. 충과 서는 곧 도에 가깝다는 뜻인데 이 충(忠)자가 다름 아닌 정직의 뜻이다. 주자는 충서를 설명하기를 "나의 마음을 다한 것이 '충'이요 내 마음을 미루어서 남에게 미치는 것이 '서'다"하였다. 충(忠)은 중심(中心)의 뜻이요 서(恕)는 곧 충에서 근거한 것임을 알 수 있다.

『공자가어』에서 공자가 말하기를 "군자에게 세 가지 용서가 있으니 인군을 능히 섬기지 못하면서 신하에게 자신을 잘 섬기도록 요구하는 것은 용서가 아니며, 어버이에게 능히 효도를 못하면서 자식에게 보답을 요구하는 것은 용서가 아니며, 형에게 능히 공경하지 못하면서 아우에게 순종을 요구하는 것은 용서가 아니다. 선비는 능히 삼서(三恕)의 근본에 밝아야만 '몸을 바르게 했다[端身]'고 말할 수 있다"하였으니 삼서 모두가 내 마음을 잣대로 삼아서 남의 마음을 재는 것이다.

남의 마음을 헤아릴 줄 안다는 것, 분명 쉬운 일은 아니지만, 군자의 도는 여기서부터 시작된다. 『대학』의 평천하장에 '혈구지도(絜矩之道)'가 다름아닌 서를 말한 것이니 서는 천하를 다스릴 수 있는 덕목이 되는 것이다.

김대중 전대통령 노벨평화상 기념은메달

얼마 전에 타계하신 고 김대중 전대통령의 국장과정을 지켜보면서 필자는 '화합과 용서'라는 글제에 눈길이 갔다. 용서라는 말은 입에 담기는 쉬워도 행동으로 실천하기에는 참으로 어려운 일인데… 인동초(忍冬草)라는 별명처럼 압제와 분노의 통한을 가슴 속에 새겼을 그분이었을 터인데… 임종 전에 여야(與野)를 불문하고 거물 정치인들이 문병하는 TV속에서의 모습은 평소 그 분의 정치철학이 용서와 더불어 화합하고자 했던 의지를 보인 결과였을 것이다.

　남북이 두 동강난 오늘날, 뿐만 아니라 좌우로 나뉘어 대립의 정도를 넘어서 반목질시하는 우리나라 정치현실의 와중에서, 남북화해의 다리를 놓고 국민 대화합의 길을 외쳤던 고인의 자취를 추모하면서, 그리고 비록 몸은 가셨지만 생전의 염원이 사후에도 이루어질 수 있기를 축원하면서 북녘하늘을 향해 돈수재배(頓首再拜)하는 바이다.

김대중 - 남북화합

귀근歸根과 복명復命

백양사 단풍

　산과 들에 꽃들이 만발한 때가 엊그제 같았는데 바람 한 번 불더니 기온이 뚝 떨어지고 대지는 노랗게 물들어간다. 만산홍엽(滿山紅葉)이라더니 그야말로 단풍색으로 가득하다. 단풍(丹楓)의 글자가 가을바람[楓] 불면서 붉게[丹] 물들기 때문에 그리 썼는지 모르겠다. 하지만 가을 단풍은 참으로 묘할 정도로 아름답기만 하다.

　사실 필자는 몇 년 전 까지만 해도 사람들의 가을 단풍구경을 의아해 했다. '차라리 봄철의 싱싱한 연녹색 싹을 좋아할 일이지, 불그죽죽한 병든 나무를 저리도 좋아하나'가 솔직한 필자의 심사였었다.

　그러나 어느 날 낙엽이 지는 나무를 보면서 문득 새로운 사실을 깨달았다. 이제 보니 저 나무는 잎을 떨어뜨리는 이유가 따로 있었다. 병들어서 가 아니라 살기위한 몸부림이었다. 여름철에 한껏 푸르렀던 나무들이 가을바람 불면서 앙상한 가지만 남겨둔 채 무성했던 잎사귀들을 다 떨쳐버린다. 가지 끝까지 뻗었던 기운이지만 이제는 뿌리에 간직하는 것이 제 살길이라 여긴 것이다.

그동안 무심코 대했던 초목들이 살기 위해서 필생의 노력을 기울인다는 사실 이외에, 노력하는 모습이 천도(天道)에 부합함을 알게 됐을 때 잔잔한 감동이 느껴졌다.

사실 초목만이 아니라 만물도 이 같은 원리를 벗어나지 못한다. 만물만이 아니라 천지(天地)의 유행(流行)하는 원리도 역시 이와 같다. 『도덕경』에서는 이를 귀근(歸根)이라 표현하고 있다. '뿌리로 귀의하는 것' 즉 자신이 생한 근원처로 돌아가는 것이다.

천지만물이 모두 귀근의 원리 속에서 생(生)을 유지하고 있는데 만물의 영장인 사람이라 해서 무슨 특별한 대수(大數)가 있을까? 사람 역시도 귀근의 법칙을 벗어날 수 없다. 그렇다면 귀근이란 결국 무엇을 뜻하는 말일까? 어떻게 해야 귀근할 수 있을까?

만유(萬有)는 모두 무(無)에서 생한다. 그래서 '유생어무(有生於無)'라 했다. 그런데 무(無)라는 말은 다름 아니라 마음을 깨끗이 비우는[虛] 뜻이고, 마음을 고요히[靜] 하는 뜻이다.

『도덕경』에서는 '귀근왈정(歸根曰靜)'이라 했다. 마음을 고요히 하면 기(氣)가 모아지고 기가 모아지면 다시 활동할 수 있다. 요컨대 만물은 정(靜)으로 말미암아 다시 생할 수 있음을 알 수 있는 것이다.

또한 『도덕경』에서는 마음을 고요히 하는 것으로 '복명(復命)'이라 표

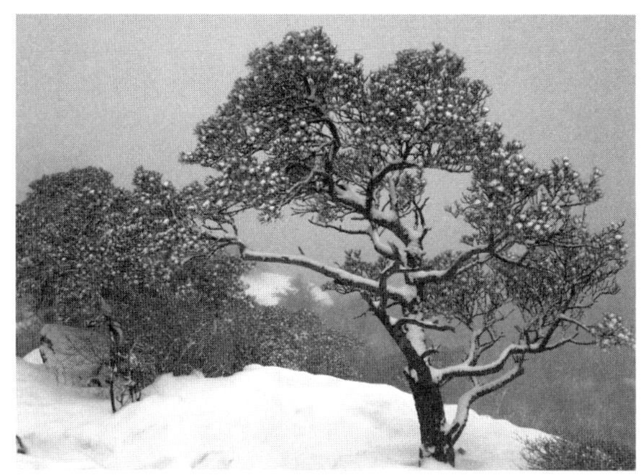

현했다. 복명은 천명을 회복한다는 말이며, 천리에 부합한다는 뜻이다.

『주역』 복괘(復卦)의 '칠일래복(七日來復)'도 이와 유사한 뜻이다. 음기(陰氣)가 생하는 하지(夏至)로부터 7개월이 지난 동지(冬至)에 이르러서 비로소 양기(陽氣)가 생하므로, '칠일(七日)'이라는 숫자를 썼다.

다름 아닌 일양(一陽)이 회복(回)하는 것이 귀근(歸根)하는 뜻이요, 복명(復命)의 뜻이 된다. 만약에 오래 살기를 원하는 자가 귀근복명(歸根復命)할 수 있다면 오래 살 수 있을 것이고, 만약에 도(道)를 배우는 자가 귀근복명할 수 있다면 대도(大道)를 얻게 될 것이다.

『주역』 복괘(卦)에도 '회복하면 천지의 마음을 볼 수 있다[復에 其見天地之心乎인져]'하니 득도(得道)의 경지로써 이해할 수 있는 글귀다.

득도의 경지까지야 이 자리에서 논할 부분은 아닌 것 같고, 다만 어느 고인(古人)이 '귀근복명(歸根復命)' 이치를 비유로 설명하기를 "가령 나무를 접목하는데 배나무의 생가지를 꺾어서 배나무 위에 접목시키면 살게 되니 두 나무가 동류(同類)이기 때문이요, 그러나 배나무를 대추나무 위에 접목시키면 그 나무는 죽게 되니 동류가 아니기 때문이다"라고 하였다.

사람은 무(無)에서 나왔으니 마음을 비우고(虛) 고요히 함(靜)이 천지자연의 도와 동류가 된다. 바로 천리에 순응하는 길이요, 생을 오래 누릴 수 있는 방법이다. 한 그루의 나무가 가을로 접어들면서 모든 욕심 떨

처버리듯이, 젊어서야 당연히 이런 저런 욕심 갖고 열심히 살아야 하겠지만, 적어도 노쇠함에 접어든 사람이라면 귀근복명만이 장수의 비결이 될 것이다.

소와 인간

모든 동물들이 마찬가지겠지만 소는 영물(靈物)이다. 영물이기에 상고 시대부터 숭배해왔다. 그래서 희생으로도 바치고 발굽은 구갑(龜甲)처럼 점치는 용도로도 이용되었다.

땅의 덕을 받아서 성질이 유순하고 무거운 짐을 싣고도 능히 견딜 줄 안다. 느린듯 하면서도 축지(縮地)도 할 수 있단다. 소를 탄 노자의 모습, 청우(靑牛)를 타고 서역을 제도하러 떠났다 하니 축지가 아니고서는 갈 수 없는 거리다. 조선시대 맹고불도 흑소 타고 피리 불었다[騎牛吹笛]는데… 이처럼 소는 우리에게 정감있으면서도 신비로움이 깃든 영물임을 알 수 있다.

주역에도 소 이야기가 많이 나온다. 순(順)한 동물로 나오는데, 그래서 천도에 부합할 수 있는지 모르겠다. 무망(无妄)괘에 '소를 매었[繫牛]'느니, '소를 얻었[得牛]'느니 하는 것과, 대축(大畜)괘의 '송아지 빗장[童牛之牿]'과 이괘(離卦)의 '암소를 기르라[畜牝牛]'는 것과, 혁괘(革卦)의 '황소의 가죽[黃牛之革]'과 여괘(旅卦)의 '소를 잃었다[喪牛]'는 등 소는 여러 가지 상징적인 의미가 담겨 있지만 대개 '사람의 본성' 정도로 이해하면 무난할 것이다.

불가에서 말하는 '심우(尋牛)'의 뜻과 다를 바 없지만, 주역에서는 소에 대해서 좀 더 폭 넓은 설명을 하고 있다.

말은 양물이라 고개들어 하늘을 향하지만, 소는 음물이기에 고개 숙여 땅을 향한단다. 후천은 곤도(坤道)가 주장되는 시대이므로 후천을 향한, 후천으로 넘어가는 동물로 소를 말하고 있다.

이괘(離卦)는 상경의 마지막 괘다. 괘사에 '암소를 기르면 길하리라[畜牝牛 吉]'했다. 선천에서 후천을 넘을 수 있는 동물은 오직 소이기에 주역에서 이같이 말한 것이다. 선말(鮮末)의 증산(甑山)선생이 태을주(太乙呪)로 세상을 제도하려 하였는데 주문 속의 '훔치(吽哆) 훔치(吽哆)'하는 진언 역시 소가 풀 뜯어먹는 소리를 낸 것이다. 결국 후천시대에 소처럼 새 생명을 얻고자 하는 염원을 담은 것이다.

『도덕경』에서 '현빈지문이니 이것이 천지의 뿌리다(玄牝之門是謂天地根)'는 글 역시 만물을 생하는 문호로서 '암컷 빈(牝)'자로 설명하고 있다. '농자천하지대본야'라 했던 전통사회에서 소는 집안 식구처럼 생각되어 '생구(生口)'라 불렀다 한다. 소를 사람으로 대접할 만큼 소중히 여겼던 것이다.

그런데 후천시대라 그런지 땅이 수난을 당하는 것 같다. 한쪽에선 4대 강 사업으로 땅이 무분별하게 파헤쳐지는가 싶더니 이제는 구제역(口蹄疫)인가 뭔가 하는 역병을 구실로 수백만 마리의 소가 학살을 당했다. '청소' 내지는 '살처분'이라는 용어를 쓰는 것을 보니 무슨 물건 내던지는 정도로 생각하는 것 같다. 기실 사람과 동물은 둘이 아닌 하나건만 너무 간단하게 둘 사이를 양분하는 것 같다. '고기 육(肉)'자를 살펴보면, 사람이 사람을 먹는 모습이다. 저들이나 우리 인간이 매 한가지인 셈인데...

대저 사람에게는 혼백이 있으니 사람이 죽는 것을 '혼비백산(魂飛魄散)'이라 한다. 혼은 양기이므로 구천에 떠서 흩어져 버리고, 백은 음기니 땅 속에서 화해 버린다. 땅 위에서 태어나고 죽는 모든 것들이 기가 뭉치면 생명이 깃들게 되고, 기가 흩어지면 그저 죽는 것뿐이다. 다시 태어날 때 소 탈을 뒤집어쓰면 소가 되고, 인간 탈을 쓰고 나오면 인간인 것뿐이다. 그저 세상은 일기(一氣)가 굴신왕래(屈伸往來)할 따름이니 짐승이라고

공주 갑사 앞에 세워진 功牛塔

다를까?

이제 죽은 그 원기(冤氣)는 어디로 갈까? 결국에는 돌고 돌아 다시 사람 몸으로 태어나리라. 불가에서 말하는 '육도윤회(六道輪廻)'란 말이 어찌 허언이겠는가? 자본주의의 탐욕이, 인간독존(人間獨尊)의 교만함이 결국 구제역을 만들고 집단학살까지 자행했으니 일언이폐지(一言以蔽之)하고 죄인은 우리 인간이다.

그러나 이 사회에 죄책감을 느끼는 지성인은 과연 몇이나 될까? 국가적인 재앙에 과연 민국의 대표자는 이 원혼들을 달래줄 마음이나 갖고 있을까? 천지가 살기(殺氣)를 발하면 장차 인간이 위협을 받을 것임은 자명하다.

주역으로 말하자면 지금시대가 대과(大過)시대란다. 근본이 약하고 끝이 약한 시대다. 대과괘에서는 지금의 시대를 집으로 비유해서 '기둥이 흔들리는[棟橈]' 모습이라 했다. 세상이 장차 망할 듯 흔들거리는 참으로 위험한 때인데, 머지않은 장래에 인류가 재앙을 당할 것만 같은 생각에 전율이 느껴진다.

南无 薩縛 怛他哦哆 縛嚕枳帝 唵 三跋囉 三跋囉 吽
나무 살바 다타아다 바루기제 옴 삼바라 삼바라 훔

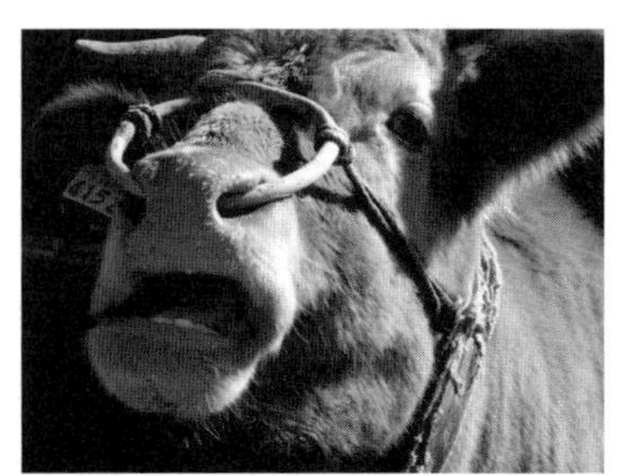

이팔상정일 二八上丁日 석전대제 釋奠大祭

　매년 2월과 8월이 되면 정례적으로 공자를 추모하는 제사를 지낸다. 이를 '석전제(釋奠祭)'라고 부른다. 춘추로 길일(吉日)을 택해서 지내는데, 대개는 그 달 '첫 번째 돌아오는 정일[上丁日]'로 날짜를 정한다. 그래서 정제(丁祭)라고도 부른다. 춘추로 제를 지내는 것은 아마 『춘추』를 지으신 공자의 정신을 기념하기 위해서 택일로 삼지 않았을까 싶다.

　석전은 본래 공자만을 위하는 제사는 아니었다. 공자 이전에도 이미 산천을 위한 제사나 묘사에 석전을 올린 적이 있었고[周禮, 春官], 때로는 출정하여 죄 있는 자를 잡아오면 학교에서 석전을 베풀어 선사에게 아뢰었다[禮記, 王制篇] 하며, 학교에서는 시(詩) · 서(書) · 예(禮) · 악(樂)을 가르치는 교관(教官)이 선사에게 석전을 올렸다는 구절이 『예기』 ‘문왕세자’ 편에 기록되어 있다.

주대(周代)에는 요순(堯舜) · 우(禹) · 탕(湯) · 문왕(文王)을 선성(先聖)으로 모셨었지만 한(漢)나라 이후 유교를 국교로 받들면서 공자를 선성 · 선사로서 문묘의 주향(主享)으로 모시는 동시에 석전으로 받들게 되었다. 후한(後漢)의 명제(明帝)는 주공(周公)을 선성, 공자를 선사로 삼아 공자의 고택을 찾아 가서 석전을 올리기도 하였다.

특히 당태종 정관(貞觀) 4년(629)에는 각 주(州)의 현(縣)마다 공자묘를 세웠는데 당 현종(玄宗)이 개원 27년(738)에 공자를 문선왕(文宣王)으로 추봉하였고, 명(明)나라에 와서 태학(太學)의 문묘를 대성전(大成殿)이라 일컬어 석전을 올리는 사당으로 확립이 된 것이다.

공자를 추모하는 제사를 일반적으로 ‘큰 대(大)’자를 붙여서 ‘석전대제(釋奠大祭)’라 하는데, 석(釋)과 전(奠)은 모두 제사음식을 ‘차려 놓는다’는 뜻이다. 다만 석전은 ‘석채전폐(釋菜奠幣)’의 줄임 말로써 ‘석채’는 간략하게 나물 종류[蘋蘩之類]를 차린 것이지만 ‘전폐’는 희생(犧牲) 등 좀 더 풍성한 제사를 말한다. 여기에 헌수(獻酬)하고 음악까지 연주[合樂]하는 예를 갖춘 성대한 제전(祭典)이기 때문에 대제(大祭)라 칭하는 것이다.

공자는 선왕의 자취를 기록한 시경과 서경을 다듬고, 통치의 수단이었던 예악(禮樂)을 정리하고, 춘추를 짓고, 주역을 찬술(贊述)해서 후세에 전했기에 그에게 성대한 석전의 대제(大祭)를 거행하는 것이다.

후세에서는 일찍이 공자를 ‘지성(至聖)’이라 존칭했다. 맹자는 공자를 ‘미유생민(未有生民)’이신 분이라며 극찬하기까지 했다. 그래서 ‘공부자

(孔夫子)'라 호칭하기도 한다. 이때의 '부(夫)'는 '하늘 천(天)'자를 뚫은 모습이니 '필부(匹夫)'의 '부'자가 아니라 '도덕이 관천(貫天)할 부'자다.

만세(萬世)의 종사(宗師)로 숭배해왔기에 당나라에서는 시호를 문선왕(文宣王)으로 추봉하였고, 원나라에서는 '대성지성문선왕(大成至聖文宣王)'이라 하였다. 육경을 집대성하셨기에 '대성'이라 하였고, 덕으로는 지극한 경지에 이르셨기에 '지성'이라 하였고, 글로 천하를 통일하셨기에 '문선'이라 한 것이다. '무관(無冠)의 제왕'이란 뜻으로 '소왕(素王)'이라고도 부르는 그이므로 우리는 공자에게 국궁사배(鞠躬四拜)의 예를 갖춘다.

이 석전제는 공자만을 추모하는 것이 아니라 유학에 공헌하신 여러 선성(先聖)과 선사(先師)들도 받들고 있다. 공부는 단순히 이론적으로 배우는 것이 아니다. 그 분들의 학덕과 기풍을 숭모하고 체득하는 가운데에서 학문의 공은 이루어진다.

공자는 인의도덕의 이상을 근본삼아 효제충신(孝悌忠信)의 실천과 수신·제가·치국·평천하의 도리를 가르친 분이다. 단순히 높이려는 것이 아니라 높일 줄 알아야 도를 깊게 내릴 수 있기 때문에[尊師重道] 엄숙하고 경건하게 전례(典禮)를 봉행하는 것이다.

우리나라는 공자를 특별히 존숭했다. 과거 삼국시대에도 공자를 숭배한 흔적은 있었지만, 현재 성균관의 위치와 규모로 문묘가 설립된 것은 조선조 때의 일이다. 유교의 이념에 입각한 조선조

공자위패 - 청도향교

는 공자의 사당을 세움으로써 유풍(儒風)을 진작시키고 유교를 정치의 근본으로 삼았으니 조선 태조 6년(1397)에 태학의 설립을 명하고 다음해 가을 7월 6일에 문묘(文廟)를 완성하게 되는데 이것이 바로 오늘날 전해지고 있는 문묘의 최초 모습이다.

이곳에서 행해지는 석전대제에는 중국이나 일본에도 남아 있지 않는 고래의 악기와 제기(祭器)를 보유하여 사용하고 있으며, 고전음악인 문묘제례악과 과거 천자국에서 행했다는 팔일무(八佾舞) 등은 세계적으로도 유일하게 그 원형이 잘 보존되어 있어 문화재적 가치가 크므로 중요무형문화재 제85호로 지정된 바 있다.

지난 1월에 공자의 동상을 중국 공산당 심장인 천안문 관장에 세우고 낙성식을 거행했다 한다. 마오쩌둥(毛澤東)의 초상화 보다 규모가 더 크다 한다. 과거에 모택동은 공자 동상을 부줬고 사당을 불살랐다. 그러나 덩샤오핑(鄧小平)은 집권 후 공자를 중국 전통문화의 핵심으로 복권시키고 공자 문화행사를 개최하며 사당을 정비했다. 세계 각국에 많은 공자학원도 세웠다. 문화대국의 이미지를 부각시키기 위해서다.

우리나라도 20여개 대학에 공자학원, 공자아카데미가 세워져 운영되고 있다 한다. 사회주의 시장경제를 추구해왔던 그들은 그동안 누적돼왔던 사회갈등을 해소시키기 위해서, 안정과 화합을 추구하는 공자의 사상을 통치술로 도입하려는 것이다. 하여간 필자의 눈에는 그들이 부럽기만 하다.

공자 탄강하신 때가 서기전 551년이니까 셈하면 2562년이 된다. 오는 3월 13일이 봄맞이 석전제다. 이런 행사에 한 번 참여하는 것으로 나 자신이나 위안삼아 보려 하지만, 도덕과 인의가 점차 사라져 가고 있는 현실 사회 속에서 자꾸만 정신적 빈곤감이 드는 심정을 어찌할 수가 없다.

공자상 - 천안문광장

곡부 공묘

월약月藥으로 세상을 치유했으면…

보름달

　올해는 정월 보름달을 볼 수 있을까? 달이 떠오르면 소망을 빌어야지…
기대했건만 전일에 비오더니 끝내 날씨가 흐렸다. 그러나 무슨 상관이랴!
비온다고 달이 없나, 마음따라 기운가는 법인데… 강의를 마치고 늦은 시
각이었지만 경건한 마음으로 우리 가족을 생각하고, 이웃을 생각하고, 그
리고 국태민안을 기원하였다.

　여러 명절 중에서도 특히 신앙의 대상이었던 정월 대보름날, 옛 글에 정
월을 '천(天)지(地)인(人)이 합하는 날'이라 했다. 11월 동짓달에 하늘이
열리고 12월 섣달에 땅이 열리고, 정월에는 천지의 기운을 받아서 만물이
생하기 때문이다.

새해 첫 날이 되면 조상부터 위하고, 한 해의 길흉을 점치며 근신하고, 모두의 화합을 위해서 축제의 분위기로 몰고 간다. 이 흥겨움은 달이 차오르는 보름까지 15일간 이어진다. 그 흥겨운 놀이마당 한가운데에 윷놀이가 등장하기도 한다. 필자가 소속한 학회에서도 한 해의 기원을 담고 보름달 윷놀이 행사를 마쳤다.

우리는 이 날을 상원절(上元節)이라고도 부른다. 도가에서는 중원절(中元節: 7월 15일 百中), 하원절(下元節: 10월 15일)과 함께 '삼원절(三元節)'이라 하는데 삼원 중에 첫째가 보름이므로 상원이라 하고, 으뜸되는 밤이므로 '원소절(元宵節)'이라고도 말한다.

상원절은 천관(天官)이 복을 내려주는 날이라 하여 천신이나 조상들에게 제사를 올린다. 그 유습이 '안택(安宅)'제인데, 터주신과 조왕(竈王) 그리고 조상신에 제사하는 것으로 일 년 동안 재앙이나 질병을 쫓고 집안의 평안을 기원하는 풍속이다.

신앙의 대상으로 숭배해왔던 달, 사람들은 '월중유물(月中有物)은 산하(山河)의 그림자요 그 비어있는 곳은 바다의 그림자'로 생각했지만, 고인들은 '달은 음정(陰精)이며 음의 조종(祖宗)이 된다'고 여겼다.

토끼와 두꺼비가 새겨진 수막새 - 국립박물관

달 속에 있다는 두꺼비와 토끼는 월정(月精)을 은유한 것이다. 월(月)자 안에 '두 이(二)'자가 달의 이런 이치를 표현한 것이다.

달이 영허(盈虛)함에 따라서 물고기 뇌도 증감(增減)한단다. 물고기는 음물(陰物)이기 때문이다. 조개(蛤)나 게(蟹), 진주(珠), 거북이(龜)도 성쇠(盛衰)를 달과 함께 한다고 말한다. 음물만이 영향을 받는 것이 아니라 사람도 마찬가지다. 옛 사람들은 태양의 정기(精氣)와 달 속의 화기(華氣)가 교합(交合)해서 만물이 화생한다고 여겼다. 그래서 틈나는 대로 해와 달의 정화를 일삼아 들이마셨다. 오래하면 신령한 지혜가 더해지고 영기(靈氣)가 맑아지며 만병이 없어진다 한다.

달마조사가 지었다는 『역근경(易筋經)』에서 설명하기를 '해의 정기는 초하룻날[朔]에 취하는 것이다' 하였다. 이 날은 해와 달이 교접해서 그 기(氣)가 바야흐로 새롭기만 하므로 능히 일정(日精)을 취할 수 있다는 것이다.

달의 화기(華氣)는 보름날에 취한다. 보름은 금수(金水)가 가득 차 있어 그 기가 왕성하므로 능히 월화(月華)를 취할 수 있다는 것이다.

초하룻날 일정(日精)을 취하려면 새벽의 인묘(寅卯)시에 정좌(靜坐)하고 하늘

을 향해서 면면조식(綿綿調息)으로 정기를 흡입하고, 보름날 월화(月華)는 술해(戌亥)시에 역시 이 방법으로 채인(採咽)하면 된다.

유달리 달을 사랑한 우리민족, 달은 초사흘날부터 서쪽 하늘에서 보이기 시작하여 5일 뒤인 초8일에 상현(上弦)이 되고, 7일 뒤에는 십오야 밝은 둥근 달이 동쪽 하늘에서 떠오른다. 태양같은 보름달이 어둠을 밝히고 있는 것이다.

세상을 환하게 비추는 성자의 모습이랄까? 그래서 보름달의 '달'은 '통달 달(達)'자의 의미와 상통한다. 土(3획)+半(5획)+辵(7획)의 삼.오.칠, 즉 '사무칠 달(達)'자와 달[月]이 3.5.7 간격으로 보름달이 되듯 서로 통하는 글자로 본 것이다. 달은 본래 무광체(無光體)지만 일광(日光)을 받아서 밝아진다. 점점 차오르는 달 모습이 썰물에서 점차 밀물이 되듯 무(無)에서 유(有)를 이루는 모습이다. 어려서는 무지몽매하지만 살아가면서 천지자연의 도리를 본받고 성현의 말씀을 본받아서 군자도 되고 성인도 되는 것이 달의 점차 차오르는 모습과 똑같다. 계명동덕(繼明同德)이라 할까? 고인들은 달을 사랑하고 노래하고 달을 닮기를 염원했던 것이다.

달 - 새벽의 초승달

貞

정신과 물질의 조화라야 진정한 후천시대

문왕팔괘

　선천(先天)과 후천(後天)은 『주역』에서 나오는 용어다. '하늘보다 앞서고 뒤따른다'는 뜻이니 선천은 아직 때가 오지 않았는데 먼저 아는 것이요, 후천은 때가 이미 왔으니 내가 천시(天時)를 따르고 받드는 것이다. 즉 길흉의 이치를 아는 것이 선천의 의미라면 흉(凶)을 피하고 길(吉)로 나가려고 노력하는 것이 후천의 의미다. 이 외에도 다양한 의미로 선후천의 용어를 사용하고 있지만 대개는 시간적 관점에서 설명하고 있다.

　복희팔괘에서 건괘(乾卦)가 있는 자리는 하루로 비유하면 정오(正午)가 되고, 일년으로는 하지(夏至)가 되며, 크게는 12만 9600년의 일원(一元)

중에 오회(午會) 중천(中天)시기로 정할 수 있다. 12만 9600년은 우주가 1년 사계절처럼 한 바퀴 도는 기간이다. 소강절 선생의 『황극경세서』에 근거한 것이다. 건괘를 중심으로 이전을 오전, 이후를 오후라 하니, 오전은 선천, 오후는 후천이되고, 일년으로 봄과 여름은 선천, 가을과 겨울은 후천이 된다.

일원(一元)도 이와 똑같다. 결국 선천은 양, 후천은 음이 주장함을 표현한 것인데, 선천에는 양이 주장하고 후천에는 음이 주장하는 때다. 『주역』에 천지비괘(否卦: ☰☷)와 지천태괘(泰卦: ☷☰)로 설명할 수 있다. 비괘는 하늘을 상징하는 건괘(乾卦)가 위에 있고 땅인 곤괘(坤卦)가 아래에 있다. 양은 위로 오르고 음은 아래로 내려가는데 양인 건괘가 위에 있고 음인 곤괘가 아래에 있으니 두 괘가 사귀지를 못하고 있다. 그야말로 통하지 못하는[否塞] 모습이요, 그 모습을 선천으로 비유했다. 태괘(泰卦)는 반대가 되니 음이 위에 있고 양이 아래에 있다. 서로 형통하니 후천시대를 비유하고 있다.

그런데 지금 우리는 바야흐로 선천시대를 지나고 후천시대 속에서 살고 있다. 어찌 아는가? 천시(天時)와 인사(人事)는 맞물려 돌아가는 법이다. 인사를 통해서 천시를 알 수 있으니 지금은 음이 생하는 시기다. 음도가 위로 올라가는 시기다. 과거 역학자인 야산(也山)선생은 후천의 기원을 대한민국정부가 들어선 1948년으로 잡고 있다.

대한민국정부 수립(1948년)

물론 선후천의 분기점을 이 시기로 잡은 데는 학술적인 여러 가지 근거가 있지만, 생각건대 이전의 시대는 '전제군주제'였으므로 비괘(否卦)의 상이 되며, 대한민국 정부가 들어선 그 이후는 그야말로 국민이 주인이 되는 '민주제'이니 태괘(泰卦)의 상과 부합한다.

뿐만 아니라 후천시대를 상징하는 여러 가지 모습들이 나타나고 있다. 과거에 숭상 받던 사람들이 지금은 천대받는 반면에 과거에 멸시 당했던 직업들이 지금은 귀한 대접을 받고 있다. 여성상위가 또한 후천시대의 필연적 현상이다.

'나라에 도(道)가 있고 없고'를 언로(言路)를 기준해서 비태(否泰)를 말하기도 한다. 언로(言路)가 통한 시대를 태괘로 보고 언로가 막힌 시대를 비괘로 본다. 이를 기준으로 선천은 비색하고 후천을 태평한 시대로 보고 있는 것이다.

많은 사람들이 옛날부터 후천세상이 어서 오기를 노래하며 갈망했다. 후천시대는 반상의 귀천이 없는, 만인이 평등한 사회, 그야말로 선경(仙境)의 세상일 것으로 동경한 것이다.

그렇다면 후천시대는 마냥 좋은 세상일까? 꼭 그렇지만은 않다. 음양을 정신과 물질로도 나누니, 선천이 정신을 숭상했다면 후천은 물질을 숭상하는 시대다. 선천의 정신적 추구가 철학으로 나타나고 후천의 물질적 욕심이 과학으로 귀결되고 있다.

정신·철학과 물질·과학 중에서 무엇이 더 소중한가는 논외로 하고, 다만 이 두 가지는 균형과 조화를 이루어야 한다. 한 그루의 나무가 거목이 되기 위해서는 나무의 높이만큼 뿌리가 깊어야 한다. 지엽이 물질이요 과학이라면 뿌리는 정신이요 철학이라 할 수 있다. 어느 한 쪽만의 발전은 필경 고사(枯死)할 것이니 후천시대의 물질적 풍요의 극대화는 반드시 정신적 토대 위에서 이루어져야함을 명심해야 할 것이다.

정신개벽-원불교 본부

천지화天指花 무궁화

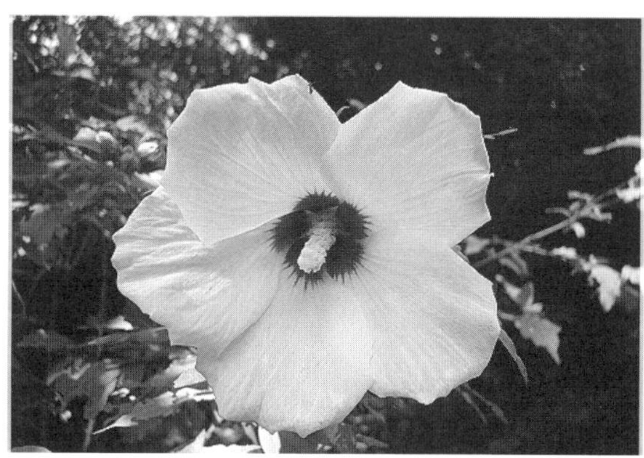

무궁화 백단심

수목원에 구경하러 갔다. 가을 문턱에 들어선 때라 바람은 선선하고 하늘은 푸르렀다. 미풍을 느끼면서 수목원 여기저기를 돌아보고… 무궁화가 있는 곳이라면 관심을 갖고 감상하였다.

화려하지 않으면서도 선명(鮮明)하게 피어난 무궁화, 무궁화는 여름지나 가을까지 피기 때문에 그래서 더욱 의미와 가치가 있다. 봄 되어 꽃들이 저마다 아름다움을 다툴 때 나서질 않으니 그저 사람들과 시비곡직을 다투지 않는 고고한 군자의 상징이다. 그러다가 모든 꽃들이 자취를 찾기 어려운 삼복염천에 우아한 자태를 드러내며 꽃을 피운다.

'조개모락화(朝開暮落花)'란 별명이 붙은 것처럼, '무궁화는 하루에 영광을 이룬다[槿花一日成榮]'는 백락천의 말처럼, 무궁화는 하루 사이에 피고 진다. 하지만 나무 전체로 볼 때는 대개 칠월에서 시월까지 백일이상 영광을 차지하니 그 자태가 당당한 것이다.

만발한 꽃들 중에서도 역시 하얀색의 무궁화가 먼저 눈에 들어왔다. 다섯 꽃잎 가운데 우뚝 솟은 꽃술, 붉은 색이 은은히 비치기에 백색단심(白色丹心)이라 한다. 하얀색은 우리 민족의 상징이랄까?『시경』에서 '안여순화(顔如舜華)'라 하니 순화(舜華)는 무궁화를 가리켜 말한 것이다. 생각컨대 순임금은 동이족이요, 동이족은 백색을 숭상했기에 백색무궁화를 '순화'로 표현했을 것이며, 하얀 꽃으로써 아름다움을 간직했기에 그때 사람들은 무궁화를 칭송했을 것이다. 무궁화의 미덕을 찬양하려면 한도 끝도 없으니 어찌 다 표현하랴!

무궁화는 우리 국화(國花)다. 옛날부터 민족의 사랑을 듬뿍 받아온 무궁화는 씨앗이 태극 모양이다. 태극의 이치는 양이 극하면 음이 생하고 음이 극하면 양이 생한다. 기운의 유행이 끝이 없으므로 태극은 무궁(無窮)함을 뜻한다. 이래서 무궁화라 이름삼은 것이다. 동해물과 백두산이 마르고 닳도록 우리 민족의 영원무궁함을 노래한 것은 바로 태극사상을 노래한 것이다.

태극사상과 더불어서 무궁화는 우리민족의 역사를 함께하고 있다. 단군조선시대 때부터 하늘꽃(桓花)이나 천지화(天指花)란 이름으로 거리 곳곳에 심어졌고 민족을 상징하는 꽃이 되었다. 무궁화 잎이 손가락과 같은 다섯 개 모습이므로 '천지(天指)'라 불렀을 것이다.

씨앗은 태극이요 태극 속에 음양을 갖추고 있고, 음양에서 화현한 것이 다섯 꽃잎이다. 여기에 꽃술 하나가 솟았으니 태극의 극치로 이루어진 유극(有極)의 모습이다.

당시의 젊은이[國子郞]들은 머리에 무궁화를 꽂고 다녔다. 이 때문에 그들을 '천지화랑(天指花郞)'이라 불렀다. 신라 화랑도(花郞徒)가 이들의 정신을 계승했다. 화랑도의 '화(花)'자가 무궁화를 가리킨 것인데, 그들도 단군시대 '천지화랑'들이 머리에 장식했던 무궁화를 역시 달고 전통을 따른 것이다.

삼국시대와 통일신라시대에도 대내외적으로 우리나라는 '무궁화 나라'였다. 이 시절 당나라에 보낸 국서(國書)에 스스로를 '근화향(槿花鄕)' 즉 '무궁화나라'라 표기할 정도로 우리의 대표적 상징물이었다.

임금이 장원급제자에게 주었던 존귀한 꽃이 또한 무궁화다. 어사화(御史花)라 말하는데, 문관에게는 33송이를, 무관에게는 28송이를 달았다. 급제한 사람은 어사화를 머리에 꽂고 화려한 삼일유가(三日遊街)의 길을 떠났으니 이 또한 '천지화랑'의 정신을 계승하기 위함이었을 것이다.

태극에서 음양을 간직하고 오행의 꽃을 피우는, 그리고 무궁한 덕이 서린 무궁화! 가을의 후천시대에 만발하니 이것이 바로 태극의 이치다.

사실 필자가 수목원에 가서 무궁화를 보려한 이유는 굳이 아름다운 모습을 보려함이 아니요, 대전이라는 곳에 '무궁화 나무를 심었다'는 소문이 반가워서 찾아간 것이다. 대전이라는 곳은 태극의 정기를 듬뿍 받은 곳이다. 계룡산이 산태극 수태극으로 이루어진 곳이니 이곳이 태극의 정기를 간직한 곳이라면 대전은 태

동경-무궁화 모양

남궁억선생의 무궁화수지도액자

극의 꽃을 피우는 곳이다. 그래서 예전 사람들은 대전을 태전(太田)이라
불렀다.

태극의 정기를 간직한 태전에 태극을 상징하는 무궁화가 만발한 모습
을 보니 필자에게는 예사로 보이지 않은 것이다.

삼척의 오십천五十川과 정전井田의 원리

삼척 앞바다에서 바라본 삼척시. 왼쪽의 긴 강이 오십천이다.

삼척은 태백산맥이 흘러와서 맺힌 곳이다. 옛날 진한(辰韓)의 실직국(悉直國)이 자리했던 곳이라 한다. 미수선생의 『퇴조비문』을 보면 '척주는 옛 실직씨의 땅이며 예나라 터의 남쪽에 있다[州古悉直氏之地 在穢墟南]'했으니 즉 예(穢)는 고조선을 이뤘던 우리나라의 별종(別種)이다.

태백준령에 연결되는 '삼수령(三水嶺)'에서 한 갈래 물줄기가 발원하여 오십천(五十川)을 이루니 태백의 신령한 기운이 삼척 들녘을 휘감고 있음을 느낄 수 있다.

그런데 왜 오십(五十)의 숫자를 말했을까? 오십의 명칭은 산에도 붙어 있다. 두타산의 한 줄기로 내려온 오십정산(五十井山: 일명 쉰움산)이 그 곳이다. 언제부터 무슨 내용을 갖고 산천(山川)의 명칭을 부여했는지는 문헌이 부족해서 알 수 없지만, '오십(五十)'이 갖는 숫자의 의미와 '우물 정(井)'자는 불가분의 관계가 있을 것이다. 삼척부사 허목이 지은 『척주 지(陟州誌)』에 의하면, 삼척에 조탄(助呑)이라는 마을의 지명에 대해서 '조(助)'는 정전법(井田法)에서 유래된 것이라고 설명하고 있다. 마을앞 건 너편도 '공전(公田) 뜰'이라 부른다 하니 이곳 주변에 일찌기 정전제가 시 행될 곳이었음을 알 수 있다. '조법'은 다름 아닌 은나라 조세제도가 된다.

그런데 정전제는 단군사상과 관련이 있을 것이다. 단군사상을 한마디 로 표현하자면 '우물 정(井)'자로 말할 수 있다. 아무리 퍼내도 한량없는 우물처럼 세상을 기름[養]이 무궁한 것이 정덕(井德)이다. 정자 안에 열십 (十)을 그으면 정전(丼)이 되니, 정전제(井田制)는 역사적으로는 단군시대 의 치세(治世)의 제도였다.

과거 우리 동이겨레는 주로 해안지대에 위치했으므로 홍수의 범람이 잦았다. 당연히 치수(治水)가 관건이었을 것이고, 이 속에서 발전된 사상 이 오행(五行)사상이다. 오행의 근본이 수(水)이므로 치수(治水)는 국가 경영의 가장 중대한 사업이 되었다. 침수의 피해 속에서 우리민족은 치수 를 위한 노력을 기울였던 것이고, 노력 결과 정전제가 확립된 것이다.

정전제를 상징하는 '우물 정(井)'자는 민족의 상징부호로 면면히 계승되 었다. 단군조선 뒤에 기자조선이 이어졌고, 기자조선의 마지막 준왕(準王) 이 위만(衛滿)에게 밀려 반도 남쪽으로 내려왔으며 이후 한족(韓族)으로 정착했다. 마한, 진한, 변한의 삼한(三韓)이 이로 말미암아 발전된 국가들 이니 이들 모두 한(韓)으로 국호를 삼았음은 단군정신의 계승을 의미한다.

한(韓)자 속에는 열 십(十)자가 넷 있으니 즉 정(井)자의 틀을 간직하고 있다. 『周易』 정괘(井卦)에 '읍은 고치되 우물은 고치지 말라[改邑不改井]'는 글이 있듯이, 우리민족은 단군조선 이후로 조선시대에 이르기까지 직간접적으로 우물의 틀을 바꾸지 않고 단군조선의 정통국가임을 밝혀왔다. 정도전은 『조선경국전』에서 국호제정의 경위를 설명하면서 기자조선의 계승자로서의 처지를 천명하고 있다.

조선 고종 때에 이르러서는 황제로 즉위하면서 대한의 국호를 사용하였고, 1948년 역시 대한의 이름을 취해서 '대한민국'을 탄생시켰다. 비록 제국에서 민주국으로 탈바꿈 했지만 단황의 정신을 계승하는 국가임을 다시 한 번 천명한 것이다.

바로 이 정전(井)의 글자 속에는 오십의 수와 연관이 있다. 정자(井字)에 십(十)자가 넷이 있고 가운데 또 십(十)이 있으니 합해서 50이 된다. 50의 의미는 일반적으로 하도와 낙서에 근거를 두었다 말할 수 있다. 하도수 55이고 낙서수 45니 합하면 100수가 된다. 100은 온전수이며 이 안에는 음양이 갖춰져 있으므로 2를

우물-井字

나누면 50이 된다. 50은 즉 100을 쓰는 용수(用數)가 되는 것이며 주역에서 말하는 '대연수(大衍數)'가 된다.

또한 하도와 낙서에 오행(五行)을 표시할 때에 생수(生水)와 성수(成數)

로서 오(五)와 십(十)이 합해서 토(土)가 되고, 오(五)와 십(十)이 서로 자
승(5×10)해서 오십(五十)을 이루기도 하니 50은 즉 토(土)의 시종(始終)과
생성(生成)을 포괄한 수가 된다. 하도와 낙서에서 모두 5토(土)로서 수의
조종(祖宗)으로 삼기도 하고 50토(土)로서 대련수로 삼고 있음이 이 때문
이다. 50토에 의해서 수(數)가 갖춰지고 만물이 생성하니 50은 태극(太極)
으로 지칭하기도 한다.

단군시대에 전해져 온 『신지비사(神誌秘詞)』가 바로 정전(井田)의 내
용을 설명하고 있는데 이 또한 전체 50 글자를 이루고 있다.

『신지비사(神誌秘詞)』는 단군 달문때의 사람 신지(神誌)인 발리(發理)
가 지은 것이며, 본래 삼신(三神)께 올리는 서원(誓願)의 글이라 하는데,
자세한 설명은 후일로 미루기로 하고 대략 소개하면 다음과 같다.

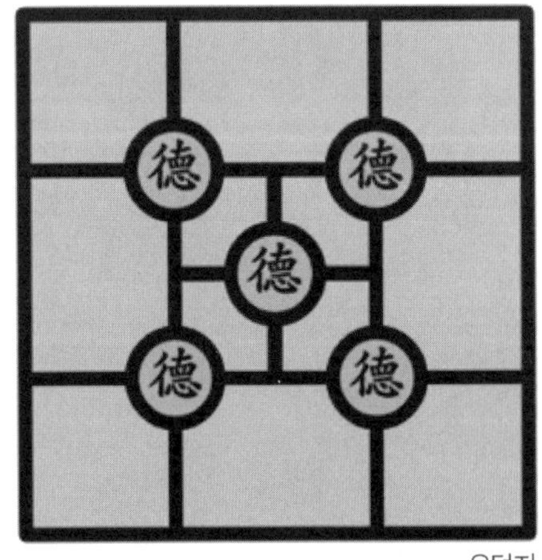

오덕지

神誌秘辭

如秤錘極器	판과 저울추와 그릇과 같으니
秤幹扶疎梁	판은 성근 기둥을 붙들고
錘者五德地	추는 오덕의 땅이고
極器百牙岡*	극기는 모든 산하일세
朝降七十國	조선에 칠십이국 항복함은
賴德護神精	덕에 힘입어 神精을 수호함이라
首尾均平位	수미가 균평한 위에서
興邦報太平	나라를 흥기함에 태평으로 보답하네
若廢三喩地	만약 三口 더한 땅을 폐한다면
王業有所傾	王業이 기울 바 있으리라

* 사람은 이빨이 생함으로 몸이 비로소 갖춰지고, 산등성이를 岡[山脊曰岡]이라 하니 산이 늘어섬으로써 땅이 비로소 이루어진다. 따라서 '백아강'은 국토가 갖춰진 것을 의미한다.

이승휴가 제왕운기를 저술한 곳으로 알려진 삼척의 천은사

삼척(三陟)이라는 지명도 '세 번 오른다'는 뜻이니 척(陟)은 승계(升階)의 뜻이다. 즉 이 땅에 세 왕조가 들어섰다는 뜻이리라. 삼척(三陟)이 신라 경덕왕 때에 개칭된 점을 감안한다면, 첫 국가는 단군조선국이었고, 둘째는 실직국이며, 셋째는 신라국이었을 것이니 은연중 단군조선에 연원을 두고 있음을 드러낸 뜻으로 볼 수 있다. 고려시대 이승휴가 이곳에서 『제왕운기』를 저술하며 단군의 자취를 드러낸 것도 묘한 인연이라는 생각도 든다.

물은 만물생성의 근원이 된다. 근원을 다스리면 여타(餘他)는 자연히 이루어지는 법, 삼척은 침수가 잦았기 때문에 찬명자(撰名者)는 치수를 생각하고, 통수(通水)의 술법인 정전제를 생각하고, 이 지역이 단군의 정신을 깃든 곳이었음을 감안해서 작명했을지 모른다.

천수(天水)의 첫 출발지인 산 이름을 '오십정산'이라 하였고, 특히 침수가 잦은 냇가의 이름을 '오십천'이라 작명한 자 그 누구인지는 모르지만 삼척의 이 땅이 과거 단군조선의 자취가 깃든 곳이기에 연원(淵源)을 생각하고 지었을 것이라는 생각이 든다.

계룡시대와 후천

계룡산 천왕봉

　사람들은 계룡산을 두고, '산태극 수태극을 간직한 곳'이라 말한다. 산이며 물이 모두 태극 모양으로 둘러쳐졌기 때문이다. 이름도 묘하다. '닭 계(鷄)'자에 '용 용(龍)'자를 써서 '계룡(鷄龍)'이라 부르고 있다. 그리 크지도 않지만 신비를 간직한 영산! 옛날부터 고인들은 계룡의 운이 후천시대에 발할 것이라 하였다.

　계룡산이 태극의 기운을 간직했다 함은 무엇을 의미하는 말일까? 한정된 지면 속에서 말하기는 어렵지만 대략 태극의 꽃이 후천시대에 피어난다는 정도만 알아두자. 무궁화 씨앗이 태극모양인데, 하지 후에 꽃이 핀다. 무궁화 꽃을 관찰하면 태극의 모습과 발현하는 이치를 짐작할 수 있다.

계룡산이라는 명칭이 통일신라시대부터 나타나고 있지만, 명칭이 굳어진 것은 조선시대로 접어들면서부터다. 옛날 무학대사가 이태조와 함께 신도(新都)를 정하기 위해 이곳을 찾았다. 그는 신도안의 좌우 산세를 둘러보고 "이 산은 한편으로는 금계포란형(金鷄抱卵形)이요 또 한편으로는 비룡승천형(飛龍昇天形)이니 두 주체를 따서 계룡이라 부르는 것이 마땅하다"고 한데서 계룡이라 불리게 되었다 한다.

산 형상이 그래서 계룡이라 이름 붙였는지는 모르지만, 계룡의 의미는 좀 더 큰 뜻을 지니고 있다.

주역에 익괘(益卦)가 있다. 익(益)은 세상을 유익하게 하는 뜻이다. 공자가 주역책을 읽다가 익괘에 이르러서 책을 덮었다는 고사가 『공자가어』에 전해지고 있는데, 바로 후천이 언제 오는지를 암시한 괘이기도 하다.

계룡산 지도

뿐만 아니라 익괘 속에는 '나라를 옮긴다(遷國)'는 내용도 있다. 구체적으로 말할 수는 없고, 다만 익괘의 모습을 살펴보면, 상괘(上卦)가 바람[風] 형상인 손괘(巽卦: ☴)가 되고, 하괘(下卦)가 우레[雷]의 형상인 진괘(震卦: ☳)가 되며, 두 괘를 합해서 풍뢰익괘(風雷益卦)라 말한다. 우레로 만물을 생하고 바람으로 만물을 기르므로 '더할 익(益)'의 '세상을 유익하

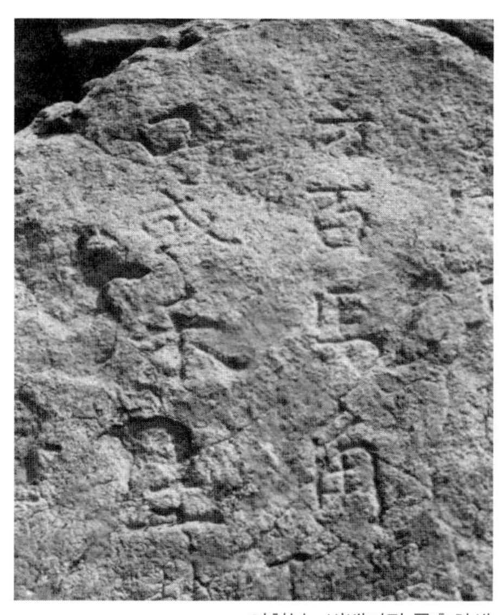

연천봉 - 방백마각 구혹화생

게 하는' 뜻이 되는 것이다.

동물로 팔괘를 붙이면, 손괘는 또한 닭을 상징하고 진괘는 용을 상징하니 풍뢰익괘 속에 계룡의 뜻이 담겨 있다.

'자시(子時)가 되면 하늘이 열리고(開) 축시(丑時)가 되면 땅이 열린다(闢)'했다. 즉 천지가 열리는 것을 개벽(開闢)이라 하니 이 땅에 천기(天氣)를 가장 먼저 느끼고 세상에 알리는 동물이 닭이다. 그래서 '계명축시(鷄鳴丑時)'라 말한다.

닭은 세상에 때가 왔음을 알리는 동물이니 후천이 오는 때를 알린다는 뜻이다. 용은 때가 되면 승천해서 풍운조화를 부리고 세상을 기르니 천하를 주재하는 영물이다. 닭이 울고 용이 승천하니 익괘(益卦) 속에 이러한 뜻이 숨어 있는 것이다. 어느 누가 갑사의 계곡 바위에 새긴 시구(詩句) 중에 '익구(益口)'라 표현한 것이 있는데 바로 '계룡지역'임을 가리키는 의미가 된다.

옛날의 선지식은 장차 다가올 후천시대는 동서(東西)가 교통(交通)하고 남녀(男女)가 평등할 것임을 예언하고 그

갑사 - 군자대

날이 오기를 염원했다. 그런데 그토록 염원했던 그 시대가 이제 열린 것이다. 후천시대의 개벽의 문은 이미 열렸으니 금계(金鷄)는 울었을 것이고, 이제 용은 승천할 것이다. 계룡 시대가 도래했다는 뜻이다.

동북 간방이 태극의 정기를 간직한 곳이라 그런지는 몰라도 태극기는 우리민족의 상징물이 되었다. 이 땅에 태극의 기운이 태동하려는 조짐 때문인지 구한말에는 태극기가 국기로 제정되었고, 일제치하 속에서도 태극기는 마치 부적처럼 광복군들의 품에 간직되었고, 3.1운동때는 물론 광복일에도 태극기는 전국을 뒤덮었다.

후천시대가 임박했음을 알리는 징조였다. 이는 또한 계룡의 운이 열리는 것임을 암시하는 것이기도 했다. 과거에 김일부선생이나 야산선생이 계룡산을 찾아들었고, 크고 작은 많은 종교단체들이 계룡의 운을 노래하며 후천시대를 맞이했었다. 계룡의 정기 속에 이 나라는 후천의 대운(大運)을 맞이하고 있는 것이다.

계룡산 천단

태극 꽃을 피운 대전

대전 전경 - 식장산

　계룡산이 태극 정기를 간직한 곳이라면 태극의 꽃을 피운 곳이 대전(大田)이라 하겠다. 대전을 '큰밭' 혹은 '한밭'이라고도 하지만 옛날에는 태전(太田)이라 불렀으니 '클 태(太)'자의 뜻이 묘하고 '밭 전(田)'의 글자가 의미심장하다.

　태(太)는 당연히 태극의 뜻으로 짐작할 수 있겠고, 전(田)의 네모(口)는 땅을 의미하고 십(十)은 십수(十數)를 말한다. 십(十)의 수는 완전한 수이며, 방위로는 동서남북과 중앙을 가리킨다. 말하자면 땅 속에 모든 것을 다 간직하고 있다는 것이다.

　곤륜산으로부터 수만리를 거쳐 흘러오며 둥글게 태극 모양을 그린 게

룡산! 계룡산은 물도 태극 모양이다. 남쪽에서 발원한 물줄기가 신도(新都)안을 적시고 두계천(豆溪川)을 이룬다. 두(豆)는 '콩 두'자이니 시작의 뜻이다. 두계를 지나면 갑천(甲川)이 된다. 갑(甲) 또한 밭(田)에 콩을 심어 뿌리를 내렸으나(甲) 아직 싹을 틔우지 못한

삼태극

모습이다.

『주역』에 '갑탁(甲坼)'이란 말이 있으니 갑(甲)을 쪼개서 좌우로 벌리면 문(門)자가 된다. 이 문을 통해서 싹이 트는 것이다. 신(申)자가 바로 이 뜻이다. 선천의 갑(甲)이 후천의 신(申)으로 싹을 틔운다는 뜻이다. 갑천의 물이 대전으로 흘러들어 윤택하게 적시면서 관통하고 있으니 이 역시 신(申)자의 모습이다.

갑천이 대전의 넓은 밭을 적시면서 부강(芙江)에서 금강의 원줄기와 합류하니 부강은 대전의 한문(捍門)이 된다. 한문은 수구(水口)를 막은 곳이니 대전의 모든 물줄기가 이곳을 거쳐 가는 것이다. 부강을 지나 공주를 거치고 부여를 감싸며 강경 군산 쪽으로 빠져 나간다. 계룡산 물이 역시 커다란 태극의 모습을 보이고 있는 것이다. 그래서 계룡산을 '산태극(山太極) 수태극(水太極) 모두를 간직한 곳'이라고 말하는 것이다.

과거에 대전을 '태전'이라 불렀음은 아마도 계룡산과 연계해서일 것이다. 단지 '크다'는 뜻만으로 '대전'을 '태전'으로 부르려 한 것은 아니고, 이곳 대전 땅이 후천시대에 태극의 원리처럼 크게 발흥할 것임을 예견했기 때문이다.

본래 대(大)는 옛날 음(音)이 '태'였다. 예를 들어, 대학(大學)을 처음에

는 '태학'으로 불렀으나 후대에 주자(朱子)가 대(大)를 대인(大人)의 뜻으로 '대학'으로 읽은 뒤로부터 '태학'을 '대학'으로 읽은 것이다. 주역에서도 '대화(大和)'를 '태화'로 읽는 것 등이 바로 이 같은 류다. 다만 굳이 '대'를 '태'로 쓰려는 이유는 태극의 뜻을 좀 더 드러내기 위함이었고, 이곳 대전이 바로 태극의 도를 펼칠 곳임을 옛 사람들은 알았던 것이다.

태극에서 만물이 생하는 이치가 마치 콩의 발아하는 모습과 똑같으므로 태(太)를 '콩 태'라고도 부른다. 콩은 오곡(五穀) 중에서도 가장 먼저 나왔으므로 예로부터 태극을 콩으로 곧잘 비유하였다. 유독 우리나라에서만 '콩 태'라 부르는 것도 동북간방의 우리나라가 문명의 시원을 이룬 곳이기 때문이다.

언젠가 문득 책에서 '대전천 주변에 콩을 많이 심었었다'는 구절을 본 적이 있었는데 아마도 이 같은 이유 때문이었으리라는 생각이 들었다. 대전을 바라보며 태극을 연상시키는 것은 어찌 보면 자연스러운 일이었을 것이다.

오랜 옛날부터 복지를 기약했던 땅 대전! 대전이라는 이름 때문이 아니라 이 지역의 주어진 운명이 그렇기 때문에 대전이라 이름을 붙였던 것이다. 어느 누가 이름 붙였을지는 모르지만 '대전'이라는 이름에 걸맞게 대전은 천혜의 복지(福地)다. 병풍처럼 두른 산들이 풍해도 막아주고 수해도 거의 없는 낙원과 같은 곳이다. 그릇이 깨끗하면 물도 깨끗해지는 법, '인걸(人傑)은 지령(地靈)'이라 했으니 좋은 땅 위에 서기(瑞氣)를 듬뿍 받는 대전의 미래를 굳이 말할 필요가 있겠는가?

대한大韓의 얼은 단군의 얼

단군 영정

위 그림의 단군 영정은 여러 단군초상 가운데 대한민국 표준으로 지정된 원본으로 부여 박물관에 보관돼 있다.

흰 도포를 드리우고[垂衣] 공수(拱手)한 채 의자에 앉아 계신 모습, 장중하면서도 단아하기만 하다.

옷 위에 덮어씌운 것은 아마 버드나뭇잎일 것이다. 『단군세기』에 '단군이 버들 궁궐에 계셨다[帝在柳闕]'하니 버드나무는 우리 민족과 관련이 깊은 나무다.

단군의 정신을 계승한 기자(箕子)도 동래(東來)해서 평양(平壤)의 대동강 기슭에 버드나무를 심었다 하니, 류(柳)의 글자가 '목(木)'변에 '동방'을 뜻하는 '묘(卯)'자를 써서 그랬는지는 몰라도 버드나무와 우리나라는 유관함이 많다.

신증동국여지승람(新增東國輿地勝覽)에는 平壤(평양)을 유경(柳京)으로 기록하였다. 우리나라만이 아니고 우리의 별종인 흉노·몽골·거란·선비·여진·고구려 등 모두에서 버드나무를 신목(新木)으로 숭배하는 사상이 공통으로 나타나고 있으니 모두가 동방(東方) 청색(靑色)을 숭배하는 의미일 것이다.

그리고 허리에 둘러친 둥글고도 큰 나뭇잎은 박달나뭇잎인 것 같다. 단군이 박달나무 아래에서 조선을 열었다는 고사에 근거삼아 짐작할 수 있다.

『주역』 구괘(姤卦)에도 '박달나뭇잎으로 외를 감싼다[以杞包瓜]'는 글이 있으니, 박달나무는 고대한 나무로 인군을 상징하고 외는 땅 위에 열리는 과일로 백성을 상징한다. 인군이 백성을 감싼다는 뜻이니 영정에 그려진 것이 박달나뭇잎이라면 주역의 뜻과도 부합된다. 박달나뭇잎으로 하체를 드리운 단군 모습은 백성을 감싸 안는 어진 군주의 표상이라 하겠다.

대개 영정 속에서 보여주는 공수한 모습은 덕으로 세상을 다스리는 상징적 의미가 담겨 있다.

『천자문』에 '조정에 앉아서 세상 돌아가는 도를 묻고[坐朝聞道], 손을 꽂고서 평안하고 밝은 세상을 이룬다[垂拱平章]'하니 덕으로 세상을 다스리는 뜻이다.

『논어』에도 '위정이덕(爲政以德)'이라 하니 곧 무위이화(無爲而化)를 상징하는 글이요 국조 단군의 성덕이 아마 이와 같았을 것임을 그림으로 보여주고 있다.

우리나라의 역사 이야기는 대개 단군할아버지로부터 시작되지만 단군 이전의 나라가 어찌 없었겠는가? 오래 전에 북해(北海: 바이칼호) 부근에 한인씨(桓因氏)의 나라[한국(桓國)]가 있어 7세를 전했으니 역년(歷年) 3301년이라 하였고, 한국의 말기에 한웅(桓雄)이 3,000무리를 이끌고 태백산 꼭대기의 신단수(神檀樹) 밑에 내려오셔서 신시(神市)라 하니 이분이 곧 신시개천(神市開天)의 주인공 환웅천왕(桓雄天王)으로서 18세를 전하고 1565년을 지냈다 한다.

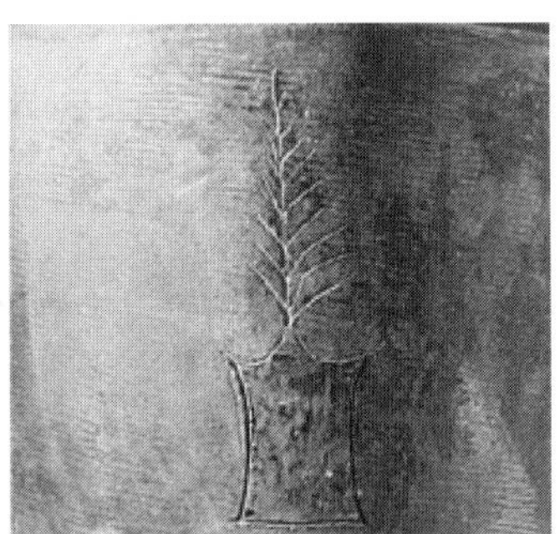

토기에 새겨진 신단수 모양-국립중앙박물관

환웅 다음이 단군이니 일반적으로 단군왕검이라 부른다. 무진년(서기전 2333)에 아사달에 도읍을 정하고 나라를 조선(朝鮮)이라 하였으며, 이해 10월 3일에 단군왕검께서 삼신(三神)에게 제사를 지냈다 하니 사람들은 10월을 '상달'이라 불렀다.

상달은 세수(歲首)를 의미한다. 새해의 정월로 삼았다는 뜻이다. 단군 조선의 10월 상달은 의미가 있다. 10월은 해월(亥月)이며 해방(亥方)은 북극성의 천제(天帝)가 거처하는 방위다.

따라서 10월 상달은 곧 단군이 당시에 건극(建極)하신 천자였음을 의미하는 것이다. 부여의 영고, 고구려의 동맹, 예맥의 무천 등은 시월상달의 이 날을 기념한 것이다. 진(秦)나라의 시황도, 한(漢)나라의 고조도 10월 세수를 따랐으니 곧 단군 건극의 뜻을 계승하려는 의도였음을 짐작할 수 있다.

여하튼 우리의 역사는 한웅시대의 신시개천으로 기산하면 개천 5907년이요, 단군조선의 개천하신 해로 셈하면 단기 4342년이 된다.

'아침의 광명한 곳' 조선은 이처럼 웅위한 기세로 역대를 전했으니, 맥(脈)은 무진년으로부터 4280년을 면면히 이어왔고, 단기 4281년이 되는 서기(西紀) 1948년 대한민국(大韓民國)이 들어섰다.

대한민국 정부수립은 군주제에서 민주제로의 변혁을 의미한다. 새 시대 새 역사의 장이 마련된 것이다. 민주 시대를 '후천시대'라 부른다. 『주역』에 천지비괘(天地否卦: ☰ ☷)와 지천태괘(地天泰卦: ☷ ☰)가 있다. 하늘이 위에 있고 땅이 아래에 있는 비괘는 인군이 주장하는 괘요 선천시대에 부합하고, 땅이 위로 올라가고 하늘이 아래로 내려온 태괘는 백성이 주장하는 괘요, 후천시대에 부합하기 때문이다.

새 시대가 되었고 모든 것이 탈바꿈한 것 같지만, 그러나 대한민국은 여전히 단군조선의 정신을 계승하고 있다. '대한'의 국호가 바로 그것을 말해준다.

한인(桓因)씨가 세운 나라 한국(桓國)은 '밝은 나라'라는 의미인데 '한'이라는 말은 桓, 天, 韓 등으로 통한다. 따라서 한국(桓國)이나 한국(韓國)은 함께 `한민족'이라는 동의어로 볼 수 있다.

기실 한(韓)자에는 테두리에 '우물 정(井)'자가 있으니 정(井)은 정전(井

田)의 뜻이며 우리 민족고유의 상징인데, 거두절미하고 한(韓)자 속에 우리 고유의 사상이 담겨 있다는 것만 밝혀야겠다.

1948년 9월 25일에 대한민국 법률 제4호 '연호에 관한 법률'에서 "대한민국의 공용 연호는 단군기원으로 한다"고 하여 단기가 공식적으로 쓰였다. 그러나 1961년 12월 2일에 폐지 법령이 선포되어 서기를 공용 연호로 쓰게 되었고, 1962년 1월 1일부터는 단기의 공식적인 사용이 중단되었다.

참으로 유구한 역사를 간직한 나라요 자랑스러운 우리민족이건만, 그런데 지금 사람들은 자신들이 과연 단군의 후손들인지 별로 관심이 없는 것 같다. 알려하지 않을 뿐만이 아니라 오히려 거추장스럽게 여기는 것 같다. 올해가 단기 몇 년인지 과연 아는 사람은 몇이나 될까? 역사가 있는 민족인데도 자기의 기원을 쓰지 않고 남의 기원을 쓰는 것을 보면 참으로 우습다는 생각이 든다. 심지어 단군상을 목 자르는 사람들도 있는 것을 보면 기가차서 말이 안 나온다. 미워해야할지, 불쌍히 여겨야 할지, 아니면 무식하다고 해야 할지.

어찌 생각하면 그 사람보다도 그 사실을 묵인하는 이 사회가 더 한심하다. 도대체 오늘날의 우리 사회는 어느 씨족이 모인 사회인지 항시 이맘때면 사회를 바라보는 필자의 마음은 답답하기만 하다.

단군년도 새겨진 동전[1961년까지]

토기에 새겨진 '아사달 문양'과 홍역洪易 사상

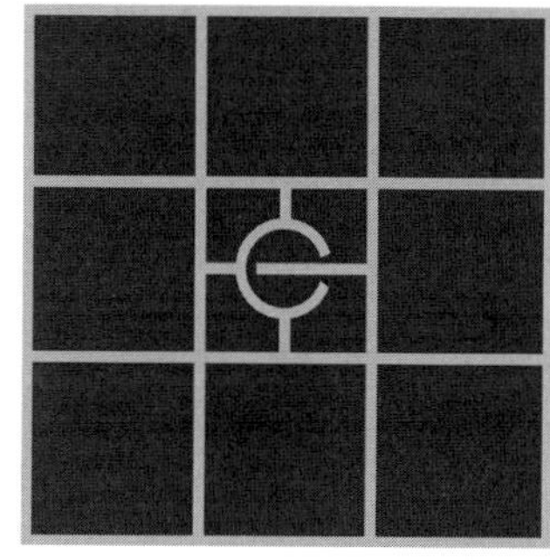

홍역사상을 담은 정전도

　일찍이 중국의 산동성 태안(泰安)에 있는 대문구(大汶口)에서 동이족 문물로 추정할 수 있는 유적이 발굴돼 학계의 비상한 관심을 불러일으킨 적이 있었다. 연대가 서기전 4300~서기전 2200년으로 추정되는 것으로 살펴보면 복희씨 이후 치우천왕과 단군조선시대로 비정할 수 있겠다.

　복희씨가 진(陳: 하남성 회양현)땅에 도읍했음과, 치우천왕이 청구(靑丘)로 수도를 옮긴 것과 이곳 일대를 단군조선의 강역으로 보는 점 등, 대문구문화를 우리의 역사로 보는 데에는 문헌이 부족한 관계로 증명하기에 어려움이 있지만 그중에 출토된 팽이형토기의 문양을 보면 단군조선의 정신을 그대로 표현한 것 같아 참으로 관심이 가지 않을 수 없다.

사진에서 보는 바와 같이 '팽이형토기'에 새겨진 문양을 살펴보면 둥근 것은 태양이고 그 아래는 달일 것으로 추측된다. 달 모양이 좀 특이하지

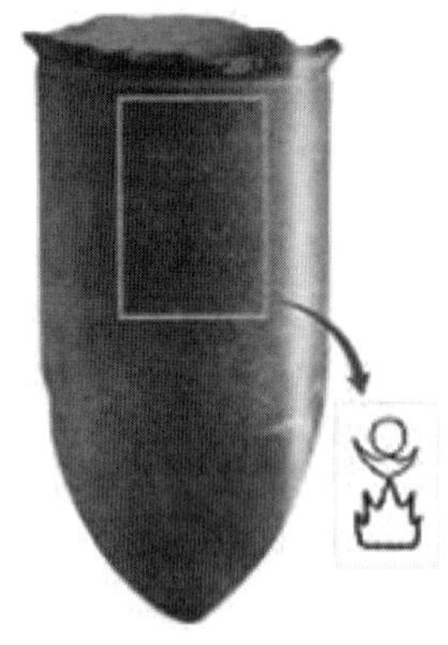

만 상현과 하현의 두 가지 모습을 표현하려는 의도가 아닌가 싶다. 그리고 맨 아래 그림 역시 애매한 모습이지만 종래의 학자들은 대체로 산일 것으로 추측하고 있다.

종합해보면 이 문양은 산 위에 해와 달이 떠 있는 모습이다.

문양에 대해서 중국학자들은 대체로 '새벽 단(旦)'자나 '하늘 호(昊)'자 등 한문자의 기원을 뜻하는 것으로 인식하고 있음에 반하여 한국학자들은 조선의 상징인 '아사달' 문양일 것으로 대체로 의견이 양분되고 있다. 필자 역시 기본적으로는 토기에 새겨진 문양이 아사달 지명 속에 담긴 의미를 그대로 표현하고 있다는 점에 있어서는 견해를 같이한다.

아사달(阿斯達)은 단군이 세웠다는 고조선(古朝鮮)의 수도다. 『삼국유사』가 인용한 『위서(魏書)』에 따르면 아사달은 단군조선의 도읍지이며, 나라를 건국한 시기는 요(堯)와 같은 시기라고 한다. 대개 요임금은 갑진년(서기전 2357년)에 등극했고, 단군은 무진년(서기전 2333년)에 개천한 것으로 보고 있다.

『고기(古記)』에 따르면 단군이 평양성(平壤城)에 도읍하였다가 백악산(白岳山) 아사달로 옮겨 1,500여 년 동안 다스렸으며, 기자조선이 성립되자 장당경(藏唐京)으로 옮겼다가 아사달로 돌아와 산신이 되었다고 한다.

비록 이야기 줄거리가 신화 형식으로 꾸며져 있지만 신화와 역사는 서

로 밀접한 관련이 있다. 멀리로는 삼황오제(三皇五帝)의 역사와 우리의 단군역사가 그렇고 가까운 역사 속에서도 신화형식의 이야기가 깔려 있지만 어쩌면 역사의 본질적인 면에 좀 더 가깝게 다가설 수 있는지도 모른다.

하여간 문헌에 의하면 고조선은 도읍지를 여러 차례 옮긴 것이 되는데, 이중 아사달의 지명과 그 의미에 대해서는 좀 더 생각해볼 여지가 많다.

아사달은 단군시대의 국호인 '조선(朝鮮)'이라는 한자식의 국명을 순 우리말식으로 옮겨 놓은 것으로 추측하고 있다. 주지하다시피 아사달의 '아사(阿斯)'는 아침의 의미일 것이다. 일본어에 '아사'를 아침이라는 의미로 사용하는 것으로 보아 짐작할 수 있다. '달(達)'은 양달 또는 음달의 '달'과 같이 땅을 뜻하는 것으로, 결국 아사달은 '아침의 해가 솟는 땅'인 바, 한자식 이름으로 정착하는 과정에서 '조선'이라는 말로 변화된 것으로 대부분 인식하고 있다.

그런데 우리의 고유어로 봤을 때, '달'은 '산'을 가리키는 뜻으로 사용되는 경우가 많았다. 대체적으로 '달'은 특히 고구려에서 고을 이름에 붙인 경우가 많은 바, 신라가 통일 이후 지명을 고칠 적에 '산(山)'으로 개명한 경우가 많았다. 달이 산의 뜻이라면 아사달이란 지명을 다른 관점에서 그 의미를 살펴볼 필요가 있다.

아사달의 '아사'는 '아침[朝]'의 뜻이지만 아침은 해와 달이 만나는 때다. 글자 안에 일(日)과 월(月)이 함께 들어 있는 것처럼, 아침의 의미를 설명하려면 태양과 달 모두를 거론해야 마땅하다. 그리고 '달'은 산을 가리키니 아사달이란 이름은 해와 달과 산을 합해서 붙인 이름임을 짐작할 수 있다.

이렇게 보면 아사달이라는 이름과 대문구의 토기에 새겨진 문양이 단지 그림을 문자로 표현한 것일 뿐 의미는 그대로 부합이 된다고 볼 수 있다.

그리고 이 같은 점을 고려할 때, 아사달이란 지명이 무엇을 근거로 이름 삼았을 것인가에 대해서 처음부터 다시 생각하지 않을 수 없다. 아마 단순하게 주변의 지세나 형상만을 보고서 이름삼지는 않았을 것이다. 적어도 국호를 정한다면 그 나라 그 민족의 전통성 내지 철학적 사상적 내용을 담고 정했을 것이다.

생각건대 토기에 새겨진 해와 달은 양과 음을 상징한 것이다. 양의 정기를 담은 것은 태양이요, 음의 정기를 담은 것이 달이다. 그리고 산은 오각(五角)으로 오행을 상징한다.

『주역』 설괘전에 "만물을 마치고 만물을 시작하는 것이 간(艮: 산)보다 더한 것이 없다[終萬物始萬物者 莫盛乎艮]"하니 만물의 시작과 마침을 설명한 것이 오행이다. 따라서 토기에 새겨진 해와 달 그리고 오각의 산 모양은 그대로 음양과 오행을 표시한 것으로 볼 수 있다.

음양을 설명한 책이 주역이요, 오행을 설명한 책은 홍범구주다. 주역은 천지자연의 이치를 음양적으로 풀이한 철학서이고, 홍범은 인사의 도리를 오행적으로 풀이한 정치서이다. 주역과 홍범을 합해서 홍역(洪易)이라 부르기도 하니, 즉 홍역은 음양오행학으로써 우리 민족의 전통적 사상이 된다.

따라서 토기 문양은 음양오행의 원리, 즉 홍역사상으로써 과거 신시배달시대 내지 배달시대의 정신을 계승한 고조선의 족속들이 표시한 것이거나 아니면 고조선 이후에 후예들이 산동반도 지역에 분포해서 각자 나라를 세우고 고조선문명을 전파하면서 그들 조상의 정신을 잊지 않기 위해서 새겼을지 모른다. 아울러 단군조선이 도읍지를 아사달이라 이름 삼은 것도 바로 홍역사상을 치세의 이념으로 삼으려는 의도였을 것으로 짐작된다.

천보구여 天保九如

묘금채칠천보구여어옥(描金彩漆天保九如於玉)

"하늘이 그대를 보정(保定)하사 흥성(興盛)하지 않음이 없는지라.

산과 같고 언덕과 같으며[如山如阜], 산등성이와 같고 구릉과 같으며[如岡如陵], 냇물이 막 이르는 것과 같아[如川之方至] 불어나지 않음이 없도다. 길일(吉日)을 택하여 정결하게 주식(酒食)을 지어서 효성으로 제향(祭享)함에 봄·여름·가을·겨울 제사를[祠礿嘗烝] 종묘(宗廟)에서 올리니, 조상께서 말씀하시길 '만수무강(萬壽無疆)을 기약하리라'하시도다…. 달이 상현(上弦)과 같으며[如月之恒], 해가 떠오름과 같으며[如日之升], 남산의 장수함과 같아[如南山之壽] 이지러지지도 무너지지도 않으며, 송백의 무성함과 같아[如松柏之茂] 그대를 계승하지 않음이 없도다."

『시경(詩經)』에 나오는 글이다. 조상을 추모하니 조상이 만수무강으로 보답하시고, 하늘이 복록을 내리시니 천도와 인사가 하나 됨을 말한 것이다.

이 땅에 강토(疆土)를 연 적이 언제부터였을까? 우리 겨레의 그 이전의 역사가 없겠는가마는 대개 단군왕검(檀君王儉)이 개국(開國)하신 해로 기점 삼으니 때는 무진(戊辰)년이요 서기전 2333년이다.

『단군세기』에서는 고기(古記)의 말을 인용해서 다음과 같이 말하고 있다. "왕검의 아버지는 단웅(檀雄)이고 어머니는 웅씨(熊氏)의 왕녀다. 신묘(서기전 2370)년 5월 2일 인시(寅時)에 박달나무(檀木)밑에서 태어났다. 신인(神人)의 덕이 있어 주변의 모든 사람들이 겁내어 복종했다. 14세 되던 갑진(서기전 2357)년 웅씨의 왕은 그가 신성함을 듣고 그를 비왕(裨王)으로 삼고 대읍(大邑)의 다스림을 대행하도록 하였다. 38세가 되는 무진년(서기전 2333) 제요도당(帝堯陶唐)때에 단국(檀國)으로부터 아사달의 단목(檀木)터에 이르니 온 나라 사람들이 받들어 천제(天帝)의 아들로 모시게 되었다. 이에 구환(九桓)이 모두 뭉쳐서 하나로 되었고 신과 같은 교화가 멀리 미치게 되었다. 그를 단군왕검이라 하니 비왕의 자리에 있기를 24년, 제위(帝位)에 있기를 93년이었으며 130세까지 사셨다."

단군은 신묘생이고 요임금은 기축생이니 2살 차이가 난다. 2011년이 신묘년이니 단군이 태어나셨던 해로부터 만 73갑(甲)이 된다. 60갑자가 73번 돌았다는 뜻이다. 세상은 돌고 돌아 이제 우리의 역사는 74번째 환갑을 눈앞에 두고 있다.

'아침의 태양이 빛나는 곳' 비록 한자어로 풀이한 뜻이기는 하지만 우리에게는 분명 동방의 문명을 시작한 곳! 그곳이 바로 이곳임을 은연중에 자부하는 호칭이다. 아침은 근원의 뜻을 간직하기에 조상을 모시는 사당을 '묘(廟)'자로 썼다. '집 엄(广)'자 안에 '아침 조(朝)'자를 쓴 것이니, 그래서 우리 조상들은 터의 동쪽에 사당을 세웠다. 근본을 잊지 않기 위해서다.

그런데 '조선'이라는 국호는 한자가 생기기 이전의 음독(音讀)이니 우리의 고대어로는 무슨 뜻이었을까?

단재 신채호선생은 조선의 어원은 '숙신(肅愼)'이라 했다. 숙신은 곧 '주신'에서 변천된 것이니 '주신'은 다름 아닌 '하늘이 내려주신 씨앗'이라는 뜻이다. 『흠정만주원류고』에서는 주신을 한자어로 '주신(珠申)'이라 표기했다.

오늘날의 만주(滿洲)는 본래 '만주(滿珠)'에서 변천된 것이다. 아마도 만주(滿珠)의 뜻이 '주신족이 가득한 곳'이라는 뜻일까 싶다. 여하튼 조선이나 만주나 모두 같은 민족이요, 족속들이다.

역사는 흘러서 많은 왕조의 흥망성쇠가 있었지만 단군조선의 민족정신은 면면히 계승되었다. 역대 왕조가 모두 국조 단군을 받들었다는 뜻이다. 『주역』 정괘(井卦)에 '읍은 고치되 우물은 고치지 않는다[改邑不改井]'는 바로 그와 같은 뜻이다.

단군기원(檀君紀元) 4343년! 며칠 뒤면 10월 3일 개천절이다. 본래 우리 민족은 태극(太極)의 정기를 간직한 민족이다. 태극의 태(太)를 우리나라에서만 '콩 태'자로 부른다. 시원의 뜻이요, 씨앗을 의미한다. 그야말로 '하늘이 내려주신 씨앗'이기에 그렇다. 태극의 무궁(無窮)함을 간직한 이 땅은 참으로 '만수무강(萬壽無疆)'의 터전인 것이다. 그러기에 '천보구여'의 네 글자는 우리민족에게 꼭 맞는 글이다. '천손(天孫)민족'이요 '축복받은 민족'의 후예로서 개천절(開天節)을 기리는 것은 당연하지 않은가!

일월오봉도 日月五峰圖와 홍역 洪易사상

일월오봉도

만원권 지폐를 보면 세종대왕 모습과 함께 일월오봉도가 그려져 있다. 전게(前揭)한 글에 '천보구여(天保九如)'에 대한 글을 실었던 바, 『시경』의 '천보'장을 그림으로 나타낸 것이 '일월오봉도'다.

과거 조선의 왕은 일월오봉의 병풍 앞에 앉아서 정사(政事)를 보았다. 대궐 안에서는 물론이고 대외 행사시에도 꼭 이 병풍을 쳤으니 이 '일월오봉'은 국왕 혹은 나라의 상징이었다. 중국이나 일본에서 볼 수 없는 우리만의 의례였다.

푸른 하늘에 붉은 태양과 하얀 달이 동서(東西)로 두둥실 떠 있고, 다섯 개의 산봉우리가 의연히 서있으니 천지(天地)가 위(位)를 정한 모습이요, 계곡물이 흘러 바다를 이루고 적송(赤松)이 무성하게 서 있으니 천지 사이에 만물이 자리잡은 뜻이다. 왕(王)은 천지인(天地人) 삼재(三才)를 통한 자니, 병풍 앞에 임금이 앉아 있음으로 그야말로 '왕(王)'자 형상이라 한다. 일리 있는 말이다.

『주역』의 글에 "성인은 남면해서 천하의 소리를 듣는다[聖人 南面而聽天下]"하였다. 임금은 남쪽을 향해 앉는 법이고, 임금을 기준해서 좌측의 동쪽은 해가 솟는 곳이고, 우측의 서쪽은 달이 뜨는 곳이므로 동서로 붉은 해와 하얀 달을 묘사했다.

산은 만물이 시작하고 마치는 곳! 근원처에서 계곡물은 흘러 내를 이루고 바다를 이루고 있다. '천보'장에서 말하는 "산과 같고 언덕과 같으며[如山如阜], 산등성이와 같고 구릉과 같으며[如岡如陵], 냇물이 막 이르는 것과 같아[如川之方至] 불어나지 않음이 없다"는 말과 같다.

"달이 초승달과 같으며[如月之恒], 해가 떠오름과 같다[如日之升]"하니 해와 달이 동서에 떠 있음이며, "남산의 장수함과 같아[如南山之壽] 이지러지지도 무너지지도 않으며, 송백의 무성함과 같아[如松柏之茂] 그대를 계승하지 않음이 없다"하니 좌우에 무성한 적송(赤松)이 세워져 있음이다.

'수여산(壽如山) 복여해(福如海)'라 할까? 높은 산과 같이 만수무강하기를 기약하고, 백천(百川)이 이르는 바다와 같이 복록이 무궁하기를 찬양한 그림이다. 아홉 곳을 말했기에 '구여(九如)'라 했다. 국왕의 수복을 기리는 글이기도 하고, 나라의 만세보전을 염원하는 글이기도 하지만, 그러나 필자는 다른 관점에서 일월오봉도를 살펴보고 싶다.

일월은 음양(陰陽)이요, 다섯 봉우리는 오행(五行)을 상징한다. 고대 동양의 문헌 중에서 『주역』과 『서경』에 나오는 '홍범(洪範)'편이 있다. 대강 소개하자면, 주역은 음양학으로 천지자연의 이치를 설명한 것이고, 홍범은 오행으로 인사의 당연함을 설명한 글이다.

주역과 홍범을 합해서 홍역(洪易)이라 하고 음양과 오행학이므로 '음양오행지학' 혹은 '이오지학(二五之學)'이라 부르기도 한다.

인사의 극치는 정치가 되니 홍범을 정치서(政治書)라고도 한다. 홍범은 하나라 우임금의 치수의 도를 기자(箕子)가 주나라 무왕에게 전한 것이고, 주역은 복희씨의 도를 문왕이 후세에 전한 것이다. 문왕과 기자가 전한 홍역(洪易) 의도를 공자가 계승하였고, 유교를 국시로 택한 조선조가 역시 홍역사상을 계승하는 의미로 일월오봉도에 담을 수 있었을 것이다.

인류역사상 가장 근원이 되는 글을 꼽으라면 홍범과 주역의 글일 것이다. 근원이 깊을수록 세(勢)가 장대한 법, 홍역(洪易)사상은 세상을 다스릴 수 있는 만세의 법전으로 삼을 수 있기에 조선왕조는 홍역사상을 통치의 수단으로 삼았던 것이다.

주역을 전한 문왕

홍범의 도를 전한 기자

읍邑은 고치되 우물[井] 고치면 안 된다

우물정자 모양-창경궁 명정전

옛날부터 집안이 좋은 자를 한골(韓骨)이라 불렀다. 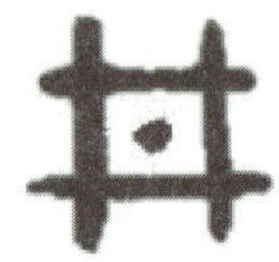
『여유당전서(與猶堂全書), 아언각비(雅言覺非)』에서 말
하기를, '속어에 귀족을 한골양반(韓骨兩班)이라 불렀다.
한골은 第一骨이니… 신라의 풍속에 왕족을 第一骨이라 하고 후족(侯族)
을 第二骨이라 불렀다'하니 한(韓)은 '큰' 혹은 '우두머리'의 뜻이다.

비슷한 글자로 간(干)자를 쓰기도 한다. 신라시대에 임금을 마립간(麻
立干)이라 하고 신하를 아간(阿干)이라 칭한 경우가 그런 예다. 우리 민
족은 오랜 옛날부터 밝은 문명의 꽃을 피워왔다. '밝은 나라' 혹은 '환한

나라'라는 의미로 아득한 옛날 이 땅에는 환국(桓國)이라는 나라가 존재했었다. 이때의 환(桓)은 '밝은' 뜻을 지니는 바, 한자음으로는 환(桓), 한(韓), 간(干)으로 구분해서 발음하지만 사실은 동음동의(同音同義)다.

환(桓)은 '나무 목(木)' 변에 '뻗칠 긍(亘)'자를 쓴다. 목(木)은 동방을 상징하고 긍(亘)은 하늘과 땅 사이에 해가 비추는 모습이니 '동방의 밝은 곳'의 뜻이다.

한(韓)은 설명이 좀 복잡하다. 좌변은 '날 일(日)'자 위아래에 십(十)을 붙였으니 해가 10일을 주기로 돌고 도는 원리를 표현한 것이다. 우변의 위(韋)는 '가죽 위(韋)'자인데, 가죽으로 서로 엇갈려서 물건을 묶는다는 뜻으로 '어긋나다'는 훈(訓)을 갖지만 어긋나는 뜻이 '기이하다'는 의미로 변천되어 일반 사람들과 달리 행동하는 사람으로서 偉大(위대)하다는 뜻을 담고 있다. 따라서 韓(한)은 '해 뜨는 동방의 위대한 민족'이라는 의미를 담고 있다.

한(韓)을 달리 해석할 수도 있다. 한(韓)은 간(幹)과 통하는 글자로서 '우물 난간'을 가리키기도 한다. 글자의 모습이 십자(十字)를 넷 갖고 있으니

즉 '우물 정(井)'자의 틀 안에 한(韓)자를 담고 있다. 사람이
정착해서 거주하기 위한 조건으로 우물은 필수였을 것이고
우물을 중심으로 마을이 형성되고 발전하여 좀 더 큰 규모
의 사회가 이루어졌을 것이다. 따라서 정(井)자는 바로 정전제(井田制)의
원형이 된다.

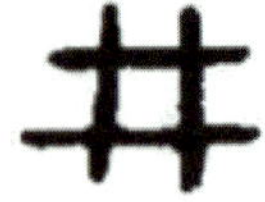

그런데 이 정전제는 낙서(洛書)의 원리에서 나왔다. 일반적으로 낙서는
하나라의 우(禹)임금 때에 나온 것으로 알고 있지만 이 또한 전래한 바가
있다.

진(晉)나라 황보밀(皇甫謐)이 지은 『제왕세기(帝王世紀)』에 '우(禹)가
홍수를 다스릴 때 창수사자(蒼水使者)를 만나서 금간옥첩(金簡玉牒)을
얻으니 이것이 황제중경(黃帝中經)이다. 통수(通水)의 술법으로 정전제
를 베풀었으니 이에 숙신씨(周愼氏)의 덕을 잊지 못한다'했고, 『환단고기
(桓檀古記)』에도 '단군이 태자
부루를 보내어 우와 함께 도산
(塗山)에서 회맹(會盟)하였고 태
자는 오행치수의 법을 전하였다'
라고 나와 있다.

'숙신씨'는 우리민족의 별종이
되니 정전법(井田法)은 우리의

신라토우총·광개토대왕시대출토유물

고유제도가 되며, 낙서의 오행 치수의 법은 단군조선이 전한 것이다. 정
(井)은 우리 민족의 상징부호가 되므로 한(韓)자 속에는 민족정신을 계승
하려는 뜻이 담겨 있다. 오랜 세월을 거치는 동안 많은 왕조가 교체되었
지만 우리 민족의 혼을 담은 정(井)의 틀은 깨지지 않고 면면히 이어졌다.

조선이 망해갈 무렵, 고종은 경복궁 남쪽에 원구단(圜丘壇)을 쌓고 하늘에 제사를 올리며, 황제로 즉위하면서 대한제국(大韓帝國)의 탄생을 선포하였다.

불행히 나라는 망했지만, 그러나 임시정부 통합이후 다시 국호를 정하자는 논의가 있었다. 많은 논란과 반대 의견도 있었지만 결국 '대한'으로 망했으니 '대한'으로 흥하자는 주장이 다시 대두하여 표결에 붙인 끝에 '대한민국'으로 국호가 제정되었다. 묘하게도 민족을 표상하는 틀은 바뀌지 않은 것이다.

광복이 되고 1948년에 대한민국의 국호로 정부가 수립되었다. 전제국가에서 민주국가로 주인은 바뀌었지만 정(井)의 틀은 고치지 않았다. 『주역』 정괘(井卦)의 첫 머리글에 '읍은 고치되 우물을 역시 고치지 못한다(改邑不改井)'하였다. 나라는 바뀌어도 한민족이라는 이 틀은 바꿀 수 없으니 대한민국정부 수립은 63주기를 맞고 있지만 대한의 정신적 뿌리는 단군조선시대로부터 끊어지지 않고 계속 이어지고 있는 것이다.

원구단

첨성대 꼭대기 '井'자

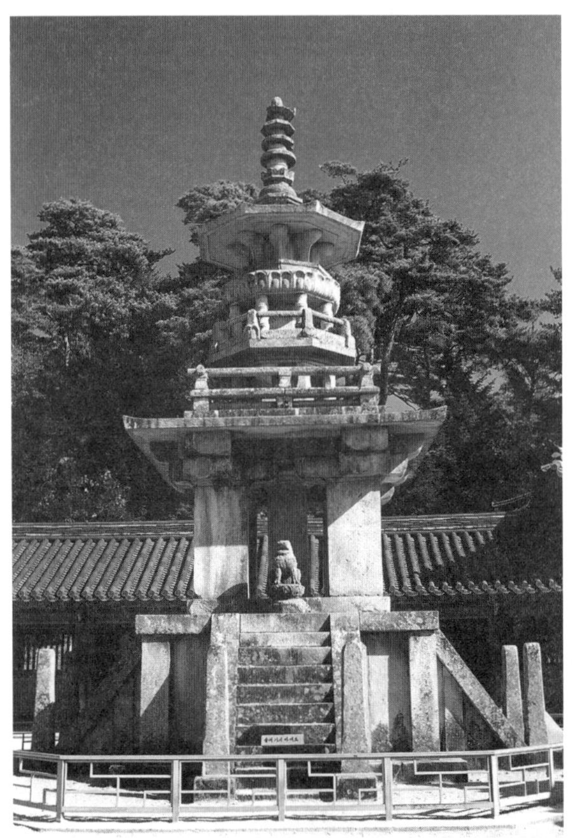

다보탑 탑신 안의 '井'자

태양의 신, 삼족오三足烏

삼족오-고구려쌍영총

과거에 고구려의 건국과정을 그린 '주몽'이 TV에 방영된 적이 있었다. '삼족오'가 가득 화면을 채운 장면이 지금도 눈에 선하다. 세 발 달린 까마귀라 해서 삼족오(三足烏), 혹은 밝은 태양을 상징하는 의미에서 금오(金烏)라고도 하는데, 많은 사람들이 삼족오라는 이름은 알고 있지만 그것이 의미하는 바를 잘 모르는 것 같다.

까마귀는 '까만 새'라는 뜻이다. 고어인 '가막'과 기러기, 뻐꾸기 등 새[鳥]에 붙이는 명사형어미 '이'가 붙게 된 것으로 보인다. 요즘에는 까마귀를 흉조로 보고 있지만 옛날에는 귀한 새로 여겼었다.

이시진의 『본초강목』에 "이 새가 처음 태어나서는 어미새가 60일을 먹이주고, 새끼가 성장해서는 다시 어미 새를 60일간 먹이니 효조(孝鳥)라 말할 수 있다”하였다.

'반포보은(反哺報恩)'의 고사로 이름날 정도로 까마귀는 봉황의 덕을 간직한 새요, 우리의 민족성을 드러낸 새라 하겠다. 그래서 옛 사람들은 탄식의 뜻이 담긴 의성어로 '오호(嗚呼)'라 하는 바, 이는 까마귀의 반포지효를 기리기 위해서 표기한 것이다. 아마 새 중에 까마귀를 내세운 것은 이같은 뜻에서 연유했을 것이다.

그런데 고구려 쌍영총 등 우리나라의 고분벽화에 그려진 까마귀 모습을 보면 하나의 몸통에 세 개의 발이 달려 있다. 그래서 '삼족오'라 한 것인데, 결론부터 말하자면 삼족오는 태양을 상징하는 것이며 우리민족의 상징성을 함유하고 있다.

우리민족은 오랜 옛날부터 태양을 숭배했다. '하늘이 내려주신 씨앗'이라 해서 '주신씨 혹은 숙신씨'로 불린 우리 민족, 천손(天孫)의식을 갖고 있는 한민족 고유의 상징, 그래서 새를 태양의 상징물로 삼은 것이다.

『한단고기』에도 '갑인 7년(기원전 1987년) 삼족오가 대궐 안으로 날아들어왔는데 그 날개 넓이가 석자가 되었다(甲寅七年三足烏飛入苑中其翼廣三尺)'하였다. 그런데 사실 태양을 상징하는 것은 삼족오만이 아니고 날짐승 종류들이 다 포함된다. 사신도(四神圖)에서 남방을 주작(朱雀)으로 표현한 예가 그러하다.

주작은 일반적으로 봉황으로 상징되지만 굳이 까마귀를 거론하는 이유가 있다. 까마귀는 색이 까맣기 때문에 음물(陰物)로서 말한 것이니 태양의 신 까마귀는 일정(日精)의 양중음물(陽中陰物)임을 상징적으로 표현하고 있다. 그래서 까마귀는 태양 속에 산다 한 것이다. 반대로 음중양물

로서 달 속에 토끼와 두꺼비가 산다 하
였다. 양수는 홀수인 1로 말하고 음수
는 짝수인 2로 말하는 이유다. 일정(日
精)은 하나이지만 월정(月精)을 둘로 두
는 것이다.

태극의 이치는 양에서 음이 나오고
음에서 양이 나온다. 그래서 음양의

토끼와 두꺼비 새겨진 수막새-국립박물관

두 모습으로 표현했지만, 1과 2가 합해서 3이 되고 일월(日月)이 합해서
명(明)자가 되듯 태극은 또한 '삼태극'으로도 표현한다. '날 일(日)'자 안에
일(一)을 넣었고, '달 월(月)'자 안에 이(二)를 넣은 것도 일월(日月)의 정
(精)이 그러하기 때문이다.

하나에서 셋이 나오는 이치, 이것은 바로 태극에서 '천지인 삼재'가 나오
는 이치다. 태극 속에 담겨진 일월의 정(精)! 태극에서 삼(三)이 나오므로
까마귀 몸 하나에 세 발을 둔 것이다.

그리고 어떤 고구려 고분벽화를 보면 동방의 청룡과 남방의 봉황 사이
에 삼족오가 그려져 있다. 생각건대 이는 천지와 음양을 이어주는 뜻, 하
늘의 소식을 지상에 전해주는 새로 그리지 않았을까 여겨진다. 칠월칠석
날 견우와 직녀가 오작교를 통해서 서로 만나듯이 남원 광한루에 오작교
를 놓아 극작한 것이다.

『삼국유사』에 나오는 '연오랑(延烏郎)과 세오녀(細烏女)'의 이야기도
'까마귀 오'자를 써서 '태양의 정기'로 비유하고, '열면 두 사람이 죽고 안
보면 한 사람이 죽는다'는 비처왕 이야기, 그래서 정월 보름날에 까마귀를
기리는 제사를 지냈다는 고사 등 근원을 추구하면 삼족오 전설에서 벗어

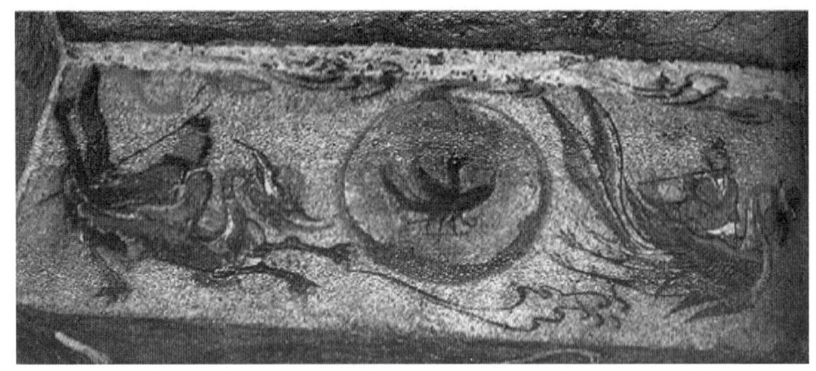

나지 않을 것이다.

　요즈음에는 마을 한 어귀에 세워져 있는 솟대 위에 앉아 있는 새를 자주 보게 된다. 대부분 정체불명의 새 모양을 조각하고 있지만 본래 저 새도 까마귀였지 않았을까 생각이 된다. '근본을 잊지 않으려는(不忘本)' 마음에서 선조들은 민족의 얼을 기념하기 위해서, 혹은 효조로써, 혹은 천지신명의 소식을 전해주는 길조(吉鳥)로서, 혹은 마을을 지키는 수호신으로써 마을 곳곳마다 세웠을 것이다. 다양한 상징을 담고 전해 내려오긴 했지만 근원의 뜻을 추구하면, 삼족오는 『천부경』에서 말하는 '삼극으로 쪼개지는(析三極)' 원리요, 우리 민족이 인류 태초 문명의 시원국임을 천리(天理)로 상징화한 것이다.

　한민족 고유의 '삼신일체(三神一體)' 사상과도 같은 맥락이고, 단군조선 시대의 삼한관경제(三韓管境制)도 이에 뿌리를 두었을 것이다. 바로 고조선의 정신을 계승하려는 고구려의 의지가 삼족오를 국가의 상징물로 삼지 않았나 하는 생각이 든다.

조선의 통치이념을 담은 경복궁

경복궁 근정전

　일전에 서울에 있는 학회 회원들과 함께 경복궁을 둘러보았다. 오래간 만의 서울 나들이라 감회가 새로웠다. 백악과 응봉 자락 사이에 세워진 경복궁, 600년 조선왕조의 정치이상을 실현하려 했던 경복궁이란 이름은 『시경』에 있는 '군자만년(君子萬年) 개이경복(介爾景福)'이란 글귀에서 따온 것이다.

　입장하니 위용의 근정전(勤政殿)이 우리를 맞았다. 임금이 정사를 보았 다던 근정전은 정면 5칸, 측면 5칸 규모다. 5는 홍범의 황극(皇極)을 가리 키는 수로서 왕도정치를 표상한 것이다. 오행으로는 중앙 토다. 중정(中

正)한 자리에서 모든 것을 관장하는 의미다. 5×5=25칸은 오행의 극수로 이해하면 될 것이다. 나라정치는 임금의 부지런함이 으뜸이므로 정도전은 '근정전'이라 이름을 붙였다. 근정전만이 아니고 궁궐의 이곳저곳을 정도전이 제명(題名)했다 한다.

경복궁을 구경하려면 『서경』의 '홍범'과 『주역』을 알아야 한다. 곳곳에 붙은 이름이며 건물의 위치 등 모두가 홍범과 주역[합해서 '홍역']의 원리에서 취한 것이다. 『주역』은 천지자연의 이치를 음양적으로 풀이한 것이고, 「홍범」은 인사의 도리를 오행적으로 설명한 것이다. 그래서 홍범과 주역을 '음양오행학'이라고도 하고 혹 '이오지학(二五之學)'이라고도 부른다.

경복궁 전체 모습은 남북으로 광화문(光化門)과 신무문(神武門)을 두었고, 동서로 각각 건춘문(建春文)과 영추문(迎秋門)을 세웠다. 모두 음양오행의 원리에 맞춰 이름 붙인 것이다.

남쪽은 밝은 곳이므로 당초에 광화문은 정문(正門)이라 하였다. 고전(古典)을 상고하면, 천자의 문을 단문(端門)이라 하니 '단(端)'은 '바르다[正]'의 뜻이다. 정교(政敎)가 모두 이 문으로 나가게 되므로 오문(午門)을 정문으로 한 것이다. '오문'은 남방을 가리키니 『주역』의 글에 '성인은 남면해서 천하의 소리를 들어야 한다[聖人 南面而聽天下]'는 뜻을 취한 것이다.

이 오문을 세종이 광화문으로 바꾸었다. 『서경』의 '광피사표(光被四表) 화급만방(化及萬邦)'에서 따온 말이다. 여기서 '광(光)'은 인군의 성덕(盛德)을 의미한다. 인군의 덕화(德化)가 만방에 미치기를 염원한 뜻이다.

북쪽은 어두운 음살의 기운이 서려 있는 곳이다. 그런데 북쪽문 이름을 신무(神武)라 하였다. 신무 역시 성인을 가리키는 말로서 『주역』 계사전

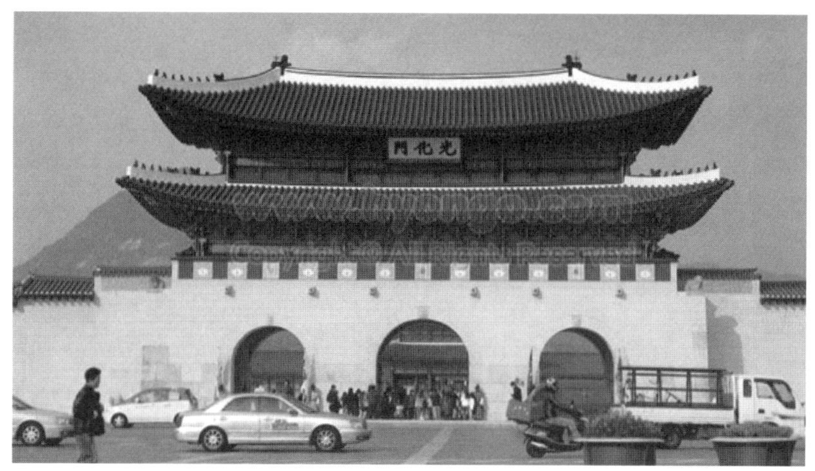

'신무하되 죽이지 않는 자[神武而不殺者]'에서 인용한 것이다.

앞에는 임금이 정사를 돌보는 곳이라면 뒤는 음이 서린 곳이므로 음을 상징하는 왕비와 후궁들이 거처하였다. 안쪽 깊숙이 있으므로 내전이나 중궁으로도 불린다. 북쪽은 음기가 극한 곳이요, 음인(陰人)이 거처하는 곳이다. 음은 살기(殺氣)가 있어 무(武)를 뜻하기도 하지만 성인은 곧 신무(神武)한 자요 '불살자(不殺者)'라는 뜻이다.

동쪽은 해 솟는 곳이므로 '건춘(建春)'이 된다. 세자가 거처하므로 동궁(東宮) 또는 춘궁(春宮)으로도 불린다. 서쪽은 해가 지는 곳이므로 영추(迎秋)다. 왕비자리에서 물러난 대비들이 기거하니 인생이 무르익는 곳이요, 황혼기의 삶을 정리하는 곳이다. 모두가 역의 원리다.

근정전 뒤를 가면 사정전(思政殿)이 있고, 사정전 뒤로 강녕전(康寧殿)과 교태전(交泰殿)이 있다. 내전으로서 왕비의 침전(寢殿)이 된다.

강녕전으로 들어가는 문이 향오문(嚮五門)이다. 홍범 구오복(九五福)의 '향용오복(嚮用五福)'에서 따온 말이고, 오복(五福 : 壽 · 富 · 康寧 · 攸

好德·考終命) 가운데 강녕(康寧)만을 표시했을 따름이지 실상은 전체를 담고 있다. 그래서 강녕전 구역은 건물 이름이나 건물의 수가 5와 관련이 되어 있다.

침전 모두 다섯 채이고 침전 내부도 가로 세로 각 3칸 씩, 모두 9칸인 구궁(九宮)의 형태로 만들었으며, 그 중앙인 5의 자리에 왕의 침소를 마련했으니 주역 구오(九五)효의 군왕을 상징하고 있고, 구오복(九五福)의 복록의 근원이 여기에서 비롯됨을 상징하는 뜻이리라.

강녕전 뒤로 양의문(兩儀門)이 있고 들어가면 교태전(交泰殿)이 있다.

교태는 태괘(泰卦)의 '천지교태(天地交泰)'의 글을 취한 것이다.

인군은 용을 상징하므로 내전인 교태전과 강녕전에는 용마루가 없다. 용이 밖에 없고 침실에 들어 있다는 뜻이다. 천지가 교태하듯 왕과 왕비가 정을 통해서 왕세자가 탄생하는 것이다.

왕과 왕비가 교태전 안에서 하나가 되니 곧 음양을 합한 태극의 모습이요, 양의문(兩儀門)을 나와서 강녕전에 이르는 것을 음양이 변화해서 오행이 되는 이치다. 오행이 두루 퍼져서 사시(四時)가 행하고 만물이 화생하니 사정전을 기준으로 동쪽에 만춘전(萬春殿)과 서쪽에 천추전(千秋殿)이 있고, 정문인 광화문도 '화급만방'에서 따온 말이니 오행에서 만물이 생하는 이치를 담고 있다. 즉 음양은 주역이요 오행은 홍범이니, 홍역을 통해서 만물을 기르려는 뜻을 담은 표현이라 하겠다.

사실 경복궁 건축물 구조를 살펴보면, 염계선생이 그린 태극도의 태극-음양-오행-만물화생의 도식 그대로를 보여주고 있음을 알 수 있다.

성리대전의 첫 장이 염계선생의 '태극도설'부터 시작되고, 퇴계선생의 성학십도에서도 맨 처음 '태극도'를 그린 바로 그 뜻이다. 조선왕조의 통치이념을 간직한 곳, 유교사상의 근간이요 성리학의 핵심사상이 바로 홍역이요, 홍역의 세계도가 경복궁 건축물에 표시되어 있는 것이다.

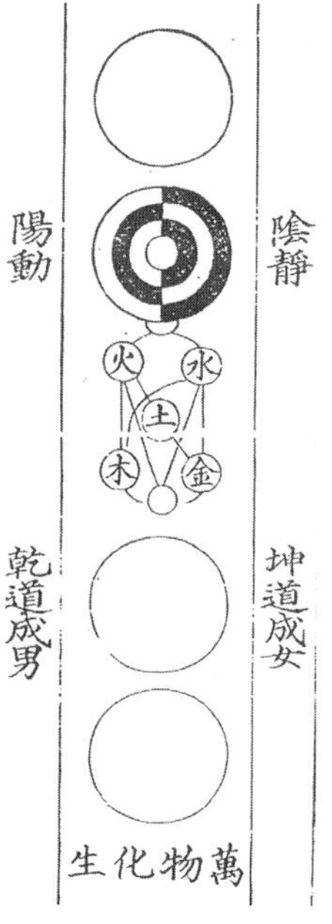

태극도-성리대전

어천절은 단군 승천하신 날

강화도 참성단

10월 3일 개천절은 알지만 3월 15일이 어천절(御天節)임을 아는 이가 적다. 어천(御天)이란 용어는 『주역』에서 나온다. '때로 여섯용을 타고 하늘을 난다[時乘六龍以御天]'에서 취한 성어일 것이니 '어천절'은 단군이 승천하신 날을 기념한 명절이다.

회원들은 어천제를 지내기 위한 장소로 강화도 마리산을 택했다. 단군왕검의 자취가 깃든 곳이기 때문이다. 마침 어천절이 일요일에 닿기 때문에 많은 회원들이 함께 하였다.

마리산(摩利山) 명칭은 『고려사』나 『세종실록』 등에 나온다. 마리는

‘머리’의 옛 말로써 뭇 산의 머리가 되는 성산(聖山)임을 상징한 이름이다. 그래서 두악(頭岳)으로도 표기하고 있다. 산은 높지 않지만 국조의 자취가 서린 곳이니 어찌 머리산이 되지 않겠는가? 혹은 ‘마니산(摩尼山)’이라 부르기도 하는데 범어로써 보주(寶珠), 즉 여의주를 의미하니 하여간 모두가 이 산을 숭배한데서 온 명칭들이다.

강화도는 과거에는 육지였던 모양이다. 단군조선시대부터 강화를 갑비고차(甲比古次, 갑곶)라 부른바 ‘곶이(古次·串)’란 육지가 바다로 길게 뻗어 나간 지형을 말하는 것이니 강화가 섬이 아니었음을 짐작할 수 있다. 한남정맥의 끝닿은 문수산(文殊山)에서 그치지 않고 도수(渡水)해서 만든 곳, 육지와 연결된 곳인지 아닌지 불분명해서 육해(陸海)라고도 불렀다.

그리고 마니산은 백두산 천지와 한라산 백록담의 중간에 위치해 있다 한다. 인체의 배꼽과 같은 곳이요 한반도 숨구멍 같은 곳이라 혈구(穴口)로도 표기하는데 이곳에 참성단을 쌓고 천제를 지낸 것이다.

참성단 유래는 고려때 이암(李嵒)이 저술한 『단군세기(檀君世紀)』에 보면 ‘단군왕검이 운사인 배달신에게 명하여 혈구에 삼랑성을 짓고 마리산에 제천단을 쌓게 하였으니 참성단이 바로 그것이다[帝命雲師倍達臣 設三郞城于穴口 築祭天壇於摩璃山 塹城壇是也]’ 하였다. 지금 마리산 정상에 세워진 단 이름이다.

땅은 양(陽)을 귀하게 여기는 법, 땅에서 제사지낼 때 못 가운데의 네모진 언덕[方丘]에서 행함이 상고로부터의 유법(遺法)이라 하니, 산꼭대기에 땅을 파고 성곽을 만들어[塹土爲城] 천제를 지내는 곳이므로 ‘참성단(塹城壇)’이라 이름 붙인 것이다.

그런데 참성단은 한자로 참성단(塹星壇)·참성단(參星壇)으로도 표기하였다. '참성단(塹星壇)'의 경우 『고려사』나 『세종실록』 같은 문헌에 나타나지만 '참성단(參星壇)'은 영조때 편찬된 『여지도서』에서 확인된다. 이처럼 '별 성(星)'자를 쓴 이유는 고려·조선시대를 통하여 이곳에서 별을 관측하고 하늘에 제사를 지냈기 때문이었을 것이다.

참성단의 축조에도 철학적 원리가 담겨 있다. 『세종실록』에 '참성단은 돌로 쌓아서 단의 높이가 10척이다. 위는 모지고 아래는 둥글며, 단 위의 네 변은 각 6척 6촌이며, 아래의 너비가 15척이라'한다. 지금은 원형이 많이 상실된 듯한데, 10은 수(數)의 갖춘 수요, 6은 '1·6수'에서 말하는 수(水)의 성수(成數)요, 15는 낙서(洛書)의 수다. 상방하원(上方下圓)은 천원지방(天圓地方)의 원리를 취한 것이며, 상하를 달리한 것은 천지가 사귀는 지천태괘(地天泰卦)의 뜻을 취한 듯하다. 『고기(古記)』에서는 단군왕검이 신묘년(서기전 2370) 5월 2일 인시(寅時)에 단수(檀樹) 아래에서 태어났다고 말한다.

올 신묘년은 단군이 태어나신지 73갑을 마치고 74갑이 시작되는 해다. 무진년(서기전 2333)에 나라를 세워 '조선(朝鮮)'이라 하고 '아사달'에 도읍하였다. 지금이 바로 단기 4344년이 되고, 재위 51년에 이곳 강화도에 삼랑성을 짓고 참성단을 쌓았으며, 갑술67년(서기전 2267)에 태자 부루를 도산(塗山)에 보내어 우(禹)에게 오행치수의 법을 전해주었다 한다.

경자 93년(서기전 2241) 단군께서 버들궁궐[柳闕]에 계셨다 하며, 이 해 3월 15일 봉정(蓬亭)에서 붕어(崩御)하시니 만성(萬姓)이 모두 단기(檀旂)를 받들며 조석으로 앉아서 경배하고 추모하였다 한다. 옛날 처녀 머리에 묶었던 '댕기'가 이에서 비롯된 유습이라 한다.

단군이 친히 천제를 지낸 뒤, 고구려 유리왕과 광개토대왕, 을지문덕 장군 등 역대 제왕이나 대신, 장수들이 참성단에서 나라의 안녕을 위해 제를 지냈다 한다. 개천 이래 우리의 역사와 더불어 정신적 지주 역할을 해왔던 강화도 마리산, 다가오는 어천절에는 우리 모두 국조를 추모하는 하루로 삼으면 어떨지…

태백산 천제단

60갑자는 언제 누가 만들었나?

甲子	甲戌	甲申	甲午	甲辰	甲寅
乙丑	乙亥	乙酉	乙未	乙巳	乙卯
丙寅	丙子	丙戌	丙申	丙午	丙辰
丁卯	丁丑	丁亥	丁酉	丁未	丁巳
戊辰	戊寅	戊子	戊戌	戊申	戊午
己巳	己卯	己丑	己亥	己酉	己未
庚午	庚辰	庚寅	庚子	庚戌	庚申
辛未	辛巳	辛卯	辛丑	辛亥	辛酉
壬申	壬午	壬辰	壬寅	壬子	壬戌
癸酉	癸未	癸巳	癸卯	癸丑	癸亥

60갑자

무한히 펼쳐진 하늘을 보고 있자니 신비감이 든다. 천지만물은 어디서 왔는가? 아마도 유형 이전의 무형에서 비롯되었을 것이다. 저 보이지 않는 허공 속에서 하늘도 땅도 나오고 만물도 나왔을 것이다. 철학적으로 표현하면 태극이 음양, 사상, 팔괘를 생하고 이것이 퍼지고 퍼져서 만사만물을 낳은 것이다. 태극에서 모든 것이 시작이 된다는 뜻이기도 하고, 태극 안에 만사만물을 담고 있다는 뜻이기도 하다. 아마도 이를 포괄해서 우주(宇宙)라 말하는 것이리라.

『회남자』에 우주(宇宙)에 대한 정의가 나온다. "상하사방을 '우(宇)'라 하고[上下四方曰宇] 옛날부터 지금까지의 흘러온 시간을 '주(宙)'라[往古

來今日宙]"하니 '우'는 공간이요, '주'는 시간의 뜻이다. 시간과 공간을 합쳐서 우주라 하는 것이니, 시공의 그 사이에서 인간이 존재한다. 그래서 '사이 간(間)'자를 쓰는지 모르겠다.

오랜 옛날부터 사람들은 우주를 알고 싶어 했다. 천문을 통해서 인문을 알고자 했다. 천도(天道)에 부합하는 길이 인사(人事)의 도리(道理)라고 생각했기 때문이다.

우주는 한없고 쉼 없이 돌고 있는데, 이 순환 원리를 마디 삼아서 표현한 것이 간지(干支)다.

동양에서는 연월일시를 간지로 기록하고 있는데, 10간(干) 12지(支)가 그것이다. '간'의 글자는 '줄기 간(幹)'자에서 취하였고, '지'는 '가지 지(枝)'자에서 취하였다. 나무의 생장하는 이치를 빗댄 것이다. 천지음양의 기운을 받고 맨 처음 나온 것이 나무이기 때문이다.

옛날에는 천도(天道)가 10일을 마디로 순환한다고 보았다. 1년은 365여일이라지만 결국 천도는 10일씩 36번 거쳐서 이루어지는 것으로 본 것이다.

하도(河圖)의 수(數)가 1에서 10까지 배열된 것이 이러한 원리를 담은 것이다. 우리가 현재 사용하는 10진법이 아마 하도에서 유래하였을 것이다. 사람 역시 천기를 온전히 받았기 때문에 10개의 구멍으로 모체에서 자라고 10개의 손가락과 발가락이 생기고 10달을 채우고 나온다. 천간(天干)을 그래서 갑 · 을 · 병 · 정 · 무 · 기 · 경 · 신 · 임 · 계의 10간으로 표현하였다.

천도가 10단위임에 반해 지도(地道)는 천간을 각각 자 · 축 · 인 · 묘 · 진 · 사 · 오 · 미 · 신 · 유 · 술 · 해의 12마디로 삼은 것이다. 지구가 태양

주위를 한 바퀴 도는 1년 동안에 달이 지구 주위를 12번 도는 원리다. 그래서 천간(天干)·지지(地支)라 말한다.

과거를 기록한 것이 역사(歷史)요 미래를 알기 위해 만들어진 것이 책력(冊曆)이다. 간지를 바탕으로 한 대한민국의 역서(曆書)는 바로 한국천문연구원에서 발행하는데, 이같이 책력은 간지를 기초로 만들어진 것이고, 간지는 오행으로 인해서 세워진 것이다.

그런데 60갑자는 누가 만들었을까? 대개 갑자(甲子) 을축(乙丑) 등을 말하는 60갑자는 황제(黃帝) 61년(서기전 2637년)에 만들어졌다 한다. 황제 때의 사관 대요(大撓)가 오행의 정(精)을 살피고 북두칠성이 가리키는 바를 점쳐서 만들었다는 것이다. 대개는 역법의 시작을 황제로 잡고 있는 것이다.

그러나 『사기』「역서」에는 '신농이전에 있었던 것이며 대개 황제 때에 성력(星曆)을 고정(考定)했다'고 기록하고 있다. 그리고 『오월춘추』와 『포박자』를 살펴보면 '황제가 동쪽으로 청구(靑丘)를 유람하다 풍산(風山)을 지날 때에 자부선생을 만나 『삼황내문(三皇內文)』을 받았다' 했으니 이는 문자의 전래가 우리 동이족으로부터 시작됐음을 알 수 있는 문헌적 증거가 된다. 청구는 옛 동이의 영토요 자부선인 역시 동이족이기 때문이다. 간지도 결국 문자에서 기인한 것이니 간지의 연원도 이에 기초했음을 쉽게 유추할 수 있다.

중국의 서량지라는 학자도 '역법은 실제 동이에서 창시했다(중국사전사화)'고 말하고 있다. 실제로 우리의 상고사를 살펴보면 중국보다 더 거슬러 올라간다.

『환단고기』에 '환웅의 신시시대(서기전 3898)에 이미 칠회제신(七回祭

神)의 역이 있었다' 하고, '복희[서기전 3528~서기전 3413]는 신시(神市)에
서 태어나 우사(雨師)가 되었는데 신룡의 변화를 보고 괘도를 만들고, 신
시의 계해를 고쳐서 갑자를 첫 머리로 삼았다[태백일사(太白逸史) 신시본
기(神市本記)]'하였다. 아마도 간지의 제도는 복희씨가 만들었을 것으로
짐작할 수 있으며 아니면 그 이전까지 소급할 수도 있겠다. 또한 『소도경
전본훈』에는 '자부선생이 일월의 전차를 측정하고 오행의 수리를 추산해
서 칠정운천도(七政運天道)를 저작하니 이것이 칠성력(七星曆)의 시초가
된다'하였다.

조선조 세종 26년[1444년]에 '칠정산내편(七政算內篇)'을 간행한 바, 이는
우리 실정에 맞도록 엮은 역법이다. 세종은 이 날을 기념하기 위해서 상원갑
자년으로 정하였으니 이는 중국의 역법으로 셈하면 하원갑자년도에 해당한
다. 이는 무엇을 의미하는가?

대개 전통 역법에서는 60년을 단위로 상, 중, 하원으로 나누고 180년을 주
기로 하는 상중하의 삼원갑자(三元甲子)로 년도를 표시하는 바, 종래의 간
지기법은 황제를 기원삼은 것이다. 현재에도 술가(術家)들은 황제기준법을
사용하고 있다.

그런데 세종은 이를 사용하지 않았다. 생각건대, 단군은 무진년[서기전
2333년]에 개천(開天)했으니 아마 세종은 국조 단군의 맥을 계승하려는 의
도를 갖은 것으로 짐작된다. 단군기원으로부터 상원갑자[서기전 2337년]를
추산하면 바로 1444년이 다시 상원갑자로 시작되기 때문이다. 단군시대로
부터 더 거슬러서 복희씨까지 올라가면 역시 복희재위 111년[서기전 3417]
이 상원갑자가 됨을 추산할 수 있으니 복희가 갑자를 제정했다는 그 설은 상
당한 일리가 있다.

우리 조상들은 본래 천손(天孫)이라
여겨서 하늘에 대한 관심을 기울였고,
그래서 북두칠성의 정기로 이루어진 칠
성신을 숭배하는 풍속도 이루었다. 천
문에 대한 관심이 오행사상을 낳게 하였
고, 60갑자도 만들게 된 것이다. 중국 황
제가 만든 것이 아니고 동이족 복희씨가
만들었다는 얘기다.

복희씨

삼한三韓, 이한二韓 다음에 일한一韓

평창동계올림픽 2018

　얼마 전에 반기문 UN총장의 재임이 우리를 기쁘게 하더니 이번엔 평창 동계올림픽 유치로 모두가 들떠 있다. 국운이 좋아서일까? 과거의 우리 선조들은 장차 '태평양시대'가 올 것이라 했다. 그때 우리나라는 '한 마리의 용'이 될 것이라 했다. 그런데 그 예언이 꼭 들어맞는 것 같다. 지금 일어나고 있는 여러 일들을 보건대 그렇게만 느껴진다.

　그리고 이제는 세상이 한 가족인가 보다. 남의 나라 이야기가, 그것도 지구 반대편에 있는 나라의 이야기까지도 방 안에 앉아 볼 수 있고, 이제는 비행기로 하루면 갔다가 돌아올 수 있는 시대이기도 하다. 공간이 좁아진 것인지 시간이 느려진 건지 그야말로 좌견천리(坐見千里)요, 입견만리(立見萬里)다.

축지(縮地)로 월산도해(越山渡海)했다는 것들은 과거 선인들의 심법(心法)으로 가능했었는데 이제는 과학의 힘으로 방안에 가만히 앉아서 세상일을 낱낱이 보고 들을 수 있으니 후천개벽(後天開闢)이란 바로 이 모습일 것이라는 생각이 들었다.

선인들은 후천세상이야말로 정신이 개벽하고, 민족을 넘어 인류의 평화가 도래하고 누구나 잘 사는 세상이라 했다. 후천을 선경(仙境)의 이상세계로써 갈망하고 노래했던 것이다.

선천이니 후천이니 하는 용어는 물론 『주역』에서 나온 말이다. 건괘(乾卦)에 '하늘보다 먼저해도 하늘이 어기지 아니하고 하늘보다 뒤에 해도 하늘의 때를 받든다[先天而天弗違 後天而奉天時]'했다. 복희팔괘(伏羲八卦)에서 건괘(乾卦)를 기준해서 그 이전을 선천, 이후를 후천이라 하니 때[時]를 앞서서 미리 알아내는[知] 것이 선천의 뜻이요 때를 따라서 행동하는 것이 후천의 뜻이다.

선후천을 1년으로 비유하면 이해하기가 쉽다. 봄·여름과 같은 선천은 기운이 불어나고 만물이 생장하는 시기다. 반면에 가을·겨울과 같은 후천은 기운이 소멸하고 만물이 결실을 이루는 시기다. 하나에서 나누어지기 시작해서 만왕만래(萬往萬來)함이 선천의 시기라면 만 가지가 합해서 하나로 이루어지는 시기는 후천의 이치라 하겠다.

소강절 선생이 말한 129,600년의 일원(一元)의 개념으로 말하자면 지금의 시기는 과반(過半)이 지난 후천시기다.

주역의 모든 괘가 선천과 후천의 일에 대해서 설명하고 있다 해도 과언은 아니지만 대개 함괘(咸卦)로 후천을 설명하고 있다. 『주역』 하경 첫 머리에 나오는 택산함괘(澤山咸卦: ☱☶)는 산(山) 위에 못[澤]이 있는 상으로, '산과 못이 기운을 통한다[山澤通氣]'는 뜻이다. 젊은 남녀가 서로 만나서 느끼는 뜻이기도 하다. 간(艮☶: 산)을 소남(少男)으로 보고 태(兌☱: 못)를 소녀(少女)로 보기 때문이다.

그런데 역을 공부하는 사람들은 이를 동서양이 서로 만나는 뜻으로 풀기도 한다. 문왕팔괘에서 보면 간(艮☶: 산)은 동방에 있고 태(兌☱: 못)는 서방에 위치한다. 태(兌)는 미국이요, 간(艮)은 우리나라다. '산택통기'를 미국이 우리나라에 시집온 뜻으로 보고 이 시점을 후천시대의 시작으로 잡고 있는 것이다.

봄·여름에 지엽까지 뻗어 올라간 초목의 기운이 하지(夏至) 뒤, 즉 후천이 되어서는 다시 뿌리로 돌아간다. 만지동근(萬枝同根)이요, 만법귀일(萬法歸一)이다. 온 세상이 하나가 되는 시대, 만공(滿空)스님의 게송(偈頌)인 '세계일화(世界一花)'란 일구(一句)가 이와 부합되리라. 세계가 한 송이 꽃이요, 만생(萬生)이 일가(一家)라는 이 한 마디 말씀은 의미도 심장(深長)하거니와 분명 이 시대를 바라보고 하신 말씀이라 생각하지 않을 수 없다.

노자의 수일(守一)이나 석가의 귀일(歸一)이나 공자의 관일(貫一)이나 예수의 유일(唯一) 등 성인의 말씀도 만법이 하나로 합한다는 후천의 이시대를 두고 설교(說敎)하신 것이리라. 과거 선인의 말씀을 지금 시대에 비춰보면 조금도 틀리지 않다는 것을 느낄 수 있다. 주역 책에 있는 글들이 이 시대와 여합부절하다는 것을 알 수 있다.

상하가 사귀고 좌우가 합하고 동서가 모두 교통왕래하며 섞이고 모여드는 시대, 다문화가정도 후천시대에 볼 수 있는 한 단면이리라. 그런데 분명 후천의 문턱은 지나왔건만 아직도 남북이 갈라 서 있는 것은 무슨 연유일까? 동북간방이 후천시대에 한 마리 용으로 승천하리라 했는데 그것도 지구촌 중에서 가장 늦게까지 갈라져 있음은 어째서일까?

천시(天時)는 왔지만 인사(人事)가 아직 부응하지 못했음이다. 세상사는 천시와 인사가 맞물려서 이루어지기 때문이다.

근자에 반기문 유엔사무총장의 재임 낭보는 우리 모두에게 기쁨 이상의 선물을 주었지만 그가 우리의 고유문양인 삼족오(三足烏)가 새겨진 직인을 사용하고 있다는 소식을 듣고 필자는 적잖이 고무되었었다. 때가오니 이런 기운이 나타나는구나 싶었다.

반기문총장의 삼족오문양이 새겨진 직인

이번 동계올림픽을 유치한 평창 또한 옛 지명이 삼족오와 관련 있는 지명이다. 적어도 고구려 이전에는 우오(于烏)나 욱오(郁烏), 백오(白烏)현 등으로 불렸다 한다. 묘하게 서로 연결된다.

한반도 기를 들고 입장하는 남북한 단일팀

삼족오는 상고시대 우리 민족의 뿌리인 '이(夷)'족이 숭상했던 상징물이다. 동조(同祖), 동근(同根)을 생각한다면 비록 여러 갈래라 할지라도 하나가 될 수 있는 길은 얼마든지 있을 것이다.

삼족오가 다시 날으려는지, 국운 융성의 조짐인지, 과거 단군조선이 삼한(三韓)으로 나누어졌다가 이제 이한(二韓)이 되었으니 대한(大韓)이 일한(一韓)이 되는 날이 조만간에 이루어지지 않을까 싶다.

세상에 전해야 할 홍익인간弘益人間사상

개천제-부여 금성산 봉화대

10월 3일은 개천절! 필자가 소속한 학회에서는 매년 개천제(開天祭)를 지내왔다. 본래는 음력으로 지냈었는데 부득이 작년부터 양력으로 바꾸었다. 전통의 의미를 살리지 못한 죄송함은 있었지만 좀 더 많은 사람들이 개천행사에 참여하기를 바라서였다.

장소는 부여 금성산정, 많은 사람들이 운집한 가운데 28수기를 둘러치고 제단 중심에 '단황척강지위(檀皇陟降之位)'라 새긴 위패를 모시고 제를 올렸다.

단군은 당시에 천자셨으니 12변(籩) 12두(豆)를 갖춘 대제(大祭)로서 지내야 마땅하지만 형편상 그렇게 할 수 있는 입장은 아니었고, 단지 국궁사배(鞠躬四拜)의 예를 갖추는 것으로 만족할 수밖에 없었다. 하지만 참가자 모두 엄숙한 분위기였고 제사는 장중하게 거행되었다.

개천(開天)의 의미는 무엇일까? '하늘을 연 날'이라. 흔히 인류창세의 뜻으로 사람들은 생각하지만 사실 개천은 '건국(建國)'의 뜻이다. 스님이 산속에 처음 절을 짓는 것을 개산(開山)이라 부르는 것과 같은 뜻이다. 다만 개국을 개천이라 부르는 데는 이유가 있다. 나라가 되려면 땅이 있고 백성이 있어야 하는 법, 따라서 나라는 백성을 하늘로 삼는 것이다[以民爲天]. 그래서 건국을 개천이라 부른 것이다. 단군이 무진년[서기전 2333년]에 나라를 세운 이후 이 땅의 후손들은 매년 이 날을 기념했다.

『단군세기』에 '개천 1565년[한웅시대] 상월(上月) 3일에 신인 왕검이 오가(五加)의 우두머리로서 800인의 무리를 거느리고 단목(檀木)의 터에 자리잡았다' 하였고, 『태백일사』에 '삼한의 옛 풍속이 모두 10월 상순(上旬)에 국중(國中)에 모여 원단(圓壇)을 쌓고 하늘에 제사했다'고 하였다. 아마 10월 3일 개천행사는 이에서 근거했으리라.

대개 단군조선시대에는 10월을 '상(上)달'이라 하였다. 한 해의 시작[歲首]을 의미하는 '첫번째 달'이란 뜻이다. 지지로는 해월(亥月)이 되니 해(亥)는 핵(核: 씨앗)의 뜻이다. 일출이 뿌리가 됨을 의미하는 글자다. 지금은 정월(正月)을 시작삼고 있지만 과거에는 그랬다. 해월을 상달로 정한 것은 단군으로부터 시작되었을 텐데 진시황이 이를 계승했고, 한무제도 한 때나마 습용했었다. 생각건대 그들은 천자국이 지니는 의미와 그 면모를 생각해서였을 것이다.

제사를 지내는 이유는 무엇일까? 제사란 먼 조상을 추모하고 근본에 보답하려는[追遠報本] 것이다. 즉 근본을 잊지 않으려는[不忘本] 뜻에서 제사를 지내는 것이다. 대개 사람들은 식사하기 전 감사의 기도를 올린다. 무엇을 바라서가 아니라 처음 음식을 만든 분을 위하여 감사의 기도를 올리는 것이다.

얼마전까지만 해도 농부들이 밭에서 일하다가 식사하기 전 밥 한술 떠서 던지며 '고시례' 하던 풍습이 있었다. 단군시대에 고시(高矢)씨는 농사를 가르친 분이므로 농사짓는 사람들이 그 고마움을 잊지 않기 위해서 예를 표하는 의식이라 한다. 만물의 근원은 하늘이므로 근원을 생각하며 '제천'하는 것이고, 우리 민족의 조상은 단군으로 근거 삼았기 때문에 국조 단군을 추모하며 '개천제'를 지내는 것이다. '경천숭조(敬天崇祖)'의 정신이라 하겠다.

오랜 옛날 천제는 신시(神市)시대를 연 환웅(桓雄)에게 '홍익인간(弘益人間)'의 이념을 전해왔다. 그리고 네 글자를 더 보탠 '재세이화(在世理化) 홍익인간'은 신시(神市)가 단군조선에게 전한 바였다. 이 두 구절은 단군 이전부터 있었던 우리민족의 건국이념이다.

'홍익인간'이란 '크게 익(益)할 수 있는 인간'이란 뜻이다. 익(益)은 유익(有益)의 뜻이니 '홍익'은 나 자신을 크게 익(益)할 수 있는 인간, 그리고 더 나아가서는 세상까지 익할 수 있는 사람을 말한다. 즉 안으로 덕을 쌓고 밖으로 선을 행하는 그런 사람, 홍익인간은 이 두 가지를 담고 있다.

'재세이화'는 말하자면 '도리에 맞는 세상'이랄까. 단군은 우리 후손들에게 개인적으로는 모두 홍익할 수 있는 인간이 되기를 가르쳤고, 넓게는 이화(理化)세상이 이루어지기를 노력했다. 모두가 숭고한 인본(人本)사상이요, 인문(人文)을 밝힌 덕화(德化)요, 문명(文明)세계의 이화세상이요,

문화민족의 뿌리가 되는 근본
이념이다. 세상 어느 민족이
이 같은 사상을 전했을까? 위
대한 민족사상이 깊숙이 뿌
리내리고 있었기에 단군기
원 4344년간을 면면히 이어
올 수 있었던 것이다. 과거에
도 그랬지만 '홍익인간' 정신
은 세상을 살릴 위대한 사상
이다.

銅鏡(博局鏡)-홍범의 삼팔정

삼일三一운동은 삼도합일三道合一의 정신

고종인산일-이 날을 기해 삼일운동을 거행했다

　일제강점시의 기미년 3월 1일은 우리 겨레가 모처럼 한마음으로 뭉쳤던 날이다. 그날은 너와 나를 달리하지 않았고, 위와 아래가 하나되는 자리였을 것이다. 최남선이 독립선언서를 기초하고 한용운이 낭독한 뒤, 대한독립만세의 함성은 서울서부터 시작해서 전국으로 퍼졌고, 일제 탄압을 받으면서도 1년여 동안이나 지속되었다 한다. 거리를 뛰어 다니며 대한독립을 외치고, 삼천리강토가 태극기로 뒤덮였을 당시를 잠시 상상해 보았다.

　두렵기도 했겠지만 한편으론 가슴 벅찼을 것이다. 당시의 역사적 사건은 천도교가 중심되어 소위 33인의 종교 대표자들이 함께했다지만, 민중

이 주도한 자주독립운동의 쾌거였다. 아마 33인으로 구성한 것은 의도적 숫자였을 것이다. 고종의 인산일(因山日: 출상일)인 3월 3일을 생각해서 수를 맞췄을 것이고, 혹은 28수와 5성을 겸한 33천(天)의 뜻을 안배했을지도 모른다. 그런데 하필 3월 1일로 잡은 이유는 무엇일까? 옛날 사람들은 택일하는데 있어서 항상 신중했다. 그런 만큼 여러 가지를 짚어보고 날짜를 택했을 것이다.

최치원의 「난랑비서문(鸞郎碑序文)」에 말하기를 '나라에 현묘(玄妙)한 도(道)가 있으니 풍류(風流)라 한다. 종교를 만든[設敎] 근원이요, 유불선 삼교(三敎)를 포함하고 있다' 하였다.

성인의 말씀을 가르치는 것을 교(敎)라 하는데, 말이 삼교(三敎)를 지칭한 것이지 모든 종교를 다 포용하는 도(道)라는 뜻이다. 삼(三)은 천(天)지(地)인(人) 삼재(三才)로서 사실 모든 것을 포함하는 의미다.

상고시대부터 전해져 온 사상이라 무어라 이름 붙일 수 없어서 풍류라 했다지만 삼신(三神)이니 삼성(三聖)이니 우리 민족은 삼(三)의 숫자를 즐겨 써왔다. 『삼일신고(三一神誥)』의 민족경전뿐만이 아니라 『천부경(天符經)』의 '하나에서 셋으로 갈라져 나오는[析三極]' 원리, '삼도가 귀일(歸一)하는' 원리, 모두가 삼일사상을 담고 있다.

하나가 셋으로 갈라지며[一析三極] 만(萬)가지로 나뉘는 이치는 바로 태극의 기운이 움직여서 삼재(三才)로 나뉘고 만물이 화생(化生)하는 것이며, 삼도가 다시 하나로 돌아가는 원리는 태극의 기운이 고요해져서 삼도(三道)가 하나인 그 자리로 돌아가는 것이다.

천일(天一)·지일(地一)·인일(人一)의 삼신일체(三神一體) 사상, 유(儒)·불(佛)·선(仙) 삼교일체(三敎一體) 사상, 태극 속에서 삼재가 분합

(分合)하고 만물이 들락날락[萬往萬來] 하니, 세상사 모두가 태극의 조화 속이다.

그런데 오랜 역사를 이어오면서 우리민족의 정신 속에 삼도합일(三道合一)의 사상이 깊이 뿌리를 내린 이유는 무엇일까? 삼도합일은 천지인 삼재가 일체됨을 뜻한다.

삼도합일정신은 인간만을 중요하게 여기는 것이 아니라 천지신명(天地神明)과 더불어 하나의 공동체로 바라보려는 생각, 자연과 상생하기를 염원하는 그런 정신을 말한다. 삼도합일되는 그 세상은 천지(天地)가 교태(交泰)하고 윗사람과 아랫사람 너와 내가 마음을 함께하는 세상, 아마 이런 세상이 태평성세일 것이요, 후천시대의 이상세계를 가리키는 뜻일 것이다.

3·1운동은 조선민족의 임시정부를 수립하는데 촉진제 역할을 하였고 대한민국을 국호로 삼게 하였다. 대한의 '한(韓)'이란 단군조선의 맥을 잇는다는 의지를 담은 글자다. '한(韓)'자 속에 '정(井)'자의 담긴 내력을 알면 이해될 일이다. 헌법 전문에 대한민국이 대한민국임시정부의 법통을 계승한다고 천명하고 있으니 기실 대한민국이 단군조선의 정통성을 계승한다는 취지로 보면 될 것이다.

오늘날 우리사회가 3·1운동을 추모하고 그 정신을 귀감으로 삼으려는 이유는 정치·경제의 사회적 갈등과 지역적 분열을 넘어서 우리가 하나가 되기를 염원해서일 것이다. 오랜 역사를 통해서 삼도합일의 정신이 우리 민족의 정서로 전해졌을 것이니 구국선언의 이 날을 3월 1일로 정함은 전혀 어색하지 않았을 것이다.

태극 속에 담긴 3·1의 원리는 어쩌면 우리 민족이 태극의 씨앗을 간직한 나라이기에 3·1정신을 담을 수 있었던 것이고, 우리의 고유한 정신이 3·1운동으로 자연히 퍼져 나갔을 것이다.

뿌리 깊은 나무가 바람에 흔들리지 않듯이 역사 깊은 나라이기에 고난과 역경에 처할 때마다 극복할 수 있었던 것이다. 단군조선 이래 나라는 바뀌었어도 민족정신은 면면히 이어올 수 있었으니 우리 대한민국은 65년의 짧은 뿌리가 아니라 4345년의 크고도 오랜 뿌리를 내리고 있다. '3·1절'을 계기로 다시 한 번 민족의 뿌리를 북돋고 삼도합일의 정신을 계승했으면 하는 바람이다.

삼일운동기념화

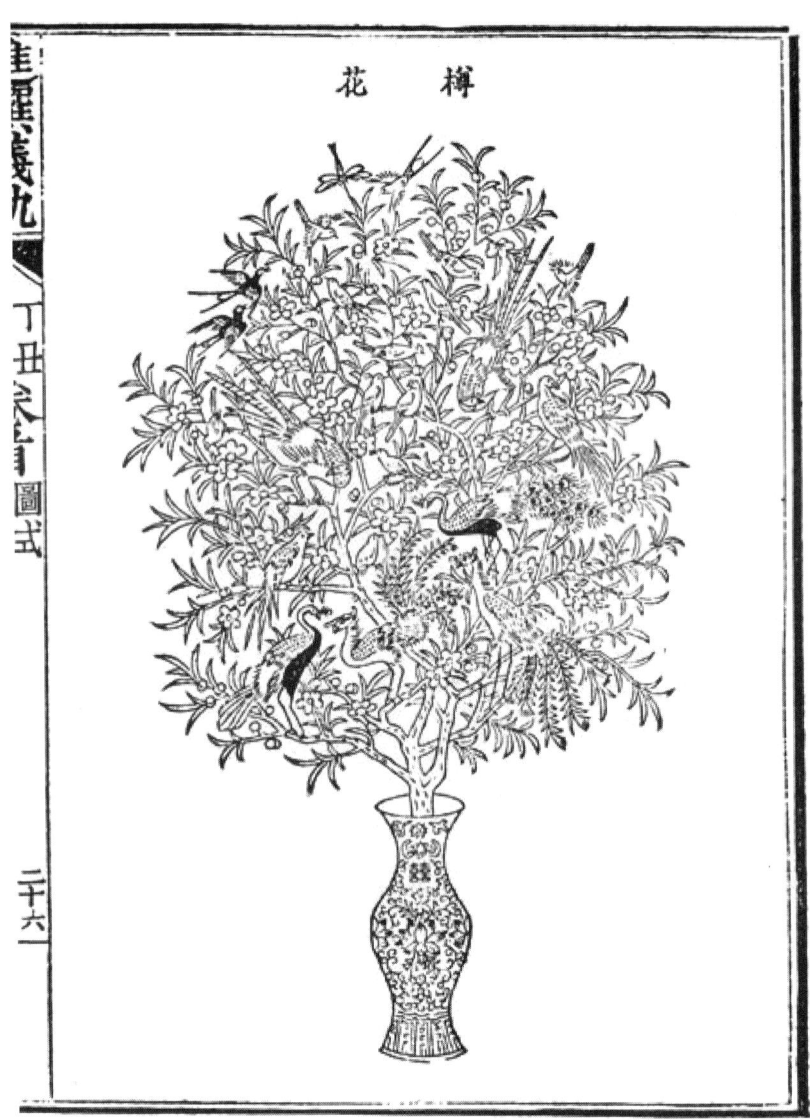

花樽
二十六

송구영신送舊迎新을 위한 술 한 잔

송구영신

　어느덧 또 한 해가 저물어 간다. 매년 돌고 도는 세월이요 1년을 마치는 마당에 매듭짓는 것이 무슨 의미가 있을까 싶지만, 옛날 송나라 때의 학자인 서현(徐鉉)은 다음과 같이 말했다. '찬 등불 깜빡거리고 물시계 더디건만[寒燈耿耿漏遲遲] 송구영신은 어김없구나[送舊迎新了不欺]'

　세모(歲暮)의 밤을 그냥 보내기가 아쉬워서 사람들은 송년(送年)이란 이름으로 회포를 풀려한다. 회식하고 술잔이 몇 번 돌며 취기가 무르익는데, 오고가는 술잔 속에서 서로의 얽힌 정을 말끔히 씻어 버리고 깨끗한 마음으로 새해를 맞이하자는 심산이리라. 말하자면 '유종(有終)의 미(美)'를 이루자는 뜻이다.

돌고 도는 세월을 종(終)과 시(始)로 나누는 것이 무슨 의미가 있으랴만, 1년의 마지막 날 섣달그믐을 사람들은 제석(除夕)이라 표현했다. 석(夕)은 한 해의 저문 때를 가리키고 제(除)는 '묵은 때를 제거한다'는 뜻이니 깨끗한 마음으로 새해를 맞이하려는 것이다.

섣달그믐을 수세(守歲)라고도 한다. 옛 사람들은 이 날에는 경건한 마음으로 잠자지 않고 내년을 설계했다. 마치는 일이 선하면 새로 시작하는 일도 선한 법, 대개 '시종(始終)'의 용어를 순환(循環)의 의미로 '종시(終始)'라 표현한다. 종은 단지 끝이 아니요 다시 시작을 이루게 하는 인자(因子)가 되기 때문이다.

주역의 맨 마지막 괘가 미제(未濟)괘다. 그런데 미제괘 맨 끝 구절에 음주(飮酒)를 말했다. 연말에 사람들이 송년(送年)을 말하면서 함께 술 마시는 것처럼 주역은 그렇게 표현되어 있다.

'정성을 두고 음주한다면 허물이 없겠지만 머리를 적실 정도로 마신다면 정성을 둠에 바름을 잃을 것이다[上九는 有孚于飮酒ㅣ면 无咎어니와 濡其首ㅣ면 有孚애 失是하리라. 象曰 飮酒濡首ㅣ 亦不知節也ㅣ라]'

주역이 미제괘로 마치고 다시 처음의 건괘로 순환하듯이 송년의 마지막 밤에 한 잔의 술을 마시며 내년을 기약하니 술은 절제하는 가운데 종(終)과 시(始)를 통하게 해주는 역할을 한다.

하지만 혹자는 망년(忘年)의 이름으로 한 해를 보내려 한다. 신세의 고달픔을 잊으려는 것인지, 아예 술이 사람을 마실 정도로 마신다. 지나치게 마시다 보니 불통하는 것이다.

이처럼 사람이 잘못 사용해서 그렇지 술은 중용의 미덕을 간직하고 있다. 술(酒)은 '물 수(水)'변에 유(酉)자를 쓴다. 술을 담는 항아리 모습을 취

한 글자이긴 하지만 8월인 유월(酉月)에 만들므로 주(酒)자를 쓴 것이라
고도 한다. 8월은 음양이 조화를 이루는 절기다. 8월은 음양의 조화로 만
물이 무르익는 절기가 되니 기장이 익어서 술을 만들 수 있는 것이다.

'익는다' 함은 다름 아닌 통(通)하는 뜻이 된다. 궁즉통(窮則通)의 원리
다. 너와 나를 통하게 해주는 것이 바로 술이므로 옛날 남녀의 혼례식에
반드시 술을 사용했다. 이른바 '합근례(合졸禮)'라 한다. 표주박을 둘로 쪼
개서 신랑과 신부가 그곳에 술을 따라 마시는 예인데 뜻이 통하고 두 몸이
한 몸이 되기 위한 의식이다.

수작(酬酌)이 주역 속에서 나온 용어인데, 주인이 손에게 헌(獻)하면 손
님이 주인에게 올리는 것이 작(酌)이요, 주인이 손님에게 다시 잔을 돌리
는 것이 수(酬)다. 주역은 미래를 알 수 있는 학문이라 할 수 있으니 내가
신에게 묻는 것을 수(酬)라 한다면 신이 나에게 답하는 것이 작(酌)이다.

제사에 술을 쓰는 것은 물론 남녀의 관계에서도 수작이라 표현하니, 실
은 수작은 예(禮)로써 가능한 것이지 지나치면 해가 된다. 술은 예를 갖추
고 적절히 마시면 '백약(百藥)의 장(長)'이 되지만 지나치면 광약(狂藥)이
된다. 더 심하면 '망신주(亡身酒)'가 되기도 한다. 술을 또 우물(尤物)이라
고도 말한다. '훌륭한 물건'이라는 뜻이다. 이를 빗대서 옛사람들은 미녀
를 가리키기도 했다. 왜냐하면 아름다운 여자가 덕이 있으면 세상을 빛내
겠지만 덕의(德義)를 갖추지 않으면 오히려 세상을 해치지 때문이다. 마
찬가지로 술도 우물이기 때문에 제례(祭禮)와 향음례(鄕飮禮)에도 사용
되지만 지나치면 오륜(五倫)을 알지 못하게 되고 성품을 손상하게 된다.
요컨대 술이란 예를 갖춘 가운데라야 선하게 쓰일 수 있는 물건임을 알아
야 할 것이다.

『주역』에서는 종시를 통하게 하는 원리를 담고 있지만 한걸음 더 나아가 '종시로 두려워하라[懼以終始]'했다. 종(終)을 삼가고 시(始)를 삼가는 것, 다름 아닌 역도(易道)를 가리킨 구절이다. 왜 그런가? 천도는 법대로 흘러가지만 인사의 도는 과불급이 있다. 그래서 주역에서는 '뉘우칠 회(悔)'자를 강조한다. 뉘우침 속에서 바르게 갈 수 있는 길이 주어지기 때문이다. 맹자는 '근심 속에서 사는 길이 나오고[生於憂患] 안락하면 죽음의 길로 들어간다[死於安樂]'하였다. 『주역』에서도 '위태로울까 여기는 자는 평안하게 되고[危者使平] 만사를 소홀이 여기는 자는 기울어지게 됨[易者使傾]'을 강조하고 있다.

한 해를 마치는 자리, 즉 '종즉유시(終則有始)' 하는데 술을 필요로 하는 것처럼, 결국 음양의 뜻이요 종시(終始)의 상대성을 강조한 말이니 사실은 태극의 원리가 이렇다. 양이 극하면 음이 생하고 음이 극하면 양이 생함이 태극의 원리다.

도대체가 궁함이 없기 때문에 태극의 원리를 '무궁(無窮)'이라 하였다. '궁즉통(窮則通)'의 원리, 본래 천도의 유행이 그러하니 『주역』에서는 '마치면 다시 시작을 두는 것이 하늘의 운행[終則有始天行也]'이라 하였다. 세상사가 태극의 원리처럼 무궁하게 순환하므로 기제괘(旣濟卦)로 끝맺지 않고 미제괘로 종을 삼은 것이니 천지자연의 이치가 이러한 것처럼 인사(人事)의 도(道) 역시 마치는 자리에서 조심하고 삼간다면 만사불궁(萬事不窮) 형통(亨通)할 것이다.

송구영신-守燈

이전(利田) 이응국(李應國)

· 1960년 부여 출생
· 어려서부터 고향에서 한학을 접했으며, 이산 정동한 선생과 대산 김석진 선생
  에게 주역을 수학하다.
· 충남대학교 경제학과를 졸업하고 은행에 다년간 근무
· 1999년 논산과 목포에서 주역강의를 시작하여 원광대학교 동양학대학원에
  출강하였고, 현재 대전, 서울, 목포의 동방문화진흥회와 충청남도 남부평생
  학습관에서 주역을 비롯한 사서삼경 강의를 하고 있다.
· 대전시청의 잇츠대전《월간지》에 '주역이야기' 연재중
· 2012년 『주역의 정신과 문화』 발간
· 현재 (사)동방문화진흥회 부설 홍역사상연구소장

2013년 6월 10일 초판인쇄
2013년 6월 15일 초판발행

지은이   이 응 국
펴낸이   한 신 규
편 집   이 은 영
펴낸곳   도서출판 문현
주 소   138-210 서울특별시 송파구 문정동 99-10 장지빌딩 303호
전 화   Tel.02-443-0211 Fax.02-443-0212
E-mail   mun2009@naver.com
등 록   2009년 2월 24일(제2009-14호)

ⓒ이응국, 2013
ⓒ문현, 2013, printed in Korea

ISBN   978-89-94131-06-1 03140   정가 18,000원

* 저자와 출판사의 허락 없이 책의 전부 또는 일부 내용을 사용할 수 없습니다.
* 잘못된 책은 교환해 드립니다.